Gabriele Praschl-Bichler

»Ich bin bloß Corvetten-Capitän«

Private Briefe Kaiser Maximilians und seiner Familie

Erstmals veröffentlichte
Habsburger-Korrespondenz

UEBERREUTER

Umschlaggestaltung

Der Bildhintergrund, das rot-changierende Acrylbild,
stammt von meinem Neffen Rainer Maria Spangl. Er ist Absolvent der
Universität für angewandte Kunst, Klasse Ludwig Attersee. – Das verwendete
Photo auf dem Cover wurde aus dramaturgischen Gründen
seitenverkehrt gestellt.

ISBN 3-8000-7197-5
ISBN 978-3-8000-7197-5
Covergestaltung: Martin Gubo
Coverfoto: Familienbild der Kaiserfamilie, Herbst 1859:
hinten v.r.n.l: Kaiser Franz Joseph, Erzherzog Ferdinand Maximilian, seine
Gemahlin Charlotte; vorne v.r.n.l.: Kaiserin Elisabeth mit Kronprinz Rudolph
und Erzherzogin Gisela, Erzherzogin Sophie
Copyright © 2006 by Verlag Carl Ueberreuter, Wien
Druck: Druckerei Theiss GmbH, A-9431 St. Stefan i. Lav.
1 3 5 7 6 4 2

Ueberreuter im Internet: www.ueberreuter.at

Inhalt

————————— ◆ —————————

Zur deutschen Rechtschreibung des 19. Jahrhunderts

———————— ◆ ————————

Die Briefe der kaiserlichen Familie werden in der *Originalschreibung des 19. Jahrhunderts* wiedergegeben. Sie weicht nicht wesentlich von unserer Orthographie ab. Fremdsprachige oder unverständliche Ausdrücke werden in folgenden Klammern übersetzt oder erklärt. Einige Wörter konnten auch nach mehrfacher Lektüre nicht entziffert werden und ließen sich auch aus der Logik des Satzes nicht rekonstruieren (die Briefe sind in Kurrent- oder Sütterlinschrift verfasst). Wenn die Anfangsbuchstaben leserlich waren, wurden sie übernommen und der Rest des Wortes mit »...« angedeutet.

Mitunter tauchen im deutschen Text französische Wörter auf. Man hat sie meist in der französischen Originalschreibung wiedergegeben und sie – selbst Hauptwörter – klein geschrieben.

»Ich bin bloß Corvetten-Capitän ...«

◆

Als Titel des vorliegenden Bandes habe ich ein Zitat jenes Habsburgers gewählt, dem der Inhalt des Buches gewidmet ist. Diesmal ist es der spätere Kaiser Maximilian von Mexiko, der älteste Bruder des nachmaligen Kaisers Franz Joseph, der als Mitglied der österreichischen Kaiserfamilie Erzherzog Ferdinand Maximilian hieß, im Familienkreis aber immer nur »Maxi« genannt wurde. Er war das zweite Kind Erzherzogin Sophies und Erzherzog Franz Carls. Im Wortlaut Maximilians bedeutete das, dass er »nur« der Zweitgeborene war, denn er empfand – wie kaum je ein anderer »nicht erstgeborener Habsburger« vor ihm – diesen Status als unerträglichen Makel. Von klein auf versuchte er gegen diese Minderstellung anzukämpfen, drängte sich gerne in den Vordergrund und sprach vor allem viel lauter als seine Geschwister. Hauptsächlich wollte er immer den älteren Bruder übertrumpfen. Das gelang ihm vor allem beim Sprechen und Schreiben, da war er Franz Joseph überlegen. Maximilian hatte eine große Sprachbegabung und war schon damals ein guter Unterhalter. Als Erwachsener äußerte sich dieser Charakterzug darin, dass er – sich seines hohen Rangs als Mitglied einer uralten Dynastie bewusst – arrogant und selbstgefällig wurde. Das Lieblingsthema all seiner Schriften und Briefe war die eigene Person. Die meisten anderen Menschen verachtete er. Beim Erzählen trat er gerne als Spötter und sarkastischer Kritiker auf. Er liebte es, die Fehler der anderen aufzudecken und anzuprangern, wurde aber nicht müde, seine Vorzüge herauszustellen und ein Loblied auf sein eigenes Tun und Wirken anzustimmen. Im Gegenzug versank er oft in tiefes Selbstmitleid. Stellvertretend für diesen Charakterzug wurde als Titel dieses Buches Maximilians Seufzer »Ich bin bloß Corvetten-Capitän ...«[1] gewählt. Wirklich bedauern musste man ihn aber nicht. Denn zum Zeitpunkt, da er diese traurige Feststellung

---

1 Unter einer Corvette (Korvette) verstand man ein Segelkriegsschiff, den Vorgänger des Panzerschiffes. Heute heißen kleine Begleitschiffe so, die zum Geleitschutz und zur U-Boot-Abwehr verwendet werden. Der Korvettenkapitän entsprach innerhalb der Marine dem Rang eines Stabsoffiziers, ihm folgte nach oben nur noch der Admiral/General.

machte, war er knapp über zwanzig Jahre alt, lebte als eine Art privater Marine-Student in Triest, bewohnte dort eine riesige Villa mit etlichen Dienern und Hauspersonal und genoss als leidenschaftlicher Weltenbummler die Freiheit, jederzeit mit einem der kaiserlichen Marineschiffe in See stechen zu können.

Der Absatz, dem der Titel entnommen wurde, lautet in seiner ganzen Traurigkeit: »... mein Weg hat Dornen, ich bin bloß Corvetten-Capitän, der letzte im Rang von allen aktiven Erzherzogen, den brillanten Joseph (*Erzherzog, Sohn des gleichnamigen Palatins von Ungarn*) nicht ausgenommen, ich stehe aber auf eigenen Füßen, und hoffe wirklich, meinem angebeteten Kaiser zu dienen, wenn auch nur, indem ich Ihm ein paar Matrosen tüchtig abrichte ...« – Wie wörtlich die Liebe zum »angebeteten Kaiser«, seinem älteren Bruder, zu nehmen war und wie »schwer« es für das zweithöchste Mitglied des österreichischen Kaiserhauses war, sein Leben zu bestreiten, ist auf den folgenden Seiten nachzulesen.

Die privaten Briefe Maximilians und der österreichischen Kaiserfamilie

Als ich vor vielen Jahren begann, die privaten Briefe der Habsburger zu sortieren und inhaltlich zu überfliegen, war mir bewusst, dass ich – für den Fall, ich würde diese Korrespondenz jemals veröffentlichen – eine völlig neue Sicht auf die Kaiserfamilie und auf die Person des späteren Kaisers von Mexiko geben würde. Denn diese Briefe dokumentieren das Privatleben der einzelnen Familienmitglieder, so wie sie sich benahmen und sich unterhielten, wenn sie unbeobachtet und unter sich waren. Also zeigen sie auch einen privaten Maximilian, den Sohn, den Bruder und den Ehemann, der fern der Öffentlichkeit ein ganz anderer war – eine sensible und angreifbare Persönlichkeit und nicht der »stolze Spanier«, als der er sich gerne präsentierte. Alles, was bis jetzt über ihn veröffentlicht wurde, betraf sein offizielles Wirken (als Marinekommandant in Triest, als Generalgouverneur von Lombardo-Venetien oder als Kaiser von Mexiko). Die dafür verwendeten Dokumente waren Schriften von Sekretären, von politischen Helfern und Mitstreitern oder geschäftliche Korrespondenz. Dadurch konnte immer nur eine Seite Maximilians, die des in der Öffentlichkeit stehenden Mannes, aufgezeigt werden. Diesmal ist aber alles anders, denn die hierin erstmals wiedergegebenen Briefe sind ausschließlich privater Natur. Sie waren an die nächste Verwandtschaft gerichtet oder kamen von ihr. In diesen Schreiben wird vieles, bis jetzt noch nie Gehörtes, vom privatesten Alltag der österreichischen Kaiserfamilie preisgegeben: denn innerhalb der Familie hat man frei und ungezwungen geplaudert und erzählt. Und zwar so frei, wie man nur hinter verschlossenen Türen redet, wo man sich vor fremden Zuhörern (Kammerbediensteten, Sekretären, Gefolgschaftsleuten etc.) sicher weiß.

Ein Geheimnis vorweg: Die Habsburger waren furchtbar gerne allein und haben den Zustand des Privatseins in vollsten Zügen ausgelebt. Sie haben Etikette und Zeremoniell genauso ungern gehabt wie die dafür viel bekanntere Kaiserin Elisabeth. Unklar ist, warum Menschen überhaupt annehmen, dass Kaiser und Könige gerne nach

Protokoll gelebt haben, da es ja jede Form von freiem Leben und vor allem den privaten Alltag einschränkt und beschneidet. Beide Formen, Etikette und Zeremoniell, waren ausschließlich für das öffentliche Leben von Regenten erfunden worden: zum einen, um die Personen zu erhöhen (das entsprach sonderbarerweise mehr dem Wunsch der Untergebenen als dem der Herrscher), und sie in weiterer Folge unantastbar zu machen. Wer – räumlich und ideell – schwer zu erreichen ist, ist schwer anzugreifen. Das bedeutet also auch, dass Zeremonielle erdacht wurden, um die Personen zu schützen. Und nur aus diesem Grund haben sich Fürsten und Prinzen ihnen unterworfen. Wer das nicht tat, bezahlte es häufig mit dem Leben. Kaiserin Elisabeth ist ein gutes Beispiel dafür.

Gäbe es keine Regeln, gäbe es auch keine Ausnahmen. Denn unter den beinahe zweihundert Habsburgern, die im 19. Jahrhundert lebten und die ein beschauliches Privatleben dem Leben in der Öffentlichkeit vorzogen, gab es zumindest einen, der gerne vor Publikum auftrat und der Pomp und Zeremonien liebte: Es ist der Hauptdarsteller dieses Bandes, Erzherzog Maximilian, der spätere Kaiser von Mexiko. Seit seiner Kindheit verehrte er einen seiner frühen und berühmtesten Ahnen, Kaiser Karl V., in dessen Reich »die Sonne niemals unterging«. Gemeinsam mit ihm lebte er in einer glitzernden, pomphaft-prachtvollen Bilderbuchwelt. Das Tragen einer Krone, die Herrschaft über ein riesiges deutsch-römisches Reich und der damit verbundene Besitz bildeten von klein auf die Idealvorstellung seines Lebens. Als Mitglied einer der ältesten Dynastien Europas fühlte er sich zum Regenten geboren und strebte danach, das Verlorene wiederzuerlangen und sich die spanische Welt untertan machen. So unrealistisch die Verwirklichung dieses Traumes im 19. Jahrhundert zunächst geklungen haben mag, so gelang es ihm doch, ihn zu einem Teil zu verwirklichen: denn Maximilian wurde als Kaiser von Mexiko Herrscher in einem ehemals habsburgischen und spanischen Land.

Doch wieder zurück zu den Briefen und zu den Regeln, nach denen sie für die erstmalige Veröffentlichung ausgewählt wurden. Um beim Leser keine Langeweile aufkommen zu lassen, habe ich mehrere tausend Briefe gelesen und aus ihnen die inhaltlich interessantesten, unterhaltsamsten und spannendsten herausgefiltert. Denn auch als Mitglied eines der bekanntesten europäischen Herrscherhäuser erlebte er nicht nur ereignisreiche Tage. Grob gesprochen beinhaltet etwa jeder 100. Brief eine Botschaft, die es wert ist, mitgeteilt zu werden. Und auch dieses 100. Schreiben beginnt – wie jedes der hunderttausende, die von den Habsburgern verfasst wurden – mit einer langen, beinahe immer gleich lautenden Einleitung: Man bedankte sich höflich für ein erhaltenes Schreiben, entschuldigte sich, dass man nicht augenblicklich darauf geantwortet hat, und nennt den Grund, der einen daran hinderte. Dann folgten lange Ausführungen über das Befinden der einzelnen Familienmitglieder (Ehepartner, Kinder, Onkel, Tanten, Vettern und Cousinen, mit denen man Kontakt hatte, sowie Gefolgsleute und Bedienstete, die durch ihre jahrzehntelange Zugehörigkeit zum Haushalt wie Familienmitglieder behandelt wurden). Über Kranke wurde besonders eingehend berichtet: Beginnend beim Zustand des Leidenden über den Verlauf der Krankheit, die Meinungen der Ärzte, die Heilmittel bis hin zur erwarteten Genesung erfuhr man jede kleinste Einzelheit. Da die Familie sehr zahlreich war, gab es auch ständig Kranke, deren Schicksal den Hauptinhalt der Briefe bildete: Die Kinder litten unter den üblichen Kinderkrankheiten, in den Wintermonaten regierte bei groß und klein die Grippe, einige Familienmitglieder hatten chronische Leiden. Beinahe alle Habsburger fürchteten Epidemien (im 19. Jahrhundert brachen häufig Diphterie, Scharlach oder Cholera aus), vor denen sie hunderte Kilometer weit in einen anderen Haushalt flüchteten. Das gab wiederum Anlass, sich ausführliche Briefe über das Packen, den Aufbruch und die Reise zu schreiben. Die Geschichten darüber sind genauso spannend wie ähnliche Situationen unserer Tage.

Besonders lange Absätze wurden auch über Theaterbesuche verfasst. Die Habsburger gingen oft und gerne in Opern, Konzerte und Theater. Das war in Zeiten ohne Telekommunikation der gängigste abendliche Zeitvertreib. Man beschrieb den Inhalt heute überwiegend unbekannter Stücke und Opern sowie die Leistungen der Schauspieler, Sänger und Tänzer, deren Namen meist auch der Vergessenheit anheim gefallen sind. Erzherzogin Sophie und ihre Söhne Maximilian, Carl Ludwig und Ludwig Victor setzten sich gerne mit Kunst auseinander. Sie tauschten sich angeregt über den Besuch von Ausstellungen sowie über den Ankauf von Bildern, Kunstwerken, Stoffen und Antiquitäten aus und berieten sich auch gegenseitig. Doch keine Angst vor elend langen oder langweiligen Berichten über das Einrichten von Wohnungen. Falls der eine oder andere Brief zu diesem Thema auftaucht, dann gab es einen originellen Anlass, ihn zu veröffentlichen. Dieselbe Regel – »Unterhaltung vor Langeweile« – habe ich auch bei den ausführlichen Beschreibungen von Familienspaziergängen, Familiendiners und anderen Familienzusammenkünften angewendet. Da ich angenommen habe, dass niemanden interessiert, wie viele Verwandte aus welchen Weltgegenden kommend daran teilgenommen haben, werde ich nur von den ereignisreichsten Runden berichten.

Einen großen inhaltlichen Schwerpunkt der Korrespondenz nehmen Alltag und Tagesgeschehnisse ein. Jedes Familienmitglied hatte ein bestimmtes Pensum zu erledigen, über das man sich ebenfalls gegenseitig berichtete. Ab dem Schulalter hatten jeder Erzherzog und jede Erzherzogin einen dichten Tagesplan zu bewältigen, der die Acht-Stunden-Marke weit überschritt. Zum üblichen Schulunterricht kamen tägliche Reitstunden, im Sommer schwammen die Prinzen in »Schwimmschulen« (Pools) und unternahmen lange Spaziergänge oder Wandertouren in den Bergen. Schon im Volksschulalter erhielten sie Tanz- und Benimmlektionen, die Söhne lernten etwa ab dem 10. Lebensjahr zu exerzieren. Schulunterricht und militärische Erziehung wurden im Alter von 18 Jahren mit Endprüfungen abgeschlossen. Danach erhielten die meisten Erzherzoge private Vorlesungen von Universitätsprofessoren (hauptsächlich in Geschichte und Rechtswissenschaft), nebenbei wurden die Sprachstudien fortgesetzt (man musste neben dem Deutschen die wichtigsten Sprachen der österreichischen Monarchie, Tschechisch und Ungarisch, beherrschen. Außerdem sprachen alle Französisch, die meisten von ihnen konnten auch Italienisch und Englisch. Zu ihnen zählte Erzherzog Maximilian, der als Erwachsener auch noch Spanisch lernte).

Wer als Kind und Jugendlicher ein so intensives Tagesprogramm erfüllen musste, tat das selbstverständlich auch als Erwachsener. Das tägliche Arbeitspensum war jeweils der Jahreszeit und den familiären oder öffentlichen Erfordernissen angepasst: Zu den wichtigsten Pflichten gehörte es, Alten- und Krankenanstalten sowie Schulen, Heime und andere Körperschaften zu besuchen, Messen, Ausstellungen oder Veranstaltungen zu eröffnen und bei der Einweihung von Gebäuden oder Denkmälern dabei zu sein. Nebenbei wurden alle Familienmitglieder dazu angehalten, Wohltätigkeitsämter zu übernehmen und kulturelle Vereine durch ihre Mitgliedschaft oder Schirmherrschaft zu unterstützen. Bleibt zuletzt die wichtigste soziale Aufgabe der Damen des Hauses: alte und kranke Verwandte, Bekannte und

Hofbedienstete zu betreuen, das heißt, sie regelmäßig zu besuchen und ihre Versorgung zu sichern. Diese Pflicht nahm – wie schon angedeutet – sehr viel Zeit in Anspruch und wurde von allen sehr ernst genommen. Der Umfang dieser Arbeit reichte über den Besuch und das Fragen nach dem Befinden weit hinaus. Man half ganz konkret, vermittelte Ärzte, ließ Heilmittel beschaffen und unterstützte viele Kranke finanziell. Denn nicht jeder konnte sich damals Pflegemittel oder Kuren leisten. In Zeiten ohne Versicherungsschutz waren die sozial Oberen für die sozial Unteren verantwortlich. Es gereicht den Habsburgern zur Ehre, dass sie dieser Pflicht sehr eifrig nachgekommen sind. Beinahe alle Familienmitglieder haben einen Großteil ihrer Apanagen für diese Zwecke verwendet.

Doch wieder zurück zu den Familienbriefen, zu den Inhalten und einem der wesentlichsten Gründe, warum sie so zahlreich geschrieben wurden: Die Habsburger reisten – beruflich[2] und privat – sehr häufig, worüber sie sich (in Zeiten ohne Telefon) schriftlich austauschten. Erzherzog Maximilian zählte zu den eifrigsten Reisenden und hinterließ seitenlange Briefe, die weniger von aufregenden Erlebnissen als von der Wiedergabe romantischer Licht- und Landschaftsstimmungen durchtränkt sind. Einige wenige unterhaltende Reiseberichte habe ich in diesem Band wiedergegeben, mehr habe ich nicht gewagt zu veröffentlichen. Ich vermute, dass diese Ergüsse schon die Empfänger der Briefe überfordert haben. Sie sind zum Teil sehr schwülstig und detailfreudig geschrieben, was damit zusammen-

---

2 Die Habsburger reisten nicht nur aus beruflichen Gründen sehr weit, sondern lebten auch weit über die Monarchie verstreut. Die Brüder Kaiser Franz Josephs waren ab dem Erwachsenenalter an Grenzpunkten stationiert: Erzherzog Maximilian lebte als Marinekommandant und später als Gouverneur von Lombardo-Venetien am Mittelmeer (zwischen Triest, Venedig und Mailand), sein Bruder Erzherzog Carl Ludwig war ein Jahr lang Verwalter von Galizien, später Statthalter von Tirol, der jüngste Bruder Erzherzog Ludwig Victor war der Vertreter des Kaisers in Salzburg. Den Stützpunkt in Böhmen hielt ein Onkel, der abgedankte Kaiser Ferdinand I. Er lebte in Prag und Reichstadt. Ein anderer Onkel, Erzherzog Joseph, war Palatin von Ungarn, wieder ein anderer Onkel, Erzherzog Rainer, war bis zu seinem Tod im Jahr 1853 Vizekönig von Lombardo-Venetien. Bis ins Jahr 1859 bestand auch noch die Sekundogenitur der Großherzoge von Toskana: Leopold II., ein Onkel zweiten Grades, war der letzte Regent. Und auch in Modena herrschten damals noch die Habsburger, zuletzt Herzog Franz V., Nachkomme eines jüngeren Sohnes Kaiserin Maria Theresias (ebenfalls bis 1859).

hängt, dass Maximilian gerne seine Sprachgewandtheit bewies. Er
wollte den Leser bezaubern und berauschen und ihn an jeder Nuance
des Erlebten Anteil nehmen lassen.

Wesentlich unterhaltsamer als die Beschreibungen von Land-
schaften und Wetterstimmungen sind Maximilians Berichte von Besuchen und Besuchern. Gewissenhaft stellt er – meist spitzzüngig
und sarkastisch – die einzelnen Charaktere vor. Dieser Habsburger
liebte es, die Fehler der anderen aufzudecken und sie anderen haar-
klein mitzuteilen. Im Gegenzug war er allerdings sehr heikel, wenn
jemand an ihm einen Fehler bemängelte oder auch nur die leiseste
Kritik an seinem Wirken aussprach. Kaiser Franz Joseph, der nicht
nur sein älterer Bruder und Familienchef war, sondern immer auch
sein Vorgesetzter im Amt, hatte während der Zeit von Maximilians
Gubernialherrschaft in Lombardo-Venetien seine Not damit, mit ihm
erfolgreich zusammenzuarbeiten. Vorschläge zu Verbesserungen oder
Änderungen hat Maximilian generell als Kränkung aufgefasst. Erzherzogin Sophie, die Mutter der beiden, war ständig als Vermittlerin im
Einsatz. Es war nicht einfach, den beinahe dauernd verstimmten Maximilian zu besänftigen und zwischen ihm und Kaiser Franz Joseph
Frieden zu bewahren.

Zuletzt noch ein Hinweis auf die Privatkorrespondenz: Generell
hatte man für jeden Familienangehörigen einen bestimmten Tag der
Woche reserviert, an dem man ihm schrieb. Vorrangig wurden Eltern, Geschwister, Kinder sowie Verwandte und Freunde mit Briefen
bedacht. Man erzählte sich von den Vorkommnissen des Familienall-
tags, aber auch von politischen und anderen wichtigen Ereignissen.
Erzherzogin Sophie hatte das größte Pensum zu erledigen, denn sie
schrieb nicht nur ihren Kindern, sondern auch ihren zahlreichen Geschwistern in Bayern, Sachsen und Preußen und einer Menge Vettern, Cousinen, Tanten und Onkeln. Mit ihrem Tod im Jahr 1872
erlitt nicht nur die Familienkorrespondenz, sondern auch das Familienleben einen radikalen Bruch. Vor allem Kaiserin Elisabeth und
ihre Kinder sollten in der Schwiegermutter und in der Großmutter
ihren nächsten Ansprechpartner, ihre Trösterin und ihre Ratgeberin
verlieren. Das offensichtlich gute Verhältnis der beiden Damen, über
das im vorliegenden Band erstmals berichtet werden kann, ist eine
sensationelle Neuigkeit. Wenn frühere Quellen anderes berichteten,
dann hängt das damit zusammen, dass man die hier veröffentlichten
Familienbriefe noch nicht kannte. Man darf alle anders lautende Se-

kundärliteratur[3] – beim ersten Habsburger-Biographen, Egon Cäsar Conte Corti beginnend – getrost vergessen. Denn auch ihm und allen folgenden fehlten diese Unterlagen. Corti bezog das meiste Wissen aus Gesprächen mit Enkeln und Urenkeln Erzherzogin Sophies, die ihre Großmutter bzw. Urgroßmutter nicht gekannt hatten. Wenn spätere Biographien durch unveröffentlichte Korrespondenzen oder Tagebucheintragungen ergänzt wurden, dann stammten diese Dokumente beinahe immer von Hofdamen, Sekretären oder ehemaligen Bediensteten. Diese Leute hatten der einen oder anderen Persönlichkeit – Kaiserin Elisabeth oder Kaiser Maximilian von Mexiko z. B. – für die Dauer ihres Dienstverhältnisses sehr nahe gestanden, waren aber immer vom Privatleben ausgeschlossen gewesen. Das ist in der Familienkorrespondenz sehr gut dokumentiert. Zu intimen Feiern, wie zur Verlobung Kaiser Franz Josephs und Elisabeths in Ischl, lud man nur die Verwandten. Damen und Herren des Gefolges wurden in eigenen Räumen untergebracht. Auf diese Trennung hat man großen Wert gelegt, da man schon damals die Neugierde der Menschen kannte und wusste, dass ein falsches Wort, an die Öffentlichkeit gebracht, für die Familie böse Folgen haben konnte.

Zuletzt eine Bemerkung zum weitreichenden Inhalt dieses Buches. Stand am Beginn meiner Forschung das hauptsächliche Ziel, Maximilians Person und seinem Charakter auf die Spur zu kommen, so ist diese Idee im Verlauf der Arbeit um ein Vielfaches erweitert worden. Denn nebenbei und ganz klammheimlich haben sich noch ein paar andere Personen eingeschlichen: allen voran Kaiser Franz Joseph und Kaiserin Elisabeth, Bruder und Schwägerin unseres »Helden« Maximilian. Das war ein unbeabsichtigter Nebeneffekt dieser Arbeit, aber auch nicht besonders überraschend. Denn – wie schon früher angedeutet – es wurden in den Familienbriefen die Erlebnisse der

---

3 Wenn ich »Sekundärliteratur« sage, meine ich nicht nur alle Corti nachfolgenden Biographien, sondern auch die »Sissy«-Filme aus den 50er-Jahren. Sie zeitigten zum Wissen über die Habsburger verheerende Folgen. Alle kennen sie, doch das meiste ist erfunden. Sogar der Titel ist falsch (Elisabeths Rufname schrieb sich »Sisi«). Sie haben nur den Wert von historischen Märchen. Um der Spannung willen haben die Drehbuchautoren gute und schlechte Charaktere eingeführt und den bösen Part der Schwiegermutter zugespielt. Stief- und Schwiegermütter haben in der Literatur einen schlechten Ruf. Also traf es innerhalb der Kaiserfamilie Erzherzogin Sophie. Es gestaltet sich bis heute äußerst schwierig, ihre wahre, positive Persönlichkeit herauszustellen.

nächsten Verwandten wiedergegeben. Und wenn diese nahen Verwandten die höchsten Ämter eines riesigen Reichs innehatten, so war das Interesse an ihnen zwangsläufig noch größer. So wird mit diesem Band also nicht nur die Biographie Erzherzog/Kaiser Maximilians erweitert, sondern auch die private Geschichte Kaiser Franz Josephs, seiner Frau Elisabeth und auch seiner Mutter Erzherzogin Sophie. Das Leben dieser beiden Damen kann in einem völlig neuen Blickwinkel dargestellt werden. Ihr in Wahrheit *liebevolles Verhältnis zueinander* bot für mich die größte Überraschung bei der Lektüre der Familienkorrespondenz. Der Leser möge mir allerdings verzeihen, wenn ich die Herausgabe der meisten Briefe, die Kaiserin Elisabeth und Erzherzogin Sophie betreffen, einem eigenen Werk vorbehalte. Immerhin handelt dieses Buch von Kaiser Maximilian und nicht von seiner Mutter oder seiner Schwägerin. Es ist mir zudem seit Jahren ein inniges Bedürfnis, die als »böse Schwiegermutter« verrufene Erzherzogin Sophie in ihrem wahren Charakter zu zeigen und das historische Bild von ihr gewaltig zu korrigieren. Ebenso wird es mir dann eine Freude sein, die frühen Jahre Kaiserin Elisabeths (also ab ihrer Hochzeit im Jahr 1854 bis zum Tod der Schwiegermutter im Jahr 1872) in einem anderen als dem bekannten Licht darzustellen. Denn – von ihren ersten krankheitsbedingten Reisen abgesehen – verbrachte auch sie viel mehr Zeit im Kreis der Familie, als man bislang angenommen hatte. Aber darüber eben ein andermal ...

Kurze Lebensgeschichte Erzherzog Maximilians, des späteren Kaisers von Mexiko

————— ◆ —————

Erzherzog Ferdinand Maximilian, so hieß der spätere Kaiser von Mexiko als Mitglied der österreichischen Kaiserfamilie, kam am 6. Juli 1832 in Schloss Schönbrunn zur Welt. Er war der zweite Sohn Erzherzog Franz Carls und dessen Ehefrau Sophie, einer geborenen Prinzessin von Bayern. Als Geschwister sollten ihm und seinem älteren Bruder Franz Joseph Erzherzog Carl Ludwig und Erzherzogin Marie Anna folgen (sie starb im 5. Lebensjahr, wenige Monate nach ihrem Tod hat ihre Mutter einen Sohn totgeboren) sowie Erzherzog Ludwig Victor, der zwölf Jahre nach dem Erstgeborenen Franz Joseph zur Welt kam.

Wie schon früher erwähnt, war Maximilian ein munteres und aufgewecktes Kind, das sehr zu Übermut neigte. Er sprach auch oft sehr naseweis und vorlaut und überschritt dabei oft die Grenzen des Erlaubten. Seine Brüder zu necken war eine große Leidenschaft von ihm, wobei Franz Joseph das liebste Ziel seiner Bubenstreiche war. Seit er denken konnte, war er auf ihn eifersüchtig: zum einen, weil dieser »ungerechterweise« der Erstgeborene war, zum anderen, weil Franz Joseph auch ein außerordentlich diszipliniertes und folgsames Kind war, das seiner Mutter niemals Kummer machen wollte. Zwar liebte auch Maximilian seine Eltern und wollte ihnen lieber Freude als Ärger bereiten, doch ging ihm dabei allzu oft das Temperament durch.

Wie seine Brüder erhielt Maximilian seit dem frühesten Kindheitsalter Lese-, Schreib- und Sprachlektionen, die jedes neue Jahr einen größeren Umfang annahmen.[4] Die österreichische Kaiserfamilie

---

4 Siehe dazu: Kaiserliche Kindheit, S. 9 f.: Im Sommer »1844 (*da waren Franz Joseph 14, Maximilian 12 und Carl Ludwig 11 Jahre alt*) ... wurden dreizehn Fächer gelehrt (Geschichte, Geographie, Mathematik, Naturgeschichte, Latein, Ungarisch, Italienisch, Französisch, Böhmisch, Deutsch, Zeichnen, Schreiben

ließ die Kinder zwar bis zum Schulabschluss von Privatlehrern unterrichten, sie besuchten die Schulstunden aber immer gemeinsam mit einigen gleichaltrigen Kindern von Gefolgsleuten.[5] Manchmal war Erzherzogin Sophie bei den Unterrichts-, Reit- oder Exerzierstunden dabei, worüber sich die Kinder immer sehr freuten. Die Anwesenheit der Mutter versüßte ihnen jede Lektion, sie hingen von klein auf mit inniger Liebe an ihr. Bis zu ihrem Tod blieb sie der unumstrittene Mittelpunkt der Familie und Ratgeber in den heikelsten Belangen. Selbst als die Söhne erwachsen und verheiratet waren, hielten sie mit ihrer Mutter ständigen Kontakt und freuten sich über jede Aufmerksamkeit und jeden Liebesbeweis, der von ihrer Seite kam. Im Gegenzug litt sie ein Leben lang, wenn sie sich von einem ihrer Kinder für einige Zeit trennen musste: Dabei hatte sie auch eine Menge durchzustehen, denn mehrmals zogen ihre Söhne in den Krieg (Franz Joseph hat in Italien und in Ungarn gekämpft, manchmal begleitete ihn einer seiner Brüder), und als Erzherzog Maximilian 1864 als Kaiser von Mexiko seine Reise nach Amerika antrat, ahnte sie, dass sie ihn nie mehr wiedersehen würde. Das hatte schlimme Folgen für ihre Psyche und ihre Gesundheit. Ab diesem Zeitpunkt begann sie zu kränkeln und zu grübeln, sie konnte kaum mehr an etwas anderes als an das Schicksal des so weit weg lebenden Maximilian denken.

Doch noch einmal zurück in die Jugend Erzherzog Maximilians, die ihm im Schoß seiner Familie viele glückliche Stunden bescherte. Denn solange ihn noch nicht das Reisefieber und die Herrschsucht gepackt hatten, lebte er ganz zufrieden mit den seinen. Als Mitglied eines der ältesten und vermögendsten europäischen Herrscherhäuser wurde ihm das tägliche Leben auch mit vielen Vergünstigungen versüßt. So erhielt er im Alter von 17 Jahren ein erstes eigenes Haus, eine Art Chalet im damals beliebten Alpenstil. Allerdings befand es sich nicht im Gebirge, sondern nur auf den Höhen des damaligen Wiener Vorortes Hietzing. Es lag westlich des Schönbrunner Schlosses,

___

und Musik). Während einer Woche wurden die meisten dieser Gegenstände mehrmals unterrichtet. Pro Tag gab es ... sechs bis acht Stunden Studium mit den Lehrern – nachmittags wurde das Programm um Turnen, Reiten, Kutschieren, Fechten, Schwimmen, Tanz und Exerzieren erweitert ...«
5 Siehe ebenda: mit den Söhnen von Graf Heinrich Bombelles, kaiserlichem Ajo sowie mit denen von Graf Johann Baptist Coronini-Cronberg und Baron Franz Gorizzutti, beide Erzieher der jungen Erzherzoge.

war von einem weitläufigen Park umgeben und wurde nach seinem Erbauer »Maxing« genannt (die Maxingstraße erinnert noch heute daran). Obwohl Maximilian diesen Besitz anfangs sehr liebte und sich eingehend mit der Gestaltung und Einrichtung des Hauses beschäftigte, fand er bald keinen Gefallen mehr daran. Ab dem Jahr 1854 versuchte er, das kleine Gut an den Familienfonds zu veräußern. Da ihm das nicht gelang, und sich auch kein anderer Käufer dafür fand, schenkte er es 1859 der Gemeinde Hietzing. Die wusste – hundert Jahre später – mit dem Gebäude nichts mehr anzufangen und ließ es 1955 abbrechen.

In der Zeit, als Maximilian begann, sich mit dem Bau des »Wiener Alpenhauses« zu beschäftigen, reifte in ihm auch der Wunsch, sein künftiges Leben der Seefahrt zu widmen. Er teilte diese Idee seinem Bruder Kaiser Franz Joseph mit, denn in diesem Alter musste man sich entscheiden, welche Karriere man künftighin einschlagen wollte: Nach Vollendung des 18. Lebensjahres wurden die Brüder des Kaisers als seine Vertreter in fern liegende Provinzstädte geschickt. Dort konnten sie diplomatische und politische Erfahrungen sammeln. Für die Monarchie erfüllten die solcherart eingesetzten junge Erzherzoge eine doppelt wichtige Aufgabe: Einerseits wahrten und verteidigten sie die Interessen des Reichs, andererseits gewann die Stadt, in der sie lebten, durch ihre Anwesenheit an Ansehen und Bedeutung. Da sich Maximilian für eine Marineausbildung entschieden hatte (mit diesem Interesse war er übrigens der Einzige seiner Familie), schickte ihn Kaiser Franz Joseph in den Süden des Landes, wo es einen Zugang zum Meer gab und wo die wenigen Schiffshäfen der Monarchie lagen: Maximilian traf im März 1851 – noch nicht ganz 19 Jahre alt und ohne jedes Fachwissen – als Marinebeauftragter in Triest ein. Er wollte das Schifffahrtswesen studieren, aber auch die Freiheit genießen, am Meer zu leben und jederzeit »abdampfen« (das war ein beliebtes Wort im Familienjargon) zu können. Es dauerte auch nur vier Monate, bis er seine erste Seereise antrat. Und je länger er am Meer lebte, desto häufiger stach er in See. Nur die Begeisterung dafür und eine beinahe krankhaft betriebene Baulust blieben die beiden einzigen Leidenschaften, die ihm lebenslang Befriedigung verschafften. Alle anderen Neigungen verfolgte er zwar eine gewisse Zeit lang mit dem ihm eigenen fanatischen Eifer, er gab sie aber oft ganz plötzlich über Nacht auf, um sie durch eine andere zu ersetzen.

Als Privatresidenz mietete Maximilian im Februar 1852 ein elegantes Haus im Triestiner Villenviertel San Vito. Es hieß – wohl nach einem früheren Besitzer – Villa Lazarovich, verfügte über einen weitläufigen Park und über Wirtschaftsgebäude und wurde bald zur »Spielwiese« des jungen Habsburgers: Hier gab er sich zum zweiten Mal in seinem Leben hemmungslos dem Gestalten und Einrichten eines Wohnsitzes hin. »Hemmungslos« ist dabei in vollstem Wortsinn zu verstehen, denn wenn der Erzherzog künftighin an Land war, beschäftigte er sich hauptsächlich mit dem Umbau der Villa. Er kaufte Möbel, Antiquitäten, Gemälde und kostbare Stoffe in Venedig (diese Stadt lag Triest nahe, sie war mit dem Schiff rasch zu erreichen und galt schon damals als beliebte Einkaufsstadt) und beauftragte zahllose Architekten, Bildhauer, Maler, Tischler und Kunsthandwerker, die seine Entwürfe in die Tat umsetzten. Seine Kreativität umfasste auch das stete Auftun neuer Geldquellen, damit er die enormen Summen, die der Umbau der Villa verschlang, bezahlen konnte. Wichtigste Geldgeber waren der kaiserliche Familienfonds, aber auch sein Vater, Erzherzog Franz Carl, der ihn großzügig unterstützte.

Irgendwann war die Villa eingerichtet (richtig zufrieden war Maximilian mit den Ausstattungen seiner Residenzen allerdings nie) und es trieb ihn wieder hinaus aufs Meer. Im Mai 1852 besuchte er den Süden Italiens, dann ging es im Juni weiter nach Spanien und Portugal auf eine Reise, die ihn ein Leben lang prägen sollte. Die steinernen Zeugen der Geschichte, die er dort besuchte und die Jahrhunderte zuvor im Auftrag seiner Familie errichtet worden waren, überwältigten ihn. Kaiser Karl V. erschien vor seinem geistigen Auge, jener Habsburger, »in dessen Reich niemals die Sonne unterging«, und Maximilian fühlte sich plötzlich als einzig Berufener, dieses riesige Imperium wiederauferstehen zu lassen. In diesen Tagen wurde ihm so richtig klar, dass er zum Kaiser geboren war, und dieser Gedanke sollte ihn von nun an nicht mehr loslassen.[6] Da es ihm 1853

---

6 Vgl. dazu: »In Granadas Königsgräbern, an den Grabstätten der spanischen Habsburger, schwelgt er im stolzen Gefühl der Altehrwürdigkeit seines Hauses. Er fühlt sich den Toten als legitimer Verwandter nahe ... und bekennt sich zu der Empfindung, daß verwandtschaftliches Gefühl noch nach Jahrhunderten ergreift. Da liegen die Reichsinsignien zur Schau gestellt. ›Stolz, lüstern und doch wehmütig griff ich‹, erzählt der Erzherzog, ›nach dem goldenen Reif und dem einst so mächtigen Schwerte. Ein schöner, glänzender Traum wäre es ... dieses zu schwingen, um den Reif zu erringen.« (Von einer Reise nach Spanien im Jahr 1854, zit. in: Corti, Tragödie, S. 19)

nicht gelang, seinen älteren Bruder zu »beerben« (die Auflösung zu dieser geheimnisvollen Andeutung folgt auf den S. 110f.), so legte er in dieser Epoche den Grundstein zu jener Idee, die ihn zehn Jahre später die Krone von Mexiko annehmen ließ. Seiner Neigung für die spanische und portugiesische Lebensart folgend verliebte er sich bald in eine hohe Vertreterin dieser Kultur: in die dunkelhaarige Schönheit, Prinzessin Maria Amalie[7], Tochter des Kaisers von Brasilien, und verlobte sich mit ihr. Dennoch kam diese Hochzeit nicht zustande, da die Braut wenig später an Schwindsucht starb.

Kurz nach dem Tod der Verlobten sollte Maximilian ein zweiter Schicksalsschlag ereilen, der sich noch einschneidender auf seine Psyche auswirkte als der Verlust der Geliebten: Kaiser Franz Joseph wurde im Februar 1853 Opfer eines Attentats. Maximilian erfuhr davon aus den Zeitungen, noch bevor ihn seine Familie benachrichtigen konnte. Den Berichten war zu entnehmen, dass der Kaiser schwer getroffen war und dass man das Schlimmste befürchten musste. Das Schlimmste, das Franz Joseph geschehen konnte, bedeutete in den krausen Gedanken Maximilians das Beste für ihn: Wenn sein älterer Bruder sterben sollte, war er nach dessen Tod automatisch der nächste Kaiser von Österreich. Er eilte also von Triest nach Wien, um dort von der Familie aber nur die »gute« Nachricht zu erfahren, dass Franz Joseph auf dem Weg der Besserung war und den Anschlag überleben würde. Das war eine herbe Enttäuschung. Maximilian ließ sich die gescheiterte Hoffnung aber nicht anmerken, sondern beschloss gemeinsam mit Eltern und Brüdern, zum Andenken an das überstandene Attentat eine Kirche errichten zu lassen. Er wurde von der Familie dazu auserkoren, ein Stiftungskomitee zu errichten und die Schirmherrschaft über das Projekt zu übernehmen. So haben wir Wiener es auch alle im Geschichtsunterricht gelernt. Doch die Wahrheit hat – wie sich in den hier erstmals abgedruckten Briefen zeigen wird – anders ausgesehen: Maximilian hat die ehrenvolle Aufgabe, die

---

7 Maria Amalie war die Tochter Kaiser Pedros I. von Brasilien (aus dem Geschlecht der Braganza), der wiederum ein Sohn König Johanns IV. von Portugal war. Als Erstgeborener regierte Pedro zunächst vier Jahre lang als König in Portugal, verzichtete jedoch 1826 auf die portugiesische Krone, um als Pedro I. den Kaiserthron von Brasilien zu besteigen. In erster Ehe war er mit einer Habsburgerin, Erzherzogin Leopoldine, verheiratet, die eine Tante Maximilians war. Mit ihr hatte er sieben Kinder. Marie Amalie entstammte aber als einziges Kind der zweiten Ehe Pedros mit Prinzessin Amalie von Leuchtenberg.

man ihm damals übertrug, zwar angenommen, hat aber Wien nach nur wenigen Tagen Aufenthalts wieder in Richtung Triest verlassen. Alle Arbeiten, die mit der Gründung des Komitees und dem Bau der Votivkirche zusammenhingen, hat er an seinen Bruder Carl Ludwig weitergereicht (Siehe dazu die Briefe auf den S. 111ff.).

Der Mensch, der sich am meisten über den glücklichen Ausgang des Attentats freute, war des Kaisers Mutter Erzherzogin Sophie. Sie hatte die langen Wochen der Genesung an seinem Bett zugebracht, ihn gemeinsam mit den Ärzten versorgt und ihn unterhalten. Als die Wunden geheilt waren, und der Kaiser die Krankenstätte verlassen konnte, empfand er es als erste Pflicht, sich bei allen zu bedanken, die ihm während des Attentats und danach beigestanden hatten. So hat er auch die »Bemühungen« seines ältesten Bruders mit einer Dankadresse belohnt. Er ernannte Maximilian im April 1853 zum Korvettenkapitän und übergab ihm das erste Kommando auf der Korvette »Minerva«. Über diese Ehre und Ernennung freute sich der sonst gerne unzufriedene Maximilian, denn die Schifffahrt war ihm ein wirkliches Anliegen. Im diesem Zusammenhang hat er während seines Aufenthalts in Triest eine Menge geleistet, was auch bitter nötig gewesen war, da die Marine bis dahin ein eher unglückliches Dasein gefristet hatte. Unter anderem trainierte er die Matrosen, mit denen er in See stach, selbst. Dabei überraschte er sie gerne mit unvorbereiteten Manövern. Er führte Deutsch als Kommandosprache ein und verfasste auf eigene Kosten Unterrichtsbücher für die Studenten der Marine-Akademie. Eine Zeit lang betrieb er diese Tätigkeit mit viel Eifer und Spaß, doch schon bald packte den »Nur-Zweitgeborenen« die Unzufriedenheit. Nur ein Jahr nach seiner Ernennung (im Juli 1854) ließ Maximilian den Stoßseufzer los, der zum Titel dieses Buches führte: »Ich bin bloß Corvetten-Kapitän ...« Mit seiner steten Verdrossenheit hat er vor allem seine Mutter geplagt, die das Jammern und Klagen sehr belastete. Trotzdem hat sie sich oft bei Kaiser Franz Joseph dafür eingesetzt, den Stand ihres Zweitältesten zu verbessern. Was damals rasch seine Folgen zeitigte: denn innerhalb von nur zwei Monaten wurde Maximilian zum Conter-Admiral und Commandanten der Marine ernannt.

Den neu erhaltenen Ämtern und Würden musste Maximilian nun nach außen hin gebührenden Ausdruck verleihen. Einem Marinekommandanten, der noch dazu das zweithöchste Mitglied der österreichischen Kaiserfamilie war, musste eine Villa, auch wenn sie noch so herrschaftlich und geräumig war, zu gering erscheinen. Also begann er, sich nach einem weitläufigen Bauplatz für ein »standesgemäßeres« Zuhause umzusehen. Westlich von Triest erwarb er 1855 eine Liegenschaft direkt am Meer, die sich durch ihre Lage und Größe für den Bau eines Schlosses als ideal erwies. Der leidenschaftliche »Spanier« sollte es »Miramar«/»Meeresblick« nennen (und nicht »Miramare« wie es auf Italienisch heißt). Es wurde ein Baujuwel der historisierenden Architektur des 19. Jahrhunderts.

Zu aller Gunst des Schicksals, die der neu erworbene, hohe Dienstgrad und die Freuden als »imperialer[8] Bauherr« mit sich brachten, fehlten dem jungen Erzherzog nun nur noch die Freuden des häuslichen Glücks. Das war ihm 1854 bewusst geworden, als sein Bruder Franz Joseph die bayerische Prinzessin Elisabeth heiratete und mit ihr ein liebevolles und glückliches Ehe- und Familienleben führte. Mit dem Bild dieses jungen Glücks vor Augen begab sich Maximilian auf eine der damals üblichen »Kavalierstouren« und sah sich unter den Familien, mit denen er sich laut Hausgesetz verbinden durfte – die Heiratskandidatinnen mussten regierenden und römisch-katholischen Familien entstammen –, nach einer passenden Braut um. Vom belgischen Thronfolger eingeladen, reiste Maximilian bald nach Brüssel, um dort dessen Schwester Charlotte näher kennen zu lernen. Diesem Vorschlag kam er gerne entgegen, da eine Verbindung mit Belgien, den früheren »spanischen Niederlanden«, sehr gut in sein »spanisches Reichskonzept« passte. Zudem war sein Regent, König Leopold I.[9], ein ehrgeiziger, aufstrebsamer Herrscher, offen für große politische und überseeische Projekte. Leopolds Tochter Prinzessin Charlotte entsprach auch genau Maximilians Schönheitsidealen: Sie hatte langes, dunkles Haar, dunkle Augen, eine stolze, würdige Haltung und hätte jederzeit für eine Spanierin gehalten werden können. Am belgischen Königshof herrschte große Freude darüber, dass sich der nächstge-

---

8 Das Wort »imperial« bezieht sich auf die bewusst »kaiserlich-repräsentative« Einrichtung von Schloss Miramar, das ursprünglich als Privatresidenz gedacht war. Es wurde mit einer Menge Hoheitszeichen (Symbolen an der Außenfront eines Gebäudes, die es als Fürstenresidenz erkenntlich machen) versehen: mit hohen, schlanken Türmen, bekrönenden Dreiecksgiebeln, Wappenkartuschen mit Kronen, Säulenvorbauten usw.
9 Er entstammte dem Geschlecht der Herzoge von Sachsen-Coburg-Gotha und war erst 1831 Herrscher des neu gegründeten Königreichs Belgien geworden. Ein anderes Familienmitglied regierte damals als König von Portugal.

borene Bruder Kaiser Franz Josephs für die Prinzessin interessierte. Jede Dynastie hätte sich über diese Verbindung gefreut, noch dazu standen damals auch Zweit- und Drittgeborenen etliche Throne offen, da im Europa des 19. Jahrhunderts ein großer Umbruch herrschte. Etliche Länder und Monarchien entstanden neu und wurden mangels eigener Dynastien vorzugsweise mit Abkömmlingen der deutschen Fürstenhäuser besetzt. So wurde Maximilian später u. a. der Thron von Griechenland angeboten, der ihm aber als zu minder und zu uninteressant erschien. Er strebte nach Höherem, nach Spanischerem und nach Westlicherem, eine Idee, die die Mitglieder der belgischen Königsfamilie später sehr unterstützen sollten. Allen voran Prinzessin Charlotte, die Maximilian bald um ihre Hand bitten sollte. Hier sollten zwei sehr ähnliche Charaktere zueinander finden: Beide verband ein großer Ahnenstolz, die Liebe für Prunk und Repräsentation und das Streben, die Vorteile, die sie durch ihre Geburt erhalten hatten, zu vermehren. Ehrgeizig wie ihr Bräutigam hieß Charlotte von Anfang ihrer Beziehung an jeden seiner hochfliegenden Pläne gut, denn auch sie fand, dass ein Kaiserthron ihrer beider Würde am besten entsprach.

Doch noch war es nicht so weit. Noch stand Maximilian in Diensten seines kaiserlichen Bruders, war zwar verlobt, lebte aber weit von seiner Braut entfernt und wartete in Triest wieder einmal auf eine Verbesserung seines Standes. Ein Zufall kam ihm dabei zu Hilfe. Denn nach dem Tod Erzherzog Rainers, des Vizekönigs von Lombardo-Venetien, im Jahr 1853 fehlte dem exponiert liegenden, zum Kaiserreich Österreich gehörenden Land die Führungskraft. In den damals unruhigen Zeiten war es zweckmäßig, sie mit einem Mitglied der Familie zu besetzen, denn das italienische Volk und die italienischen Fürsten kämpften allerorts um ein freies, vereinigtes Italien (etliche Herzogtümer – die Toskana und Modena – waren in der Hand von Habsburgern und wurden von ihnen autonom regiert). Um die Herrschaft besser unter Kontrolle zu bringen, erhob Kaiser Franz Joseph im Februar 1857 seinen Bruder Maximilian zum General-Gouverneur von Lombardo-Venetien mit künftigem Amtssitz in Mailand. Durch seine lange Anwesenheit in Triest und Venedig war Maximilian mit der Situation in Italien vertraut und eignete sich gut als Vermittler zwischen den Fronten. Für den damals 25-jährigen Maximilian bedeutete das eine enorme Standeserhöhung und sie bewies ihm wieder einmal das große Vertrauen, das Kaiser Franz Joseph ihm entgegenbrachte. Als Inhaber dieses Amtes konnte sich der junge Erzherzog erstmals politisch erproben. In großen politischen Belangen war er zwar an die Weisungen seines älteren Bruders gebunden, bei eiligen tagespolitischen Ereignissen besaß er jedoch eine gewisse Entscheidungsfreiheit. Da er gerne repräsentativ lebte, kam es ihm auch sehr gelegen, dass ihm in und um Mailand mehrere Schlösser und Paläste zur Verfügung standen. Eine große Anzahl von Bediensteten sorgte für sein leibliches Wohl und auch dafür, dass die Öffentlichkeit sich ihm gegenüber richtig verhielt (denn Maximilian liebte – wie wir wissen – einen prunkvollen Rahmen und große Zeremonien). Das imponierte ihm alles ... eine Weile lang, bis den anspruchsvollen Erzherzog wieder die Unzufriedenheit packte und ihm neue, weit reichendere Pläne in den Sinn kamen. Da er wusste, dass die Italiener ein eigenes Königreich errichten wollten, hatte er die Idee, das Herrscheramt selbst zu übernehmen (was er allerdings Kaiser Franz Joseph verschwieg). Im Geheimen verhandelte er mit Mittelsmännern und mag nicht darüber nachgedacht haben, dass er damit zum Verräter an seinem Bruder wurde. Es dauerte nicht lange, bis das Familien- und Staatsoberhaupt vom italienischen Königsplan Maximilians erfuhr. Und es wird niemanden weiter verwundern, dass der Kaiser prompt reagierte. Im Frühjahr 1859 wurde Maximilian seines Postens enthoben, wieder der Marine eingegliedert und einem Admiral unterstellt. Das war zwar eine harte Strafe. Als Mitglied der kaiserlichen Familie und finanziell Unabhängiger konnte sich Maximilian ihr aber »privatisierend« entziehen: Um keine minderen Dienste versehen zu müssen, unternahm Maximilian mit seiner Frau Charlotte künftighin ausgedehnte Seereisen. Sie führten die beiden in spanische und portugiesische Gewässer, aber auch an die nahe gelegene dalmatinische Küste, wo Maximilian die Insel Lacroma für sich entdeckte. Völlig bezaubert von der Schönheit des Ortes und eines darauf befindlichen alten Klosters, schwärmte er so lange und eindringlich davon, dass seine vermögende Ehefrau die Insel kaufte und ihm zum Geschenk machte. Augenblicklich stürzte sich Maximilian in Um- und Ausbaupläne des mittelalterlichen Konvents und lenkte sich auch in Triest vom familiären Kummer mit dem Weiterbau an Schloss Miramar ab. Denn nach fünf Jahren Bauzeit waren die Arbeiten noch lange nicht beendet. Erst im Laufe des Jahres 1860 wurde das Erdgeschoß des Gebäudes fertig gestellt. Maximilian hatte also ein reiches Betätigungsfeld. Allerdings muss der langsame Baufortgang für das ungeduldige Wesen Maximilians eine harte Probe dargestellt haben.

Doch wie aus dem Geschichtsunterricht hinlänglich bekannt ist, sollte sich das Geschick des Erzherzogs bald wenden. Einer lange zurückliegenden Reise nach Paris im Mai 1856 verdankte er den Umstand, mit einem Schlag in den Mittelpunkt des Weltgeschehens zu rücken. Damals hatte er Kaiser Napoleon III. kennen und auch schätzen gelernt. Wenn Maximilian auch keinen Kontakt mehr mit ihm pflegte, so hat er den Besuch am französischen Hof nie vergessen. Er blieb – in seiner Familie als Einziger – ein stiller Bewunderer des Machtmenschen Napoleon. Der Kaiser der Franzosen begann sich unter dem Einfluss seiner Ehefrau Eugénie, einer gebürtigen Spanierin, und einiger Vertrauensleute aus Südamerika zunehmend für die Geschicke Mexikos zu interessieren. Er schickte Truppen über den Atlantik, um die unsichere politische Situation unter Kontrolle zu bringen. Er wollte Einfluss auf die Entwicklung des Landes nehmen, von dessen Ausschöpfung er sich große wirtschaftliche Erfolge versprach. Nachdem Napoleon in Nordafrika und Südostasien die französische Kolonialmacht erfolgreich ausgebaut hatte, unterstützte er nun die Idee der Errichtung eines mexikanischen Kaiserreichs, das politisch und wirtschaftlich stark an Frankreich gebunden sein sollte. Zur Durchsetzung dieses Plans wollte er sich eines starken Partners versichern. Da die Habsburger im 19. Jahrhundert die mächtigste Dynastie Europas waren, lag es nahe, dass Napoleon III. Kaiser Franz Joseph um politischen Beistand bat. Gleichzeitig schlug er Maximilian als Thronkandidaten vor. Der österreichische Kaiser war dem Projekt nicht abgeneigt und »beauftragte Rechberg (*den Außenminister*) am 10. Oktober 1861, zu seinem Bruder nach Miramar zu fahren und zu hören, was man dort zu dem Plan sage. Diese Unterhandlungen zeigten dem Minister bald, wie sehr die Krone den Erzherzog lockte. »Ferdinand Maxens ... seelische Verfassung und der Einfluss seiner sich nach einem größeren Wirkungskreis sehnenden Gemahlin ... bestimmten ihn, dem Anerbieten Gehör zu geben. Kaiser Franz Joseph wieder schien über die Aussicht froh zu sein, für seinen unruhigen, kritisierenden, stets Verlegenheit und Sorge bereitenden ... Bruder vielleicht einen Wirkungskreis zu finden, der großartig und ruhmversprechend, des Hauses Habsburg würdig schien ... So sagte der Kaiser nicht nein, keineswegs aber redete er seinem Bruder zu oder drängte ihn gar.« (Corti, Tragödie, S. 69f.)

Als Erzherzog Maximilian das Angebot aus Frankreich zum ersten Mal hörte, muss es ihm vorgekommen sein, als hätte Gott im Himmel endlich seine wahre Bestimmung erkannt. Wenn er Kaiser von Mexiko würde, stand ihm tatsächlich die Möglichkeit offen, zumindest einen Teil des Weltreichs von Kaiser Karl V. wiederauferstehen zu lassen. Maximilian nahm also die mexikanische Kaiserkrone an. In Zusammenhang mit seiner Persönlichkeit und seinem Charakter ist es nun sehr interessant, seine psychische Entwicklung der folgenden zweieinhalb Jahren bis zur endgültigen Thronbesteigung zu beobachten. Denn wenn er anfangs von der Kaiseridee geradezu besessen war, so sollte er mit näher rückendem Abreisetermin immer stärker an der Richtigkeit dieser Entscheidung zweifeln. Zahlreiche Menschen hatten ihn inzwischen über die politische Unsicherheit in Mexiko aufgeklärt. Außerdem drückte die Traurigkeit seiner Eltern, Erzherzogin Sophie und Erzherzog Franz Carl, stark auf sein Gemüt. Sie konnten ihren Kummer über das waghalsige Unternehmen, in das sich ihr Sohn stürzen wollte, kaum verbergen und fürchteten den Tag, an dem sie sich von ihm verabschieden mussten.

Nur Maximilians Ehefrau Charlotte war glücklich über das mexikanische Kaiser-Projekt, das ihr und ihrem Mann eine große Zukunft verhieß. In der langen Vorbereitungsphase unterstütze sie Maximilian nicht nur moralisch, sondern übernahm auch viele seiner Termine, wenn er, von Seelenzweifeln gequält, tagelang krank im Bett lag. Als er im Frühjahr 1864 von einer Delegation endgültig zum Kaiser von Mexiko erklärt wurde und zur Reise rüsten sollte, brach er vollends zusammen. Er hatte keine Kraft mehr, sich in der Öffentlichkeit zu zeigen, und sperrte sich weinend in seiner Schiffskajüte ein. Seine Frau Charlotte empfing die Abordnungen, die zum Abschied erschienen, und erwies sich auch auf der weiteren Fahrt als gute Betreuerin. Es gelang ihr nicht nur, alle Zweifel Maximilians zu beseitigen, sie sollte sogar wieder seine Freude an dem Projekt wecken. Noch auf dem Schiff begann er, sich ernsthaft auf sein Amt vorzubereiten. Es wäre allerdings nicht Maximilian, hätte er sich nicht vorrangig wieder auf Äußerlichkeiten gestürzt. Denn noch bevor er politische und militärische Strategien entwickelte, entwarf er ein umfassendes Hofzeremoniell, das ihn wochenlang beschäftigte. Und selbst als er Mexiko erreicht und seinen unsicheren Thron in Besitz genommen hatte, liefen die politischen Vorbereitungen nur nebenher. Er selbst leitete die Verschönerung und den Ausbau der kaiserlichen Residenzen ein. Sein Stand und seine Würde sollten allen sofort ersichtlich sein. Hoheitsvolle Architektursymbole galten ihm wie Pomp und Zeremoniell als höchst erstrebenswerte Ideale. Und zwar nicht erst in Mexiko und nicht erst, seit er das Kaiseramt innehatte. Denn schon beim Bau von Schloss Miramar hatte er großen Wert auf den fürstlich-repräsentativen Charakter des Gebäudes gelegt. Jetzt, da er Kaiser von Mexiko war, schickte er Pläne übers Meer, um dort einen eigenen Thronsaal[10] errichten zu lassen. Eine Ahnengalerie mit Gemäldekopien aller Vorfahren, die Kaiser waren, und ein »Saal der Herrscher« waren seit den 50er-Jahren in Bau, als Maximilian noch Kommandant der österreichischen Marine war. Für den »Saal der Herrscher« hatte er Kopien von Gemälden aller zeitgenössischen europäischen Regenten anfertigen lassen. »Ursprünglich hat Maximilian als Zentrum dieser Galerie der herrschenden Zeitgenossen das Porträt von Kaiser Franz Joseph im Krönungsornat vorgesehen, 1864 schlägt er jedoch für diese Sonderstellung sein eigenes Bildnis als Kaiser von Mexiko vor.« (Perotti, S. 65) Diese Entscheidung ist in vieler Hinsicht interessant und symptomatisch für Maximilian, da er damit mehrfach gegen den Sinn des vorgesehenen Programms handelte: Es wurden erstens ausschließlich *europäische* Herrscher gezeigt und ein solcher war, zweitens, nur sein Bruder Kaiser Franz Joseph. Schließlich beweist es drittens, wie gerne sich Maximilian über diesen seinen Bruder erhob.

Doch wieder zurück nach Mexiko und zu den dortigen Bauprojekten. Bei seiner Ankunft im Mai 1864 bezog das nunmehrige Herrscherpaar den mexikanischen Kaiserpalast, der den Wünschen und dem Geschmack Maximilians überhaupt nicht entsprach. Also ließ er ihn großzügig ausbauen und umgestalten. Nebenbei errichtete er für private Zwecke das Lustschloss Chapultepec im historischen Park von Montezuma und in Cuernavaca eine kleine Sommervilla. Nach Voll-

---

10 »Die Ausstattung im Obergeschoß – die roten Tapeten und Stoffe, die Vergoldungen der Boiserien, die türenflankierenden Säulen mit korinthischen Kapitellen ... – zeugt von Maximilians gehobenem Anspruch und steht in Zusammenhang mit seinem zunehmenden Repräsentationspflichten, wie seine späten Anweisungen aus Mexiko (1864) bezeugen ... Im Raumsystem eines Residenzschlosses liegt ... der Schwerpunkt beim Thronsaal, in dem sich die eigentlichen Staatshandlungen abwickeln (*wobei man solche Schlösser üblicherweise nur in dem Land baut, in dem man regiert*) ... Der Thronsaal ist ... Raum, der durch seine architektonische Würde und ikonographische Ausstattung Bezug nimmt auf eine institutionelle Instanz wie beispielsweise das deutsche Kaisertum, von der man die eigenen Rechte und Privilegien herleitet.« (Perotti, S. 56f.)

endung der Arbeiten am Kaiserpalast lud Maximilian zu prachtvollen Hoffesten, die wie die Verwirklichung seiner architektonischen Ideen riesige Summen Geldes verschlangen. Er begann nun auch seine politische Tätigkeit zu entwickeln, sammelte österreichische und mexikanische Ratgeber um sich, verfasste ein paar Traktate zum Thema Regentschaft, rief einige soziale Institutionen ins Leben und förderte verschiedene wissenschaftliche Projekte. Es gelang ihm aber auch nach etlichen Reisen durch das Land nicht, die wahren Probleme der Bevölkerung – die allgemein herrschende Armut, das Analphabetentum, die Benachteiligung einiger Volksgruppen sowie die Kriminalität – zu erkennen und zu beseitigen. Außerdem hatte er von allem Anfang an mit dem erbitterten Widerstand des früheren Machthabers Benito Juárez zu kämpfen. Als einer der Urheber der mexikanischen Verfassung im Jahr 1857 übernahm Juárez wenig später die Regierung und forderte mit den Reformgesetzen den bis 1861 dauernden Bürgerkrieg heraus. Er blieb von 1861 bis 1871 (also auch während der Regentschaft Maximilians) gewählter Präsident des Landes und agierte dort mehr als Diktator denn als Demokrat. Obwohl er durch die Ankunft und Machtübernahme Maximilians eine Zeit lang vom Hauptschauplatz vertrieben worden war, gelang es ihm bald, sich gegen den Eindringling aus Europa durchzusetzen. Er ließ Maximilian 1867 durch Truppen gefangen nehmen und im Juni desselben Jahres in Querétaro erschießen.

Die Geschichte Kaiser Maximilians von Mexiko wäre unvollständig, würde man nicht auch die seiner ehrgeizigen und ihn lebenslang unterstützenden Ehefrau Charlotte mit- und weitererzählen. Angesichts der sich politisch zuspitzenden Lage hatte sie im Sommer 1866 Mexiko verlassen, um in Europa – vor allem bei Kaiser Napoleon III. – stärkere militärische Unterstützung zu erbitten. Die österreichische Kaiserfamilie, die sich damals in Ischl befand, hatte telegraphisch von ihrer Ankunft in Frankreich erfahren, kannte aber nicht den Grund ihres Kommens. Also telegraphierte man ihr, um sich nach ihren Reiseplänen zu erkundigen. Sie antwortete aber nicht, sondern bereitete sich – wie aus der Geschichte bekannt ist – auf das Gespräch mit Napoleon III. vor, das völlig erfolglos verlief. Sie musste den Kaiser verlassen, ohne die geringste Zusicherung auf Hilfe erhalten zu haben. Die Ignoranz und Ablehnung, mit der man sie in Frankreich behandelt hatte, schockierte sie dermaßen, dass sich wohl infolge dieser Ereignisse erste Anzeichen jener Krankheit bemerkbar machten, die wenig später während ihres Aufenthalts in Rom zum Ausbruch kamen: Charlotte verlor die Fähigkeit klar zu denken, begann unter Verfolgungswahn zu leiden und fiel zeitweilig in völlige Umnachtung. Die Krankheit nahm einen derart rapiden Fortgang, dass man Charlotte ärztlicher Obhut übergab und bis zum Tod Maximilians in Schloss Miramar internierte. Danach übernahm die belgische Königsfamilie ihre weitere Betreuung, forderte dafür aber ihr Heiratsgut, das ein riesiges Vermögen darstellte, wieder zurück. Von diesen Unannehmlichkeiten abgesehen, hatten die Habsburger nach dem Tod Maximilians nicht nur die Trauer um ihn und um sein grässliches Ende zu bewältigen, sondern sollten bald mit noch Schlimmerem konfrontiert werden. Denn die Erben – Erzherzog Franz Carl und Erzherzog Carl Ludwig – ahnten zu diesem Zeitpunkt nicht, dass Maximilian, der ein Leben lang aufwendig und über seine Verhältnisse gelebt hatte, nur einen immensen Schuldenberg hinterließ. Er konnte mit der großzügigen Apanage[11], die er als Mitglied der österreichischen Kaiserfamilie erhalten hatte, kaum je seinen Lebensunterhalt bestreiten, geschweige denn seine hochfliegenden architektonischen Projekte finanzieren. Nach seinem Tod erschienen eine Menge Gläubiger, die von der Kaiserfamilie, vom Familienfonds und zum Teil sogar vom Hofärar (= der Hofkasse) befriedigt werden mussten. Unter den zahlreichen hinterlassenen Rechnungen befand sich sogar eine über eine Yacht, die Maximilian erst im Frühjahr 1867 – also kurz vor seiner Gefangennahme – in London erworben hatte.

Welches Urteil man sich nun über die Person Kaiser Maximilians bilden mag, wenn man das Altbekannte und das neu Erfahrene in diesem Bande zusammenfügt, bleibt jedem selbst belassen. Feststeht, dass er ein Mann war, in dessen Brust tatsächlich »zwei Herzen schlugen«. Denn auf der einen Seite war Maximilian selbstherrlich, eitel, prunk- und verschwendungssüchtig, auf der anderen Seite aber auch unsicher, verschlossen und zweiflerisch. Und das obwohl er ei-

---

11 Wie jeder Habsburger erhielt auch Erzherzog Maximilian eine Apanage, die bei ihm als zweithöchstem Mitglied der Familie sogar höher bemessen war als bei zahllosen nachrangigen Habsburgern. Mit diesem Geld konnten auch die »benachteiligten« Erzherzoge ein mehr als standesgemäßes Leben führen: Es ermöglichte den Erwerb von Palästen und Schlössern, das Halten von Dienerschaft, Pferden und Wagen sowie die luxuriösesten Reisen, kurzum – sie konnten damit alles finanzieren, wonach ihnen wann immer der Sinn stand.

gentlich eine Menge positiver und kreativer Fähigkeiten besaß, die ihn zu einer großen beruflichen Karriere befähigt hätten: Er war ein fähiger Marine-Offizier, Kommandant, Ausbildner und Verfasser zahlreicher Fachliteratur und hat während seines Aufenthalts in Oberitalien das Marinewesen der österreichischen Monarchie erfolgreich reformiert. Da ihm diese Beschäftigung aber nach außen hin zu wenig ruhmreich erschien und er ständig nach Höherem strebte, sollte ihn bald das wohlbekannte Schicksal ereilen. Im Unterschied zum offiziellen Maximilian – dem ahnenstolzen, hochrangigen Mitglied der österreichischen Kaiserfamilie und späteren Herrscher von Mexiko – konnte der private Maximilian auch ein geselliger Mann sein. Seine Eltern und Geschwister schätzten sein Unterhaltungstalent und seine Sprachgewandtheit, wenn sie auch alle oft unter seinen plötzlich ausbrechenden Launen zu leiden hatten und ein Leben lang zwischen ihm und seinem Bruder Franz Joseph vermitteln mussten. So bleibt zum Schluss die Erkenntnis, dass Maximilian wohl eine schwierige und zwiespältige Persönlichkeit war, auf jeden Fall aber ein interessanter und vor allem niemals ein langweiliger Charakter. Und das ist wohl die Erklärung dafür, dass sich die Wissenschaft auch heute, 140 Jahre nach seinem Tod, noch immer so eindringlich mit seiner Person beschäftigt.

DIE FAMILIENKORRESPONDENZ

Von der Kindheit und Jugend Maximilians und seiner Geschwister bis zur Thronbesteigung Kaiser Franz Josephs

———————— ◆ ————————

Wie die meisten Kinder dieser Epoche wuchsen auch die kleinen Erzherzoge Franz Joseph, Maximilian und ihre Geschwister in einer großen Familie auf. Ein Tross von älteren Verwandten – die kaiserlichen Großeltern, die Erzherzoge-Großonkel und -tanten, -Onkel und -Tanten und natürlich die Eltern – beschäftigte sich, wann immer es die Zeit zuließ, mit den Kleinen und nahm jedes Gurren, Brabbeln und Krabbeln aufmerksam wahr. Obwohl die Habsburger seit mehreren Hundert Jahren als erste und ranghöchste Familie ein mächtiges Reich regierten, lebten sie aber gegen alle Regeln der Zeit und der Gesellschaft ausgesprochen bürgerlich. Was sie dabei besonders auszeichnete, war ihre innige Kinderfreundlichkeit. Damit meine ich, dass sie sich über die Geburt eines Sohnes, eines Enkels oder eines Neffen nicht nur deshalb freuten, weil er den Fortbestand der Dynastie sicherte, sondern sie liebten die Kleinen, wie Eltern und Großeltern üblicherweise Kleinkinder lieben: um sie zu verzärteln und sich an ihrem Glucksen und Lächeln zu erfreuen. Diese Liebe war sogar unabhängig vom Geschlecht der Kinder, man liebte sie nur um ihrer selbst willen, Töchter wie Söhne – oder sogar *besonders die Töchter*, wie die von Kaiser Franz Joseph, wovon in vielen Briefen zu lesen sein wird. Ich bin mir ziemlich sicher, dass es von keiner anderen europäischen Fürstenfamilie so viele schriftliche Dokumente über das Aussehen und Befinden ihrer Babys, über ihr Plappern, ihre Essensgewohnheiten, ihre ersten Schritte, ihre Taten und ausgelassenen

Streiche gibt wie von den Habsburgern. Alleine mit den Briefen über die lieben Kleinen könnte man mehrere Bände füllen.

Dass die beiden Babys Franz Joseph und Maximilian bei ihrer Geburt vielleicht noch liebevoller empfangen wurden als andere Fürstenkinder, hängt auch damit zusammen, dass ihre Mutter Erzherzogin Sophie vor diesen beiden Schwangerschaften fünf Fehlgeburten erlitten hatte. Eigentlich wollte sie ab ihrer Hochzeit im Jahr 1824 ein Baby nach dem anderen zur Welt bringen, weil sie wie ihre Mutter Königin Caroline von Bayern kindernärrisch war. Auf die Erfüllung dieses Wunsches musste sie allerdings sechs Jahre warten. Als endlich eine erste Schwangerschaft erfolgreich verlief, nahm Erzherzogin Sophie jede Strapaze, die man ihr abverlangte, geduldig auf sich. Sie freute sich auf ihr erstes Kind und schickte ihrer Mutter unzählige Briefe, die nur von ihrer Glückseligkeit sprechen: »Niemals war ich Dir so dankbar, daß Du mir das Leben geschenkt hast als jetzt. Wo es durch Hoffnung verschönt ist, Hoffnung auf etwas, was eine herrliche Zukunft eröffnet und so viele geliebte Wesen glücklich machen kann. Ich schone mich so sehr, daß ich mich schon acht Wochen lang nicht mehr aus meinem Zimmer gerührt habe ...« (28. 1. 1830, zit. in: Kaiserin Elisabeth)

Die zweite Schwangerschaft verlief ruhiger und auch die Geburt war – im Unterschied zur ersten – viel leichter. Maximilian kam als gesundes Baby zur Welt, entwickelte sich zu einem heiteren und freundlichen Säugling und war bald der Mittelpunkt im kleinen Familienkreis seiner Eltern und seines Bruders Franz Joseph. Ein Jahr nach der Geburt Maximilians kam abermals ein Sohn zur Welt. Er wurde auf den Namen Carl Ludwig getauft, im Familienkreis aber immer nur »Carl« genannt. Über die Geburt und die Tage danach ist ein noch nie veröffentlichter Brief der glücklichen Mutter an ihre Cousine und beste Freundin Prinzessin Amala Wasa erhalten. Er ist durchtränkt von der Freude über dieses nunmehr dritte Kind. Außerdem zeugt er von der innigen Liebe, die zwischen Erzherzogin Sophie und ihrem Ehemann Erzherzog Franz Carl geherrscht hat, und von der liebevollen Atmosphäre in der kaiserlichen Familie. »Deine Theilnahme an meinem Glücke thut mir so wohl, u. gewiß hat Dein frommes Gebeth mir zu meiner glücklichen Entbindung viel geholfen. Ich habe wohl sehr viel gelitten – aber der immer so beseeligende Augenblick, in welchem der Kleine gesund u. stark das Licht der Welt erblickte, und mein guter Franz (*ihr Ehemann*), durchdrungen von

Dankbarkeit gegen Gott, neben mir auf die Knie stürzte, entschädigte mich reichlich für alles ausgestandene Leiden. Als mir meine Fürstin (*eine Hofdame*) sagte, daß es wieder ein masculin (*ein männliches Kind*) war, war ich ein klein wenig desappointirt (*enttäuscht*). – Doch der Gedanke, daß mein guter Kaiser (*Franz II./I., ihr Schwiegervater*) u. Franz sich abermals ein Söhnchen wünschten, verscheuchte bald diese eine Regung, u. ich empfing mit frohem Herzen den lieben Kleinen – war er doch gesund u. kräftig – also die Hauptsache erreicht – wofür ich dem lieben Gott – der mich immer so unverdienter Weise segnet, nicht genug danken kann ... Franzi (*der 3-jährige Franz Joseph*) sagte, als der kleine Carl auf die Welt kam, es wäre sein Kind – fand ihn aber sehr roth und garstig; wirklich sagte er zur Gräfin Schönborn: ›Der kleine Carl kann noch nicht reden, er trinkt aus dem Magen von der Frau Th...‹ (*die Amme*) und gestern sagte er zu Ilb[12] von dem Kleinen sprechend: ›Ich habe ihn noch gar nicht lange‹ ... (Neulich abends stellte er sich) – seine Flinte im Arm gelehnt – ... in der graciösesten Stellung – wie mir Ilb sagte – neben Max, dem man seine Suppe gab und sagte ›Der Soldat denkt nach‹. – Da Ilb ihn fragte, an was er denke, sagte er: ›An den lieben Gott‹. – Ilb sagte – da hätte er wohl recht – er solle Gott nur recht danken für alle Freude, die er ihm durch den guten Papa und Mama bereitet hätte; da sagte Franzi: ›Ich denke auch an die Verstorbenen‹. – U. als Ilb ihn frug – ob es Verstorbene gäbe – die er gekannt hätte – sagte er: ›Oh ja, der gute Reichstadt‹[13] – ist das nicht rührend – u. es war ganz sein eigener Gedanke – denn nichts hatte dazu Anlaß gegeben ...« (Schönbrunn, 22. 8. 1833)

Um sich von den Kindern so wenig wie möglich trennen zu müssen, haben ihre Eltern Erzherzogin Sophie und Erzherzog Franz Carl ihre Erziehung bis ins Schulalter hauptsächlich selbst übernommen. Das entsprach den Gewohnheiten in bürgerlichen Familien, bei Kindern aus Herrscherhäusern war diese Art der Betreuung völlig unüblich. Kleine Prinzen und Prinzessinnen verfügten ab ihrer Geburt über ei-

---

12 »Ilb« war der Spitzname der Kinderfrau Franz Josephs und seiner Geschwister, Baronin Louise Sturmfeder. Später wurde sie »Amie«, also Freundin, genannt.
13 Herzog Franz von Reichstadt, eigentlich Napoleon II., war der einzige Sohn Kaiser Napoleons I. aus der Ehe mit Erzherzogin Marie Louise. Nach dem Sturz seines Vaters lebte er ab seinem 4. Lebensjahr als eine Art Geisel am Wiener Kaiserhof und wurde hier betont »österreichisch« erzogen.

nen eigenen Hofstaat, der aus Ammen, Kindermädchen, Dienern und Erziehern bestand und sie hauptsächlich betreute. Natürlich hatten auch die Baby-Erzherzoge die übliche Gefolgschaft, ihre Mutter legte aber großen Wert darauf, dass sie die meiste Zeit des Tages mit ihr verbrachten. Ihr verdanken wir auch die schönsten Briefdokumente über die Kleinen, von denen einige in diesem Buch erstmals veröffentlicht werden.

Obwohl Erzherzogin Sophie eine gerechte Mutter war und ihre Liebe gleichmäßig auf alle Kinder verteilte, fiel ihr früh auf, dass sich ihr Sohn Maximilian anders als sein älterer Bruder Franz Joseph entwickelte. Er war ein aufgewecktes Kind, das früh sprechen und sich bald wie ein Erwachsener ausdrücken konnte. »Franzi (*4 Jahre*) – Dein (*Amalas*) Liebling – fragte mich neulich, wo Du denn wärest. Bey Manchem sticht ihn nun Max (*2 Jahre*) beynahe aus – da er wirklich das drolligste Kind ist, das man sich denken kann; jede seiner Meinungen – jedes seiner Worte sind komisch; während ich Dir schreibe, spielt er neben mir u. ließ sich vorhin einfallen, mich <u>lieber Kamerad</u> zu nennen; wenn er ganz allein spielt, ist er am drolligsten – weil er dann mit sich selbst spricht – oder die Gegenstände, mit welchen er spielt – sprechen läßt – wobey das tollste Zeug herauskömmt. Neulich ... hörte ich – daß er sich viel Mühe gab – das Wort Archiduc (*Erzherzog*) herauszubringen, endlich gelang es ihm, u. er sprach ›Archiduc est voilà propre‹ (›*Erzherzog ist da, sauber*‹) – ich glaubte, eines der Kindermädchen hätte es ihm gesagt – aber dem war nicht so – es war seine eigene Erfindung. Franzi nimmt seine Leselection im Nebenzimmer – er liest schon einige Zeilen recht ordentl: u. kann auch Wörter zu einzelnen Buchstaben zusammensetzen ohne zu fehlen ... Ich habe schöne Zeiten erlebt – meine Amala, seit dem letzten Mal, als ich Dir schrieb. Sehr schöne erquickende Wochen in Ischl von dem herrlichsten Wetter begünstigt – wo ich mich ungestört meiner Vorliebe zu der schönen Natur hingeben konnte, u. meinen Kindern und mir die prächtige – reine Gebirgsluft vortrefflich anschlug – u. drey glückliche Wochen bey meiner theuren Mutter. Dann fand ich hier eine zahlreiche Familienvereinigung, die mir auch viele schöne u. heitere Stunden darsch... 22 Kinder unseres Hauses waren an dem Sonntage Nachmittag in dem blauen Salon der Kaiserin (*Caroline Auguste, Schwester Erzherzogin Sophies und als Ehefrau Kaiser Franz II./I. auch ihre Schwiegermutter*) vereinigt; es war ein lieber Anblick, u. um ihn zu verewigen, hatte meine Schwester den glücklichen Gedanken, alle 22 Kinder auf dasselbe Blatt durch Fendi zeichnen zu lassen; als Hintergrund sollen wir Eltern – Louise (*Witwe Napoleons I. und Tochter Kaiser Franz II./I.*) u. Luisen (*aus einigen Luisen nicht genau auszunehmen*) u. die unverheirateten Onkel auch auf das Blatt kommen – mit den Luisen zu verbinden <u>35</u> Personen :/ leider fehlte Onkel Johann (*Erzherzog Johann, Bruder Kaiser Franz II./I.*) – der gerade abwesend war u. erst seit vorgestern wieder hier ist ...« (Hofburg, 26. 11. 1834)

Mit zunehmendem Alter fiel Maximilian immer öfter durch seine Geschwätzigkeit auf. Er sprach ständig: mit sich selbst, mit seinen Geschwistern oder mit den Erwachsenen. Und er liebte es, sich originell auszudrücken, zu schauspielern und mit kleinen Vorträgen die Familie zu unterhalten. Auch kopierte er gerne die Erwachsenen und betrug sich – weil er es offensichtlich gut abgeschaut hatte – schon im Alter von sechs Jahren als echter Kavalier. »Mäxchen war Donnerst: Nachmit: schon im Garten – wo Anna (*die 3-jährige Schwester*) seine Stimme von ihrem Eckchen aus sogleich erkannte u. zu Marie Vécsey (*Kinderfrau*) sagte: ›mir scheint, der Maxi ist nicht mehr krank – er ist im Garten.‹ – Sie hatte dann eine rührende Freude, als sie mit ihm im Rosengärtchen vor Charl:s (*Charlottes/Kaiserin Caroline Augustes*) Zimmer zusammen kam; er gab ihr auch sogleich galanter Weise den Arm u. führte sie wie eine Dame herum – indem er einen Sonnenschirm über ihr u. sich hielt; gleich darauf kam Franzi (*8 Jahre*) ... u. strahlte vor Freude, als er seiner Geschwister gewahr wurde; sie sollten sich noch nicht berühren – Max entschlüpfte jedoch sogleich seiner Amie (*Baronin Sturmfeder*), die ihn festhielt, um Franzi nach zu laufen, u. sie hatte keine Ruhe, bis sie sich nicht die Hände gegeben hatten. Sonnabend wurde Carl (*5 Jahre*) krank; er kam mit glühendem Kopf zum Frühstück u. frappirte[14] (*erstaunte*) mich etwas ... er frug mich nehml. mit großem Ernst, ob <u>der</u> <u>Pfau</u> <u>hinter</u> <u>dem</u> <u>Ochs</u> <u>gestanden</u> <u>hätte</u> u. das einigemahle ... wir begriffen nicht, was er wollte – sein Vater u. ich – da sagte er: ›es ist nichts, ich habe nur geträumt, die ganze Nacht hat mir von Thieren geträumt‹; er lag den ganzen Tag über zu Bette – schwitzte tüchtig u. war gestern schon wieder auf den Beinen – doch sehen beide Kleinen noch spitz

---

14 Alle Verben, die man heute mit »ie« schreibt – wie interessieren, promenieren, taktieren, verzieren usw. –, schrieb man damals mit »i«. Das sieht in den Perfektformen (interessirt, promenirt, taktirt, verzirt) sehr ungewohnt aus.

aus ... Ich habe sie (*die Kinder*) diesen Morgen mit mir zu Kolowrat auf den schönen Grünberg benommen, wo Maxi sehr in <u>high</u> <u>spirit</u> war u. die gute Kolowrat nach Lust tyrannisirte ...« (Erzherzogin Sophie an Prinzessin Amala von Schweden, Schönbrunn, 25. 6. 1838) – So munter und natürlich ging es im kaiserlichen Haushalt zu. Auch kleine Erzherzoge waren mitunter krank und freuten sich, wenn sie wieder aus dem Bett durften und miteinander spielen konnten. Bei ansteckenden Krankheiten waren sie immer einige Zeit voneinander getrennt, was sinnvoll war, wie in dem Brief zu erlesen ist, aber auch keine Garantie für die Gesundheit der anderen bot.

Wie heiß der Sommer 1839 war, wie man ihn bewältigte, wie ungezwungen es in der kaiserlichen Familie zuging und mit wie vielen Menschen – Familienmitgliedern und Gefolgsleuten – die Habsburger Schloss Schönbrunn damals teilten, ist dem nächsten Brief zu entnehmen. »Wie wirst Du – arme Amala – nun in dem warmen badischen Lande durch die große Hitze leiden, wenn sie nur Deiner Gesundheit nicht schadet ... Mir ist mein liebes Schönbr: in diesem heißen Sommer auch theuer geworden – da das große geräumige Schloß – seine hohen – luftigen Zimmer u. die prächtigen hochgewölbten Alléen nun eine unaussprechl. Wohlthat sind. – Wir kommen gewöhnlich abends spät vom großen Exerciren[15] in der Umgegend u. meistens in zahlreichen Familienkreis[16] nach Hause ... Unsere große Familienvereinigung beglückt uns alle sehr – da Gottlob nur ein freundsch:(*aftliches*) Verhältniß u. die größte Einigkeit unter uns herrscht ...

Gewöhnl: jeden Sonntag (*lasse*) ich die Rainerschen Kinder (*die acht Kinder Erzherzog Rainers*) – die über uns wohnen, herunterkommen, um ihre Erholungszeit bis halb 11 Uhr mit den Meinigen zu

---

15 Erzherzogin Sophie hat oft an den Unterrichtsstunden teilgenommen oder beim Exerzieren zugesehen, was die Kinder sehr gerne hatten.
16 Außer Kaiser Ferdinand I. und seiner Ehefrau Kaiserin Marianna wohnten damals in Schönbrunn die Kaiserinwitwe Caroline Auguste, Erzherzog Franz Carl mit seiner Frau Sophie und den vier Kindern, Erzherzog Ludwig (ein Bruder Kaiser Franz' II./I.), Erzherzog Rainer (ebenfalls ein Bruder Kaiser Franz' II./I.) mit seiner Ehefrau und den acht Kindern, die unverheiratete Erzherzogin Maria Anna (Tochter Kaiser Franz' II./I.) sowie die Herzogin von Modena. Jede dieser Personen hatte mehrere Gefolgsleute und Diener, außerdem wohnte ein Großteil des Schönbrunner Hauspersonals im Schloss. Man kann sich also gut vorstellen, wie dicht gedrängt damals alle zusammenlebten.

zubringen. Ich kann heute selbst ein … aushalten – da es diesen Morgen nach einer stürmischen Nacht ohne Regen viel kühler ist. Nun muß ich Dich aber verlassen, um dem Religionsunterricht meiner ältesten Söhne beyzuwohnen; auf morgen also die Fortsetzung. Mondt: d. 29ten July. Guten Morgen, liebe Alte! – Endlich haben wir einen verhaltenen Regen – nach dem sich Menschen und Pflanzen lange vergeblich sehnten; beynahe hätte ihn uns aber ein Sturm – der sich gestern abends zwischen 10 u. 11 Uhr abermals erhob – wieder verscheucht, indem er die sich sammelnden Wolken auseinander trieb; wir sahen seinem Treiben gestern auf dem Parterre zu – wo uns der frische Wind nach der Hitze des Tages sehr wohl that; wir hatten sie besonders empfunden in der Brigittenau – wo Kirchtag war u. wir – langsam durch die große Menschenmenge u. den Qualm und Dunst, den sie verbreitete – fuhren. Wir hatten die Rainerschen Söhne u. unsere beiden Aeltesten (*Franz Joseph und Maximilian*) mit. Leopold (*der älteste Sohn Erzherzog Rainers, damals 16 Jahre*) hatte eine Abtheilung der Knaben unter seiner Aufsicht – worauf er nicht wenig stolz war – u. wir die anderen in unserm Wagen. Nachdem wir im Augarten Milch u. Butter zu uns genommen hatten, fielen die Knaben über ein Spalier von Aprikosen her – welches Spalier der Gartendirector versorgt u. von dem sie eine große Menge Früchte nach Hause brachten. – Ännchen (*die Tochter*) trug mir vorhin auf, Dir einen Kuß zu schicken u. die Hand zu küssen …

Die famosen Bajaderen (*ein Ballettstück*) tanzen nun schon geraume Zeit auf der Wieden (*im gleichnamigen Theater*); ihr Tanz ist höchst verdorben – aber geistvoll u. d… – doch interdite (*verboten*) … und ich selbst das Drehen versuchte – das viel weniger beschwerl. ist, als es scheint. Anna – die bey diesem Versuch zugegen war – lief aus dem Zimmer – da sie ihr Leben risquirte. Sie liegt mit inniger Verehrung u. Liebe zu Deinen Füßen. Maxi, dessen lebendige Einbildungskraft gewöhnl. einige Wörter für denselben Begriff in Bereitschaft hat, frug uns den Tag – nachdem wir die Bajad: gesehen hatten – beym Frühstück: ›A propos Papa u. Mama, wie haben Ihnen[17] denn die <u>Shawls</u> (*Schals*) gefallen?‹ Ich frug, welche Schawls er meyne – da sagte er: ›Ach, es ist ja wahr – ich wollte Bajadere seyn.‹ – Denselben

---

17 Die Erzherzoge siezten ihre Eltern. Das war allerdings kein Brauch des Wiener Kaiserhofs, sondern auch die meisten unserer Großeltern waren mit ihren Eltern per Sie.

Tag ging er mit seinem Vater die Bajaderen ansehen u. war besonders entzückt über den alten J... mit weißem Bart – der mit einer Klapper den Tanz der Frauen begleitet u. mit unermüdlicher Eifer dazu immer dieselbe Worte mehr plappert als singt ...« (Erzherzogin Sophie an Prinzessin Amala, Schönbrunn, 28.7.1839)

Wer nach der Lektüre dieses Briefes noch immer an ein steifes und zeremonielles Leben am österreichischen Kaiserhof glaubt, dem kann nicht geholfen werden. Besonders interessant ist die Passage über den »verdorbenen Bajaderen-Tanz«, den Erzherzogin Sophie zu Hause kopierte. Sie war eine leidenschaftliche Tänzerin und liebte es, mit ihren Kindern herumzualbern und zu tanzen.

Dem folgenden Brief ist zu entnehmen, dass es bei den kleinen Erzherzogen auch nicht immer nur heiter und fröhlich zugegangen ist. Gerade von Maximilian sind einige Dokumente seines schlechten Betragens erhalten. Seine beiden Brüder Franz Joseph und Carl Ludwig waren folgsamer als er und haben sich den Regeln, die man ihnen vorgab, viel anstandsloser unterworfen. Beide wollten ihre Eltern nie durch schlechtes Betragen kränken. Erst der Nachzügler Ludwig Victor war so aufgeweckt wie Maximilian und ebenso naseweis und altklug. Er war aber im Unterschied zu seinem zweitältesten Bruder ein besserer Schüler. Maximilian war im Unterricht recht faul und vorlaut, wofür er oftmals bestraft wurde. Als er es im Alter von zehn Jahren wieder einmal zu weit getrieben hatte, strich ihm der Erzieher das Geburtstagsfest. Der Mann hat damit die gesamte Familie gestraft, wie im folgenden Schreiben zu lesen ist.

»Tausend herzlichen Dank für Deinen lieben wohlthuenden Brief vom 6ten July mit all seinen treuen Wünschen für meinen armen Maxi – dessen Geburtstag – wie Du durch Marie Stadion's Brief an M... erfahren haben wirst – ignorirt wurde! Diese strenge Maßregel – die mir das Herz bluten machte, u. uns Alle mit dem Kleinen in Penitenz (*Strafe*) versetzte – hat aber ihre sehr guten Früchte getragen – denn Maxi ist nun sehr fleißig u. sucht durch gutes Betragen, sich all die schönen Gaben – die ihm vorenthalten wurden – zu verdienen ...« (Erzherzogin Sophie an Prinzessin Amala, Schönbrunn, 13. 7. 1842)

Ab dem Jahr 1844 durften die drei Erzherzoge Franz Joseph, Maximilian und Carl Ludwig (damals waren sie 14, 12 und 11 Jahre alt) im Spätsommer alleine mit ihren Erziehern längere Reisen unternehmen. Sie führten meist nach Italien, später auch nach Griechenland, und waren von Wanderungen, Verwandtschaftsbesuchen und kulturellen Ereignissen geprägt. Die Kinder (und natürlich auch die Begleiter) hielten in Briefen Kontakt mit Erzherzogin Sophie. Manchmal schrieben die Brüder gemeinsam. Je älter sie wurden, desto mehr legten sie Wert darauf, mit der Mutter alleine zu korrespondieren. Maximilian war wie sie »mondsüchtig« und schickte ihr deshalb oft Beschreibungen von Mondstimmungen. Erzherzogin Sophie reagierte immer darauf, da sie davon ebenso angezogen war wie Maximilian: »Deine beiden Briefe – mein gutes, liebes Kind – von Verona u. Venedig erfreuten mich sehr, u. ich danke sie Dir herzlich ... wie schade, daß bei hellem Mondschein dennoch die Gasbeleuchtung auf dem Markusplatz brannte; in den schönen Mondnächten könnte man sie doch weglassen u. wenigstens momentan den schönen Markusplatz seine alte, so reitzende Poesie wieder geben ...« (Ischl, 24. 9. 1845) – Maximilian hat später übrigens längere Zeit in Venedig gelebt und seiner Mutter noch etliche Stimmungsbilder von den dortigen Mondstimmungen geschickt.

Von Bildungsreisen zu einem ungewöhnlichen Ereignis im Leben junger Prinzen: In einem Alter, in dem andere Kinder noch Ritter oder Soldat spielten, wurden Erzherzoge Inhaber eines bestimmten Regiments. Maximilian war vierzehn Jahr alt, als er von seinem Onkel Kaiser Ferdinand I. zum Oberst ernannt wurde und eine eigene Truppe erhielt. »Maxi hat am 9ten ein Dragonerregiment vom Kaiser erhalten u. sieht recht hübsch in seiner Uniform aus. Diese neue Würde stimmte ihn ernst u. mir scheint, sie hat ihn im ersten Augenblick mehr erschreckt als erfreut; er hatte schon einen Todschreck (sic) – so wie er mir dann sagte – als er allein – ohne seine Brüder zum Kaiser – der sich sehr freute, ihm selbst seine Obersternennung anzukündigen befohlen wurde – da der arme Junge – seines großen Leichtsinns wegen – immer außerordentlicher Strafmaßnahmen gewärtig ist, u. ihn bei jedem Anlaß sein <u>Schuld</u> beladenes Gewissen gleich drückt ... Bubi (*Ludwig Victor; 4 Jahre*) interessirte Maxi's neue Würde lebhaft – er sprach viel davon, u. als seine Brüder ihn frugen, wann sie einmal Oberst würden, antwortete er: ›wenn es der Kaiser befehlen wird!‹ Mit seinem Lamm, das ihm Carl (*sein Bruder Carl Ludwig; 13 Jahre*) im Frühjahr geschenkt hat ... ist er gar zu herzig; fast jeden Morgen nimmt er es mit sich zur Gloriette hinauf; ganz frei, aber wie ein Hund läuft ihm das Lamm nach u. hört nur auf ihn. – Wenn es Bubi augenblickl: aus dem Gesicht verloren hat – so sucht es ihn überall, u. auf seinen Ruf läuft es in seine ausgebreiteten Arme; neul: sagte mir Bubi: ›denke Dir Mama, wie ich gestern mit dem Lamm von der Gloriette herunter gegangen bin, so hat es gethan, als wenn es der Kaiser wäre u. ist immer die Stufen <u>vor</u> mir hergegangen ...‹ Marie Vécsey sagte mir, Bubi hätte so komisch immer dem Lamm gesagt: ›mein liebes Lamm, Du bist nicht der Kaiser!‹« (Erzherzogin Sophie an ihre Schwester Kaiserin Caroline Auguste, Schönbrunn, 18. 10. 1846) – Dieser Brief ist ein schönes Dokument dafür, wie Offizielles und Privates vermischt den Alltag der kaiserlichen Familie prägte. Auf der einen Seite steht die Ernennung Maximilians zum Regimentsinhaber, ein großes Ereignis im Leben eines 14-Jährigen, auf der anderen Seite steht die herzige Erzählung von Ludwig Victor und seinem Lamm, die aber auch wieder zum kaiserlich-protokollarischen Leben überleitet. Denn schon der Vierjährige wusste, dass er ein Erzherzog, also ein hochrangiges Mitglied am Kaiserhof, war und dass »nur der Kaiser« die Treppen vor ihm hinaufsteigen durfte. Seine Großeltern, Onkel und Tanten, seine Eltern und die drei älteren Brüder hat er dabei ganz vergessen. Sie standen im Rang selbstverständlich auch vor ihm. So beweist die Geschichte von Ludwig Victor, wie entspannt alle mit ihrer Würde umgingen, wenn der Kleine nicht wusste, dass sie höherrangig waren als er. Und sie belegt einmal mehr, dass Kinder in der Kaiserfamilie immer an vorderster Stelle standen.

Obwohl die Habsburger um die Mitte des 19. Jahrhunderts schon 600 Jahre lang in Österreich regiert hatten, waren sie während ihrer Herrschaft oftmals den verschiedensten politischen Unruhen ausgesetzt und in zahlreiche Kriege verwickelt gewesen. Als im Jahr 1848 die Revolution ausbrach (die – anders als in anderen europäischen Ländern – kein Mitglied der Familie das Leben kostete) und sich die politische Situation zuspitzte, flüchteten die meisten Habsburger aus Wien. Als man schließlich um die Sicherheit der Kinder zu bangen begann, beschlossen Erzherzogin Sophie und ihr Mann, gemeinsam mit ihnen nach Innsbruck zu flüchten. »Den Abend unserer Abreise sah ich (*Erzherzogin Sophie*) Dich (*Amala*) u. Gustav (*deren Bruder*) an Eurem Fenster; Ihr ahndetet nicht, zu welch ernster Reise wir uns in der leichten Calesche anschickten – mit welcher Wehmuth wir uns losgerissen hatten von unseren lieben Zimmern – all den Andenken u. lieben Gegenständen, die sie enthalten – in der schmerzlichen Ungewißheit, ob wir sie je wieder so sehen würden, wie wir sie verließen; ehe wir schieden, knieten Franz (*ihr Ehemann*) u. ich auf meinem Betschemel nieder u. beteten u. küßten das große Crucifix ... (*ein anderes kleineres*) steckte ich schnell in einen meiner Säcke im Kleide – die waren überhaupt zieml. angefüllt. Maxi (*16 Jahre*) nahm seine liebsten Briefe mit u. polsterte damit seinen Rücken u. seine Brust aus. Ich lief noch in unseren Salon hinauf – warf einen flüchtigen Abschiedsblick auf unsere Bilder – dann auf unsere Terrasse – wo ich ... so glückliche Jahre, so schöne Morgen u. Abende, verlebte! Ach, es war ein gräulicher, ein wirklich tödtender Tag, der 17te! Ich unterlag schier dem schweren Kampf seit dem Morgen, ob wir abreisen sollten oder nicht, u. daß ich nicht verrückt geworden bin, ist eine Gnade vom lieben Gott! ... Gott (hat) über uns gewacht (*s. dazu auch die Bemerkung auf S. 49*), alle Hindernisse uns wunderbar aus dem Weg geräumt; z:B: unsere Calesche – die leicht u. gebrechlich ist, brach nicht ein Mal auf dieser weiten Gebirgsreise ... Die Fahrt zu fünft in einer zieml: engen Calesche war nicht beneidenswerth – die Kinder zankten u. balgten sich um mehr Platz – Maxi's ungeheuer lange Beine waren ihm u. uns beständig im Wege, u. seinen armen Vater traten er oder Bubi (*6 Jahre*) beständig auf die Füße; in der glänzendhellen Mondnacht kam ich nicht viel zum Schlafen – da Bubi stets drohte, von meinem Schoß herunterzufallen. Von Strengberg (*vor Linz*) an, wo Bombelles u. Fritzi (*Gefolgsleute*) uns beim Frühstück einholten, war immer eins der Kinder in ihrer Calesche – was eine große Erleichterung war. Herrlich ist das Land zwischen Salzburg u. Innsbruck ... Hier inmitten dieses treuen Volkes – in dem wunderschönen Lande, könnte es uns sehr gut gehen – wenn nicht das so ganz verirrte ... Wien uns in steter Unruhe erhielte ... Von Dir hatte man mir gesagt, daß Du nach Ischl (gegangen) wärest, was mich sehr beruhigte ...

Von Franzi (*18 Jahre, er war anlässlich der Unabhängigkeitskriege als Soldat in Italien*) habe ich Gottlob gute Nachrichten. Der Sieg bei Mantua den 29ten war eine große Gnade des Himmels – die unseren Muth hob; seit dem war der Fall Peschiera's wieder schmerzl: ... Franzi wird wohl bald zurückkommen – da ihn die Böhmen à cor et à cri (*laut tönend*) verlangen. – Da gar kein Militär hier ist, so sind wir abwechselnd von der hiesigen treuen Nationalgarde – die seit den Ereignissen in Wien am 15ten Landschützen genannt seyn wollen u. von den prächtigen Schützencompagnien der Bauern – welche aus allen Thälern kommen – bewacht; letztere sehen so schön aus in ihren hübschen Costümen auf der Hauptwache unter dem Thor u. als einzelne Schildwachen vor den Thüren. Die guten treuen Bauern bewachen die Grenzen ihrer Länder so scharf, daß sie niemanden, der ihnen verdächtig scheint, hereinlassen, ehe sie sich darum angefragt. Treue ist die festeste Mauer in der jetzigen trostlosen Zeit; der liebe Gott hat uns so wunderbar ihr zugeführt – durch dieselbe dem Kaiser (*Ferdinand I.*) so gnädig eine feste-würdige Stellung gegeben – daß es wirklich frevelhaft wäre, wenn Er dieselbe aufgebe, ehe Er nicht alle Sicherheit – alle Garantien hat – daß eine Regierung in Wien wieder möglich ist; darüber herrscht nur eine Stimme unter allen, die es gut mit dem Kaiser meinen – unter allen, die kürzl. von Wien gekommen ...

Bubi hat ein Tyroler Costüm der Wildner Bauern in der Nähe von Innsbruck – die rothe Jacken u. spitzige grüne Hüte tragen; es steht seinem rosigen Gesichtchen allerliebst, u. er machte viel Effect damit am 30ten (*Namenstag des Kaisers*) wo er auf dem Balcon, von dem wir die Landschützen vorüberziehen sahen, mit viel Jubel u. Vivats von der untenstehenden Menge empfangen wurde! Eine Näherin hat es aus reinem Patriotismus, ohne Lohn zu wollen, für ihn gemacht ...« (Innsbruck, 6. 6. 1848) Briefe wie dieser beweisen nicht nur den guten Zusammenhalt innerhalb der Familie und das klaglose Sich-drein-Fügen in außergewöhnliche Situationen, sondern sie geben auch ein völlig anderes Bild von der immer falsch dargestellten Person Erzherzogin Sophies. Sie war zwar eines der hochrangigsten Mitglieder der Familie – hintereinander Schwiegertochter, Schwägerin und Mutter des jeweiligen Regenten –, unterwarf sich als solche aber ausschließlich dem *kaiserlichen System* und der *männlichen Vormundschaft* (s. dazu S. 49).

Im Zusammenhang mit den Ereignissen der Revolution ist es interessant, dass sie für die kaiserliche Familie irgendwann Alltag wurden und das Leben in Innsbruck bald seinen natürlichen Lauf nahm. Die Kinder empfanden die Flucht sogar als eine Art Abenteuer und den Aufenthalt in Tirol als willkommene Abwechslung vom eintönigen Leben in Wien. »An beiden Enden der (*Innsbrucker*) Burg sind dicke Thürme; in einem derselben haben die Kinder ein Zimmer, in dessen tiefem Fenster Maxi und Carl sich förmliche Schreibcabinette eingerichtet haben. – Wir frühstücken gewöhnlich in einem deliciösen abgeschlossenen, an den Hofgarten stoßenden Garten unter dichten Castanienbäumen, die ein Bassin mit einem Springbrunnen umgeben – der uns selbst in den heißesten Tagen Kühlung brachte. Maxi hat ein Brett an Stricken in den Zweigen der Bäume anbringen lassen, u. läßt sie hoch in die Lüfte durch Bubi's treuen Weiser (*einen Bediensteten*) oder einen meiner Leute schwingen; er u. Bubi – der sich auch schon tapfer schaukeln läßt – haben diesen Geschmack von mir (*Erzherzogin Sophie*) geerbt – denn in meiner Jugend bis zu meiner Heirath war das Schaukeln eine meiner Leidenschaften, während Marie (*ihre eineiige Zwillingsschwester*) es durchaus nicht vertrug. –

Meines Franzi's Rückkehr (*aus Italien*) war freilich eine unaussprechliche Freude – zumal er wohl ungeheuer gebräunt – aber blühend u. gesund zurück kam … Nun war schon der Tag bestimmt, an dem er nach Prag abreisen sollte, u. der dortige Aufruhr brach zeitig genug aus, um ihn zu verhindern, mitten hinein zu gerathen; dann war es drauf u. dran, daß er nach Ofen (*heute: Stadtteil von Budapest*) gegangen wäre, um den dortigen Landtag im Namen des Kaisers zu eröffnen – da er (*Kaiser Ferdinand I.*) unmöglich den drängenden Wunsch der Ungarn erfüllen konnte, sich selbst hin zu begeben, da er wegen angegriffener Gesundheit, sich nicht aus Österreich begab – u. nun wollte die gütige Vorsehung, daß Franzi gerade im Fieber lag – als am 23ten Stephan Széchény u. Eötvös (*Politiker und geistige Führer der ungarischen Reformbewegung*) hieherkamen u. sich also selbst überzeugen konnten, daß bis zum 2ten July Franzi unmögl. in Ofen seyn könne. Er war Gottlob nicht ernstl. krank, hatte aber während mehrerer Tage – als Folge einer Verkühlung – Fieber, das ihn erst gestern verließ, u. heute verläßt er erst sein Bett – in das er sich viel zu spät begeben – auf einige Stunden. Da die Ungarn in diesem Augenblick doch eigentl. nur den Kaiser oder einen Thronfolger in Ofen als <u>Schild</u> gegen die Croaten haben möchten – so war mir der Gedanke, Franzi dort zu wissen – sehr unheiml:, da sie ihn leicht hätten behalten können … Zum Glück hatten wir es diesmal mit dem vernünftigen-gewissenhaften Theil des ungarischen Ministeriums zu thun. – Unseren armen treuen Croaten (*sie kämpften um die Loslösung aus der ungarischen Vorherrschaft*) wird es nun hoffentl. auch besser gehen; sie waren neul: in großer Deputation hier mit dem prächtigen – dem Kaiser so treuen Yelaczich (*Jellačič; Banus von Kroatien*) … Gleich nachher kamen die Serben mit ihrem griechischen Erzbischof – mehreren Popen u. vielen treuen Grenzsoldaten. – Vor einiger Zeit kamen auch die armen Siebenbürger Sach-

sen – die auch über das Joch der Ungarn seufzen u. mich so jammern
– daß ich mit ihnen weinte (als sie mit ihrem Pastor an der Spitze bei
mir waren) u. mit der dicken Pastorin – die allein bei mir war – Vertrauen zu mir faßte u. mich so dauerte! Hoffentl. wird auch ihnen
Recht werden – denn sie waren stets dem Kaiserhaus so treu ...

Meine gute Luise (*ihre Schwester Ludovika, Herzogin in Bay-*
ern) war vom 10ten bis inclusive 19ten – wo sie mich abends verließ
– bei mir mit ihren beiden ältesten Mädchen ... Die arme Helene ist
nicht hübsch – verschönert sich aber, wenn sie spricht ... Elise[18] ist
ohne schön zu seyn (*die Mädchen waren damals 13 u. 11 Jahre alt*)
– ein gar anziehend – liebes – freundliches Wesen – ihr warmer-treu-
er Blick u. ihr Lächeln sind unwiderstehlich; sie ist so sanft-weiblich
u. über ihre Jahre vernünftig ... Sie hing mit der ganzen Lebhaftigkeit
einer ersten Freundschaft an meinem Carl (*Ludwig*), der äußerst geschmeichelt – dieselbe mit einem wirklich tiefen Gefühl erwiderte –
aber bescheiden ... wie seine ganze Person; beim Abschied schwamm
er in Thränen (auch die beiden Mädchen) ... Carl gab geheimnisvoll
von seinen Haaren Sisi in ein Medaillon, u. als das der naseweise
Maxi – der alles aufstöbert – ... entdeckte – wurde der arme Carl
blutroth. Sisi sagte gleich in den ersten Tagen ihrer Mutter, sie hätte
Carl am liebsten von allen Vettern, u. als ihre Mutter sie frug warum,
sagte sie: ›weil er mir gesagt hat, er habe mich am liebsten!‹ ...« (Innsbruck, 27. 6. 1848)

Wenn Erzherzogin Sophie in diesem Schreiben hauptsächlich über
die aktuellen politischen Ereignisse schrieb, so unterbrach sie die
Thematik oftmals durch mütterliche Gedanken: Die Sorge um die Gesundheit und um die Sicherheit ihrer ältesten Sohnes beschäftigte sie
ebenso wie die zärtlich aufkeimende Liebe ihres dritten Sohns Carl
Ludwig, der als 15-Jähriger in seine spätere Schwägerin Elisabeth-Sisi
verliebt war, oder die Erkenntnis, dass Maximilian sonderbare Cha-
rakterzüge hatte. Die Bemerkung über den »naseweisen« und »aufde-
ckenden Maxi« ist sehr bezeichnend. Offensichtlich hat er als Kind

---

18 Die Bemerkung über die beiden Mädchen ist einer der besten Beweise zu
einigen von mir früher veröffentlichten Briefen im Zusammenhang mit der
Verlobung Kaiser Franz Josephs: Erzherzogin Sophie fand schon 1848 – also
sechs Jahre, bevor »Elise«/Elisabeth/Sisi ihre Schwiegertochter wurde – sie als
ein »gar anziehend – liebes – freundliches Wesen« und die »arme Helene« beim
Sprechen zwar gewinnend, aber leider nicht hübsch.

und Jugendlicher nicht nur mit Franz Joseph seine Späße getrieben, sondern auch mit seinem jüngeren Bruder Carl Ludwig.

In den folgenden Monaten beruhigten sich die politischen Zustände in Wien, sodass die kaiserliche Familie die Innsbrucker Hofburg bald verlassen konnte und im Frühherbst 1848 wieder Schloss Schönbrunn bezog. Mitte Oktober dieses Jahres reisten Erzherzog Franz Carl und Erzherzogin Sophie mit ihren Söhnen nach Olmütz zu Kaiser Ferdinand I., der dort im Geheimen die Regierungsübergabe vorbereitete. Er hatte sich im Zug der Ereignisse entschlossen abzudanken und das Kaiseramt seinem Neffen Erzherzog Franz Joseph, zu übergeben. Aus den erhaltenen Briefen dieser bewegten Tage habe ich den folgenden als einen für viele ausgewählt, weil er sowohl das Ereignis als auch das zweigleisig laufende – private und öffentliche – Leben eines Monarchen so gut dokumentiert. »Unvergeßlich wird mir (*Erzherzogin Sophie*) der Augenblick bleiben, in dem Kaiser Ferd: u. Kaiserin Marianna am 2ten nach 8 Uhr früh in den Saal traten – wo wir alle – die Minister – Windischgr:(*rätz*) – der Banus (*von Kroatien = Jellačič*) u. Gr... in banger Erwartung harrten; in dem Gang u. in dem Vorsaal machten die Burgwachen u. Trabanten Spalier. Kaiser Ferd: u. die Kaiserin setzten sich, u. in einiger Entfernung von ihnen wir, Alle im Halbcirkel – die Männer rechts – die Frauen links – hinter den Majestäten standen die Fürstenberg's – Lobkowicz – Windischgr: u. der Banus. Die Minister allen gegenüber – Schwarzenberg (*Ministerpräsident*), der alle Akten vorlas, in der Mitte. Als der Kaiser Ferd: in wenigen Worten seine Abdankung las, konnte ich meine Thränen nicht zurückhalten; ich wandte mich schnell gegen Marie[19], um durch meine Rührung den Kaiser nicht aus seiner wirkl. vortrefflichen Haltung zu bringen. Elisab:[19] zerfloß in Thränen neben ihrer Mutter. Der Moment, in welchem mein heißgeliebtes Kind sich auf ein Knie vor mir niederließ, um meinen Segen u. meinen innigen Kuß auf sein theures Haupt zu empfangen – dann mit einem Ausdruck so innigen Gefühls u. Wehmuth weinend mir in die Arme fiel u. mich lange fest umschlungen hielt – dieser unaussprechliche Moment bleibt <u>tief</u> in mein Herz gegraben; – es war mir <u>so</u> lieb, daß seine Minister u. seine Feldherren ihn in diesem rührenden Augenblick gesehen – um

---

19 Welche Marie und welche Elisabeth aus der großen Menge der damals gleichnamigen Damen gemeint ist, lässt sich nicht eruieren.

dieses tiefe, aber anspruchslose – jede Ostentation (*prahlerisches Sich-zur-Schau-Stellen*) verschmähende Gemüth recht würdigen zu lernen. – Um 1 Uhr verließen uns unsere lieben Majestäten, um sich nach Prag zu begeben – die Truppen machten Spalier vom Schloß an – ein herzliches Vivat des Volkes u. der Truppen begleitete die Scheidenden. Auf meinen Vorschlag – den Franzi (*Franz Joseph, der neue Kaiser*) sogleich genehmigte – gaben wir alle ihnen das Geleite bis zum Bahnhof mit Windischgr: u. Jellačič. Eine ungeheure Menschenmenge war beim Bahnhof versammelt ... Der Abschied war sehr ergreifend – selbst die Männer weinten. Beim Rückweg brach die Begeisterung der Truppen erst recht los, als sie ihren jungen Kaiser Allen voran reiten sahen ... eine Herzensstärkung war es mir, die freudigen-guten Soldatengesichter in unseren Wagen hereinlächeln zu sehen ... Nach dem Fackelzug fuhr Franzi mit seinem Vater allein, seinen Brüdern u. Vettern in der Stadt herum – die schnell eingerichtete Beleuchtung zu sehen; ich habe mir diese Promenade geschenkt – da ich zieml. angegriffen war u. ohnedem ein tüchtiges Kopfweh[20] für den anderen Tag erwartete; es traf auch leider Sonntag so mächtig ein – daß ich den ganzen Tag im Bette zubrachte, gegen Abend mich heftig erbrechen mußte u. mein geliebtes Kind nur während kurzer Augenblicke sehen konnte ...

Bubi (*der 6-jährige Ludwig Victor*) wollte mir nicht glauben – als ich ihm sagte, daß Franzi Kaiser geworden wäre – er sagte: ›das glaube ich nicht – das ist dummes Zeug!‹ – Dann, als er es begriff, machte er mir Vorwürfe, daß ich ihn nicht mit zur Ceremonie genommen u. sagte: ›ich hätte so gerne gesehen, wie der Franzi Kaiser geworden ist!‹ – Als wir zur Parade fuhren, sagte er mir: ›es ist erschrecklich, daß der Franzi keine Generaluniform hat – das wird den Leuten so auffallen!‹ – Mir war es gerade recht, daß er in seiner schlichten Oberstmeister(*uniform*) zum ersten Mal als Kaiser erschien – es lag etwas Rührendes darin – das mir wohlthat. Mein geliebtes Kind (*Franz Joseph*) geht jeden Morgen um 8 Uhr mit seinem Vater in die Messe in der kleinen Hauscapelle, seit dem er Kaiser ist; gestern war er früher als sein Vater in die Capelle gekommen, u. dieser fand ihn auf einer der Kniebänke an der Seite kniend – wo er ehemals

---

20 Erzherzogin Sophie und beinahe alle ihre Söhne litten lebenslang unter Migräne, wie in zahlreichen Briefen nachzulesen ist. Sie lagen zur Genesung oft tagelang im Bett, da es damals noch keine Schmerzmittel gab.

kniete – er hieß ihn sogleich, sich auf den Betschemel in der Mitte knien – wo Kaiser Ferd: u. die Kaiserin bisher Platz nahmen u. er, der gute Vater, kniete sich rückwärts auf die Seitenbank ...« (Olmütz, der Briefanfang fehlt, um den 4. 12. 1848)

»Franzi«, so wurde Kaiser Franz Joseph ein Leben lang von seiner Mutter genannt, war ab diesem Zeitpunkt nicht nur das neue Staatsoberhaupt, sondern auch der neue Familienchef. In Hinkunft war jeder Vorschlag jedes Habsburgers – egal, ob er Geringfügiges oder Bedeutendes, Privates oder Offizielles betraf – von ihm zu genehmigen. Wer Kaiser war, wurde (außer von den Eltern) von allen Familienmitgliedern »Majestät« tituliert. Wenn man von ihm sprach, sagte man »der Kaiser« (auch die Brüder) und nicht länger »Franz« oder gar »Franzi«. Die Meinung des Monarchen und sein Urteil waren unumstößlich. Das bezieht sich darauf, wie das Kaisertum aufgefasst wurde: nämlich als eine von Gott erhaltene Gnade, der sich der Mensch zu beugen hatte und die er auch nicht beenden durfte. So blieb Ferdinand I. bis zu seinem Tod im Jahr 1875 »Kaiser« (obwohl seit 1848 Franz Joseph regierte), weil er von Gott eingesetzt gewesen war. – Interessant im Zusammenhang mit der tiefen Religiosität der Habsburger ist auch die Geschichte von der Zusammenkunft in der Kapelle zwischen dem Kaiser und seinem Vater. Franz Joseph, der besonders gläubig und demütig war, wollte sich in seinem neuem Amt vor Gott nicht höher machen und blieb deshalb in der Bank, in der er als Erzherzog gesessen hatte. Genauso ehrerbietig verhielt sich sein Vater Erzherzog Franz Carl: Da nun sein Sohn Kaiser war, gebührte ihm von nun ab der Platz vor ihm. Er beugte sich vor den beiden höchsten Instanzen – vor Gott und vor dem Herrscher.

Eine besondere Meinung über die »aktive« politische Stellung Erzherzogin Sophies, der vermeintlichen Drahtzieherin bei der Thronübergabe, erübrigt sich nach der Lektüre der Habsburger Privatkorrespondenz. Sie blieb zwar stets der liebste Ansprechpartner Franz Josephs, stellte sich aber als Mutter und Erzherzogin immer hinter ihn und mischte sich auch nicht in seine Amtsgeschäfte. Das war ihr damals als Frau (vlg. mit S. 52) in der nach salischem Erbrecht lebenden Familie auch gar nicht möglich: Solange es männliche Habsburger gab, regierten sie und auch als Ratgeber wurden zuallererst die männlichen Verwandten herangezogen.

Alltag in Triest und
erste Hochzeitsgedanken

——————— ◆ ———————

Wenn Franz Joseph ab Dezember 1848 auch Alleinherrscher von Österreich war, so bedeutete das noch lange nicht, dass sich die politischen Zustände innerhalb der Monarchie wesentlich beruhigt oder gebessert hatten. Zu den größten Problemen zählten damals die allerorts aufkeimenden Unabhängigkeitsbewegungen, die sich von der österreichischen Herrschaft befreien wollten. Sie wollten eigene Regierungen und eigene Verfassungen, allen voran die Ungarn, mit denen man sich erst 1867 – also zwanzig Jahre später – in dem Geschichte gewordenen »Ausgleich« einigen sollte. Als interessantes Dokument dieser Epoche ist ein Brief Maximilians an seine Mutter erhalten, der damals – 17 Jahre alt und mit seinem Stand noch zufrieden, denn auch er war durch die Thronübernahme seines Bruders rangmäßig »vorgerückt« – gemeinsam mit Franz Joseph an der ungarischen Front kämpfte: »Liebe beste Mama! Herrlich ist unser Kaiser (*19 Jahre*), wie er von weitem Schüsse bey Raab (*Györ*) hörte, ritt er also gleich im schärfsten Trapp (*sic*) mitten unter seinen vorrückenden Truppen, jetzt können Sie sich den grenzenlosen Jubel denken, ein Kaiser, der ihre Gefahren und Mühen theilt. Kaum waren die Truppen in der Stadt, so war auch schon der Kaiser über die Balken einer abgetragenen Brücke darin. – Der schönste Augenblick war doch der, wie der Kaiser rasch auf eine halb abgetragenen Brücke hineintritt, und ihn die Truppen an beyden Ufern gewahr wurden, das war die schönste Scene, die ich je gesehen habe, rechts vom Kaiser brannte ein Haus, aus welchen man auf Franzi Liechtenstein (*Befehlshaber der Kavallerie*) ohne Erfolg geschossen hatte, der Kaiser selbst auf der etwas erhabenen Brücke war umringt von seinen <u>treuen</u> (2-mal unterstrichen) Soldaten, dann donnerndes Vivat, das vom ›Gott erhalte!‹ begleitet wurde ... Auf dem Weg in die Stadt kamen wir in die Schanze, welche von unserer Artillerie so brav beschossen wurde, das war ein merkwürdiger (*damaliger Wortsinn: ›bemerkenswerter‹*) Augenblick, die todten Männer und Pferde durcheinander, dazwischen Kugeln, dann eine feindliche Kanone und ein fast verbrannter Pulverkarren, das gab ein eigenes Bild. – Ich sah, mit welcher Gluth die Soldaten die scheußliche Trikolore (*wohl die ungarische Fahne*) zerrissen ... – Der Kaiser, welcher recht wohl ist, läßt Ihnen, beste Mutter, die Hand küssen. – Wollen Sie so gut seyn, den Brüdern recht viel Schönes zu sagen. Ihnen und dem lieben Papa die Hände küssend, verbleibe ich Ihr ewig treuer Sohn Max.« (Raab, 29. 6. 1849)

Der mittlerweile 16-jährige Erzherzog Carl Ludwig schrieb seinem Bruder Maximilian einen Brief an die Front, der ein rührend-komischer Beleg für das Leben der einen (im Kampf gegen die Ungarn) und den Familienalltag der anderen (in Schloss Schönbrunn) ist. »Lieber Maxi! Wie Du siehst, halte ich mein Versprechen und schreibe Dir heute wieder, nicht viel Neues ... nähmlich ich schicke für den Kaiser ein Gebethbuch, Dir schicke ich keines, weil ich vermuthe, daß Du die französische kleine Bibel mit hast; denn ich fand sie nicht, als ich darum in unserem Quartiere suchte, dann glaubt Mama, daß Du z.B. neulich in Bánya, keine Geschäfte (fandest), das heißt, nichts zu thun gehabt hast, deswegen läßt sie durch mich einige Romane schicken ... Mama sagte auch, wenn der Kaiser nichts zu thun habe, woran ich wohl zweifeln möchte, möchtest Du Ihm auch diese Bücher zum Lesen geben. Gestern war es herrlich in der Brühl (*Ausflugsort nahe Wien*). Papa, Mama, Gräfin Schönborn (*Hofdame*) und ich waren zusammen. Ich kann schon seit ... Tagen nicht schwimmen, weil es zu kalt ist (*Wetterkapriolen gab es schon damals und nicht erst in unseren Tagen*). Heute exercierte ich, nach welchem (*dem Exerzieren*) ich um 8 Uhr in die Messe ging; denn ich gehe alle Tage, wenn es möglich ist, um für Euch und die ganzen Armen zu bitten.

Heute Abends ist die A... (*Wohltätigkeitsveranstaltung*) der Herren Geiger im Burgtheater, wir gehen hin, weil es für die verwundeten Officiere, die im Spital vom Albert (*32 Jahre, der älteste Sohn Erzherzog Carls, des Siegers von Aspern*) sind, ist. Vorgestern war ich mit dem Grafen Coudenhove auf der ...wiese, er war ganz entzückt von diesem Spaziergang. Adieu, lieber Maxi. Ich bitte Dich, mich dem Kaiser zu Füßen zu legen[21], dem Grafen Grünne (*Oberststallmeister Kaiser Franz Josephs*) viel Schönes. Denke öfters auch

---

21 Die Brüder Franz Josephs verwendeten in den Briefen oft die Verabschiedung »ich lege mich dem Kaiser zu Füßen« oder »bitte, mich dem Kaiser zu Füßen zu legen«. Das war natürlich nur eine Floskel und nicht wörtlich gemeint. Mit einer demütigen Ehrerweisung wie dem chinesischen Kotau hatte das nichts zu tun.

im Felde an Deinen treuen Bruder Carl«. (Schönbrunn, 3. 7. 1849)

Bei der Bemerkung »wenn der Kaiser nichts zu thun habe« möchte ich kurz einhaken, um hervorzuheben wie unbefangen Erzherzogin Sophie mit dem Kaiseramt umging: Ihre beiden ältesten Söhne kämpften in Ungarn an der Front und sie schickte ihnen für die Pausen dazwischen Romane zum Lesen.

Zwei Jahre später scheinen die schlimmsten Schlachten ausgestanden gewesen zu sein und zumindest in Wien Familienalltag geherrscht zu haben, als Erzherzogin Sophie einen fröhlichen, von ihrer Musik- und Tanzleidenschaft beflügelten Brief an ihren Sohn Maximilian schrieb. »... vor dem Frühstück tanzten Bubi (9 *Jahre*) u. ich einen Gstrampften nach einem deliciösen steyrischen Ländler in einem Musikkästchen, davon ich zwei auf dem Frühstückstisch stellte, welche ich – um eines abermals für die alte Lerchenfeld (*Gefolgsdame*) auszuwählen – hatte kommen lassen; ich werde ihr die Melodien ›God save the King‹ und ›Rule Brittania‹ verehren u. für uns den Chor ... u. den Gstrampften behalten; daß ich diesen mit Bubi tanzte, hat das Sprichwort bewährt: ›Wenn die Katze ferne ist, so tanzen die Mäuse auf dem Tische‹ – denn der gute Papa hätte uns gewiß nicht à cette heure (*zu dieser Stunde*) ... den Gstrampften mimisch darzustellen erlaubt ...« (Wien/Hofburg, 29. 3. 1851)

Zum wiederholten Mal möchte ich darauf hinweisen, wie wenig frei eine Frau wie Erzherzogin Sophie sogar bei so harmlosen Vergnügungen wie bei diesem morgendlichen Tanz war. Sie traute sich ihn nur deshalb mit ihrem kleinen Sohn aufzuführen, weil ihr Ehemann auf Reisen war. Wäre er zu Hause gewesen, hätte sie ihn um Erlaubnis fragen müssen.

Der folgende Brief stammt aus der Zeit, als Maximilian schon in Triest lebte. Er hatte einen Monat zuvor im Auftrag seines Bruders Franz Joseph das Amt als Marinebeauftragter angetreten. Anlässlich einer Reise nach Venedig und Triest hatte ihm der Kaiser einen ersten Besuch abgestattet. Die Triestiner sollten mit dieser brüderlichen Geste merken, dass nun ein hochrangiges Mitglied der kaiserlichen Familie unter ihnen lebte, das jederzeit vom Kaiser besucht werden konnte. »Gestern war das gewöhnl: Familiendiner[22] bei Franzi – der

---

22 Das Familiendiner war eine fixe Einrichtung am Wiener Kaiserhof, das einmal pro Woche stattfand. Alle Erzherzoge, die sich in Wien aufhielten, trafen sich dort; Gastgeber war immer der Kaiser.

Gottlob blühend – wenn auch verbrannt – aussieht. Wie freute ich (*Erzherzogin Sophie*) mich, ihn … wiederzusehen, – er sagte mir, daß er so sehr zufrieden mit Dir (*Maximilian*) in Triest u. Venedig war, u. zwar gleich u. unaufgefordert, was mir bewies, daß Du ihm wirkl: ganz recht gewesen seyn mußt! Du kannst Dir denken, wie mich das beglückte! …

    Dienstag, d. 8ten April. Ich konnte gestern meinen Brief nicht zu Ende bringen, da ich mich an Bubi's Bette setzte … Heute ist Bubi ganz wohl u. frisch u. wird bald aufstehen. – Der Kaiser liegt aber heute – eine Speicheldrüsengeschwulst an der linken Seite zu pflegen, die ihm in der Nacht heftige Schmerzen verursachte u. ihn veranlaßte, Seeburger (*kaiserlicher Leibarzt*) kommen zu lassen – der ihm Umschläge verordnete u. nicht im mindesten besorgt ist. Seeburger brachte mir diese Hiob'spost an's Bett – in welches ich mich – nachdem ich Bubi besucht, wieder begeben, um eine Anlage zu Kopfweh zu unterdrücken; gegen 9 Uhr nach dem Frühstück stand ich jedoch wieder auf – ging zu Bubi u. zum Kaiser – den ich Gottlob weniger leidend fand. Die Lektüre Deines Briefes an Bubi – welchen ich ihm vortrug – ergötzte ihn …« (Wien/Hofburg, 7. 4. 1851)

    Im letzten Teil des Briefes ist von den vielen Leidenden der Familie zu hören. Ich habe ihn als einen von vielen ausgewählt, um zu zeigen, wie häufig und zahlreich die Habsburger mitunter von Krankheiten betroffen waren und wie lange Zeit sie damals bei harmlosen Leiden im Bett zubringen mussten. Denn es gab, wie bereits angedeutet, noch keine Medikamente zur Bekämpfung der geläufigsten Übel. Wie seine Brüder und seine Mutter war auch Maximilian häufig krank. Er hatte wie die meisten Mitglieder seiner Familie oft Migräne oder Grippe, wie auch dem folgenden Brief aus Triest zu entnehmen ist.

    »Wäre ich (*Erzherzogin Sophie*) jetzt bei Dir (*Maximilian*) – mein geliebtes Kind – mir wäre leichter um's Herz, u. dennoch darf ich nicht klagen. Da der Telegraph[23] mir so unaussprechl. große Wohlthat ist – uns 2 Mal im Tage Nachrichten von Dir bringt – aber ich möchte Dich sehen – Dich fragen können, ob Dir nichts abgeht – ob Du in Deinem Bett u. in Deinem Haus immer gut verwahrt bist, u. vollkommen Ruhe um Dich herrscht – denn bei Kopfweh u. Fieber

---

23 Die Telegraphie war in den 30er-Jahren des 19. Jahrhunderts erfunden worden. Zum entscheidenden Durchbruch des Geräts hatte aber erst der 1837 von Morse gebaute und 1844 verbesserte Schreibtelegraph beigetragen.

sind Stille u. Ruhe wirksamer wie alle Medicine ... Deine Briefe sind mir immer ein großer Trost; doch bitte ich Dich ja nicht, Dir zu bald einfallen zu lassen, mir zu schreiben – das könnte Dir gleich Kopfweh u. Fieber vermehren. Dem Kaiser geht es Gottlob fast ganz gut; die Geschwulst nahm schneller ab – als selbst Seeburger es hoffen durfte; seit Donnerstag abends legte er statt des Cataplasmas (?) – dem Kaiser ein Pflaster auf – das auch sehr gut wirkte. Donnerstag morgens stand schon der Kaiser auf, nachdem er zwei Tage im Bett zugebracht; er sieht sehr gut aus, u. die Ruhe u. das lange Schlafen thun ihm sehr wohl. Er konnte sich stets – sitzend im Bette – mit seinen Regierungsgeschäften beschäftigen, was ihn sehr beruhigte, u. es blieb ihm nur eine Sorge – daß er die Auerhahnjagd versäumen könnte; nun bildet er sich ein, daß er zwischen morgen u. Gründonnerstag in's Gebirge kann! Ich widerspreche nicht – denke mir aber dabei – daß dies Projekt ein Luftschloß ist! ...

Vorgestern ... machte ich Gabr: Pallavicini meinen Kindbettbesuch, u. fand sie frisch wie eine Rose in ihrem Bette – sie sprach so viel – daß mir ganz bange wurde, u. die Kinder liefen ein u. aus, als wenn sie zum Spaß im Bette läge; ihr 4tes Mädchen ist ein gar hübsches frisches Kindchen – wurde aber von den Eltern und Großeltern besser aufgenommen als von den Kindsfrauen; dort war Jammern u. Heulen, so daß Alphons Pallav: (der Vater) glaubte, es wäre ein Unglück geschehen, als er eintretend diese <u>Desperation</u> (*Verzweiflung*) fand ...

<u>Um halb 1 Uhr.</u> Gottlob kamen heute gute Nachrichten von Dir durch den Telegr:, man brachte mir sie in die Kirche gerade während der Passion; ich hatte sie mit unaussprechl: Sehnsucht erwartet, u. wie habe ich Gott heiß u. innig gedankt mit Thränen, als sie so beruhigend waren! Das herzlichste Dankschreiben möchte ich an den Erfinder des elektr: Telegraphen richten – denn er ist dadurch ein wahrer Wohlthäter der Menschen geworden ...

László Karoly reist morgen abends nach Triest u. wird Dir ein Päckchen mitbringen – das Dich vielleicht freuen wird! Gott sey mit Dir! S.[24]« (Wien/Hofburg, Palmsonntag, 13. 4. 1851)

Im Zusammenhang mit der Alltagsgeschichte der Frau enthält die-

---

24 Erzherzogin Sophie hat die meisten Briefe an ihre Kinder im Erwachsenenalter mit einem »S.« unterschrieben.

ser Brief interessante Details zum Wochenbett: Frauen aus hohen und vermögenden Gesellschaftsschichten verbrachten damals nach der Geburt eines Kindes sechs bis acht Wochen im Bett. Sie wurden aufmerksam gepflegt, durften sich kaum bewegen und bekamen mehrfach am Tag Mahlzeiten zur Stärkung. Nach Ablauf dieser Zeit wurden sie – gutes Wetter vorausgesetzt – in Krankenstühlen durch den Garten getragen. Frauen bildeten den unumstrittenen Mittelpunkt der Familien, was vor allem damit zusammenhing, dass sie Kinder in die Welt setzten und damit die Existenz der nächsten Generation gewährleisteten. Das war in dieser Epoche besonders wichtig, da die Kindersterblichkeit noch sehr hoch war. Natürlich hatte man sich in den meisten Familien zunächst Stammhalter gewünscht, doch hat man wie die oben erwähnten Pallavicinis auch die Geburt einer vierten Tochter mit viel Humor aufgenommen.

Wieder zurück zu Maximilian, dessen Krankheit sich verschlimmert hatte. Das gab Erzherzogin Sophie den Anlaß, mit dem kaiserlichen Leibarzt Doktor Seeburger eine Reise nach Triest vorzubereiten, um den Kranken gemeinsam mit ihm zu versorgen. Vorher brachte sie aber noch einige Zeit am Bett Kaiser Franz Josephs zu, dessen Leiden sich auch nicht besserte. Um die Zeit bis zu ihrer Ankunft in Triest zu überbrücken, schickte Erzherzogin Sophie ihrem Sohn einige Hofleute zur Unterhaltung. Wenig später kam sie selbst, wachte so lange an seinem Krankenlager, bis er wieder hergestellt war und reiste dann gemeinsam mit ihm zurück nach Wien. Maximilian durfte die Heimat erst wieder verlassen, als ihn seine Mutter für völlig genesen erklärte. Er kehrte nach Triest zurück und unternahm gemeinsam mit seinen Gefolgsleuten bald die erste von zahlreichen folgenden Seereisen. Weil er den Winter hasste, floh er auch in dieser für Schiffsreisen nicht ungefährlichen Jahreszeit gerne vom Festland. In den ersten Januartagen des Jahres 1852 brach er mit der kaiserlichen Fregatte »Venus« in den Süden Italiens auf. Ursprünglich hätte die Reise bis nach Griechenland führen sollen. Doch blieb es dann »nur« bei Italien, was Maximilian in einem Brief an seinen Bruder Carl Ludwig beklagte. Der Grund, warum er nicht weiterreisen konnte oder durfte, ist nicht angegeben. »Lieber, bester Carl! Nach Athen! Das war ein Traum, den ich nicht ungern geträumt hätte; es sieht sich gerne wieder; so ein Bild von Erinnerungen gemacht (*er war mit den Brüdern schon einmal in Griechenland*), von werthen Gestalten belebt; doch es war nur ein Traum von wenigen Minuten Dauer; denn

Dein zweiter Brief lag dem ersten bei und löste uns zu bald des ersten unerklärliches Räthsel. Die Acropolis und ihren Genius hätte ich gerne wiedergesehen, doch peinlich wäre mir der Eindruck gewesen, Otto den Kleinen (*Prinz Otto von Bayern, 1832–1862 König von Griechenland*) auf den Irrungen alter Größe, gleich einer Heuschrecke, mit seiner kindischen … (*Ehefrau*) herumflattern zu sehen; ich kann mir den guten ehrlichen Lolosohn (*Lolo = König Ludwig I. von Bayern*) im Parthenon auf dem Marmorthrone an der Stelle des Jupiter Thrones nicht denken …

Während Du Dich am 7ten d.M. vermuthlich schon mit Muth unter die Reihen der Tänzer stürzen wirst, und die Herzen der Damenwelt als fescher Uhlan begegnest, gehen wir auf Kreutzung (*Schiffsreise*) aus und bringen so die erste Hälfte des Jahres auf offener See zu; vielleicht auf eine Körper und Geist wohlthuendere Art wie Du. – Ich muß nun schließen, es ist schon spät, ich springe in meine Hängematte, und morgen in der Frühe wird der Brief auf den Lloyddampfer geschickt, der übrigens noch nicht angekommen ist, so daß ich noch nicht weiß, ob ich einen Brief durch ihn erhalte oder nicht …« (S.M. Fregatte Venus[25], 3. 1. 1852)

Der folgende Brief Maximilians an seinen Bruder Carl Ludwig enthält die Geschichte eines interessanten Heiratsangebots, das von Seiten der brasilianischen Kaiserfamilie (aus dem Geschlecht der Braganza) mit den Habsburgern in Wien verhandelt wurde. Kaiser Pedro I. von Brasilien scheint Kontakt aufgenommen zu haben, weil ihm eine Verbindung mit dem österreichischen Kaiserhaus sehr wünschenswert erschien. Als Bräutigam war Maximilian auserkoren, der seine Braut, eine mutmaßlich »schöne Südländerin«, aber nicht kannte. Die Geschichte nahm wenig später eine interessante Wendung. Denn als der junge Erzherzog im folgenden Sommer Prinzessin Amalie kennenlernte, erglühte seine Liebe so stark, dass er sich mit ihr bald verlobte. Das konnte er im Januar aber noch nicht ahnen, weshalb er auf den Antrag aus Brasilien zunächst misstrauisch reagierte: »Zuerst tausend Dank für Deinen lieben, langen Brief vom 23. und 24. December, er war mir ein Herzensgenuß. – Wie wunderte ich mich über das Ende desselben, über den (*Heirats*)Antrag, der

---

25 »S.M.« = »Seiner Majestät«; unter »Fregatte« verstand man ein bewaffnetes Segelschiff mit drei Masten.

zwar Reichthum, aber auch viele Schattenseiten[26] bietet; vorgestern schrieb ich ausführlich hierüber an Mama, und bat sie zu entscheiden und mir einige Worte zu schreiben, damit ich erfahre, was eigentlich an der Sache ist. – Ist sie schön wie die Südländerinnen, wie die Töchter der Halbinsel, und reich wie ihre Schwester Aquila[27], so würde das Korbschicken (*eine Ablehnung*) schon nicht so lustig von Herzen gehen; aber wäre sie auch das lieblichste Geschöpf der Welt, so müßte ich sie früher gesehen haben, wenn nämlich je an etwas zu denken ist. –

Unter unseren Provisionen (*Essensvorräten*) für die Kreutzung haben wir diesmahl eine magnifike (*großartige*) Gemse mit, die in den Gebirgen geschossen wurde und deren Rückkehr ich als Beweis ihrer Existenz in diesen Ländern nach Maxing (*Maximilians Besitzung neben Schönbrunn; in der Familienkorrespondenz bezeichnete er sich selbst gerne als ›Herrscher von Maxing‹*) schicken werde; es ist ein besonders großes und schönes Thier; ob es gut schmecken wird, zweifle ich, es sind doch immer Erinnerungen an einen Geißbock. – Verzeihe, daß ich Dir die Details meiner Küche schreibe; aber was für ein Wind weht, ob die Oberbramsegel (?) gut getoggt worden sind, mag Dich wohl nicht interessieren; daher werde ich so kleinstädtisch in meinen Briefen; erwarte aber hingegen von Deiner Seite mit großer Neugierde die Beschreibungen des Weihnachtsbaumes und der rauschenden Ballfeste ...« (S.M. Fregatte Venus, 9. 1. 1852)

Im Zusammenhang mit dem brasilianischen Heiratsprojekt ist auch ein Brief Erzherzogin Sophies erhalten, in dem sie zur Anfrage Maximilians, wie er sich dazu verhalten soll, Stellung nahm. »Alles, was Du, mein Kind, mir über den bewußten Antrag schreibst, hat mich <u>sehr</u> befriedigt u. gerührt. Eine <u>Entscheidung</u> in dieser Sache, von welcher das Schicksal Deines ganzen Lebens abhängt, kömmt mir nicht zu, aber meine Meinung will ich Dir unumwunden u. ehrl. sagen. Ich glaube, sobald Du keine entschiedene Abneigung gegen den Antrag empfindest, ist er nicht ganz abzulassen, da er vieles für sich hat; so habe ich ... den Kaiser gebethen, Dir zu erlauben, unter

---

26 Ein paar Monate später sollte Maximilian das genaue Gegenteil empfinden.
27 Graf von »Aquila« hieß jeweils ein männliches Mitglied der sizilianischen Königsfamilie aus dem Geschlecht der Bourbonen. Vollständig lautete der Titel: Graf von Aquila, Prinz von Sizilien. »Die Aquila« war die Frau des Grafen, Prinzessin Januaria, ebenfalls eine Tochter Kaiser Pedros I. von Brasilien.

dem Vorwand, Deinem jetzigen Beruf zu folgen, eine Seereise im nächsten Frühjahr zu unternehmen, die Dich nach Lissabon bringt, da auf diese Weise der Gegenstand am wenigsten compromittiert wird, im Fall, er Dir nicht gefallen sollte. Bewußte Jungfrau soll sehr wohlerzogen seyn; ihr Haar ist coudréfärbig (*la coudraie = der Haselstrauch*) :/ dunkelblond /:, ihre Augen blau u. sehr schön, der Mund groß, Charlotte (*Kaiserin Caroline Auguste*) findet ihn aber angenehm; die Haltung des Kopfes edel, wie es schon in der Kindheit war. Natürl. bleibt die Sache das tiefste Geheimnis, das man dem Gegenstand schuldig ist ...

Am 27.ten wirst Du mir schmerzlich abgehen, denn es ist mein erster Geburtstag, den ich nicht mit allen meinen Kindern zubringe!!« (Wien/Hofburg, 24. 1. 1852)

Trotz aller Begeisterung für lange Reisen und für das aufregende Leben auf See war auch Maximilian nicht vor zeitweilig auftretendem Heimweh gefeit. Meist überkam es ihn, wenn er von zu Hause Post erhielt und man ihm mitteilte, daß man an ihn gedacht hatte. So erging es ihm bei der Lektüre des obigen Briefs und auch bei einem Schreiben seines Bruders Carl Ludwig, auf das er recht wehmütig antwortete. Das gesamte Schreiben ist in einem für ihn typisch romantisch-schwärmerischen Ton gehalten – die wiedergegebenen Stimmungsbilder reichen von Landschafts- über Charakterbeschreibungen bis hin zur Schilderung des Alltags auf See und einer philosophischen Selbstbetrachtung. Dabei ist interessant, wie genau sich Maximilian damals selbst einschätzte.

»Wie glücklich machte mich Dein lieber, langer Brief vom 1. und 2. Jänner; das sind wonnevolle Augenblicke, wenn so Nachrichten in Fülle kommen, und Nachrichten von so lieber Hand. Innig rührte mich Deine Beschreibung von der Silvesternacht, ich war überzeugt, daß Du an mich denken würdest; aber die Worte Bubis am Weihnachtsabend, ich schäme mich nicht, es zu gestehen, machten mich weinen; dann ist mir auch wohl auf dem Schiffe, fühle ich mich auch recht zufrieden, so denke ich doch mit inniger Liebe an die Heimath und ihre schönen Gebräuche ... fühle ich in solchen Augenblicken der Erinnerung stille Wehmuth ...

Um Schwarzenbergs Ball beneide ich Dich, nicht so sehr um des Tanzes Freuden, als um den Hochgenuß unserem prächtigen premier (*Ministerpräsident Fürst Felix Schwarzenberg*) die honneurs machen zu sehen, er muß eigenthümlich, aber gewiß ganz als grand

seigneur aufgetreten sein; ich habe gewisse Leute, deren Physiono-
mie ich so gerne studiere, zu denen gehört Schwarzenberg, er hat
etwas unendlich kalt Anziehendes, das mir ausnehmend gefällt, und
dann ›il est un grand homme‹ (*er ist ein bedeutender Mann*), und an
dem labt man sich ...

Den 17ten Jänner. Von der Kreutzung einberufen, ankerten wir so
eben wieder ... um bei dem nächsten günstigen Winde mit der Escadre
(*Geschwader*) auszulaufen und größere Exercitien (*Übungen für die
Mannschaft*) zu machen; Du siehst, daß wir in himmlischer Thätigkeit
sind. – Unter Segel habe ich in 24 Stunden 8 Stunden Wache, wo natürlich von lesen, rauchen oder sitzen keine Rede ist; man macht also
auch genug Bewegung und wird Philosoph; jeder marin (*Seemann*)
muß letzteres werden, es ist einem aber frei gestellt, ein lachender
oder weinender zu sein, ein heiterer Knabe oder ein Mysantrop, ich
glaube, ich hätte zu beiden Anlagen, sanguinistisch-melancholisch.

Zur See muß man eines lassen, daß man an sich selbst die beste Unterhaltung, die größte ressource (*Quelle*) findet; dann ist man
geborgen; dann ist einem wohl; ich fange an, mein Gemüth hierzu
zu erziehen, es kostet manche Überwindung, aber es tragt prächtige Früchte. Man muß in sich selbst finden Alles, was man braucht;
Trost und Stärkung, Erheiterung und Beschäftigung. Der Raum, auf
welchen man sich bewegt, ist zu klein, man begegnet sich zu oft,
um nicht vorzuziehen, sich auf sich selbst zu beschränken, und so
lernt man halb und halb das Eremitenleben kennen und seine Reitze
schätzen. Meine beiden Frühstücke nehme ich für mich allein, das
sind meine Haupt-Recreationsaugenblicke, da unterhalte ich mich
am besten. Das Dinner muß ich leider aus Artigkeit mit den Anderen nehmen, und da ist es dann sehr schwehr, ein fließendes Rede-
thema zu finden, besonders da Crenneville (*Feldzeugmeister, Erster
Generaladjutant des Kaisers*), gar nichts spricht, der Doctor (*der
begleitende Arzt*) zu Allem, was ich sage, ›ja‹ sagt, und so die magere
Conversation nur zwischen mir und Cautz (*Schiffsmann*) beruht; es
fehlt Sauerteig, um das Ganze schmackhaft zu machen. – Ich liebe
bei Tische geistreiche Gespräche, gut durchgeführte Discussionen, es
läßt sich das bei einer Gansleberpastete oder bei einem gebratenen
Fasan, bei Sherry oder Champagner so gut machen, Geist würzt die
Speisen, und diese letzteren gut bereitet schärfen wieder den erste-
ren, leider ist der Mensch einmahl so, daß Magen und Geist in so
inniger Verbindung bei ihm stehen ...

Diese petits diners (*kleinen Abendessen*) bei uns, mehr wie die Grazien, weniger als die Musen, waren so unterhaltend, und lassen mir ein seeliges Andenken zurück; wie gings da öfter feurig her ... Da war kein nutzloses Geschwätz, nur um die Zeit zu tödten, nein ich warf, wenn Du Dich erinnerst, das Hölzel, und gleich bildeten sich Parteien, es entspann sich ein geistiger Wettstreit, der gar oft mit dem herzlichstem Gelächter endete. Von den alten Wiener Unterhaltungen sind es aber diese petits diners und das Burgtheater, um welche ich Dich vielleicht beneiden könnte, Alles Andere würde ich Dir herzlich gerne schenken; Du kannst ja meinen Geschmack. Man hat mich immer als frivol beschrieben, ich sei unterhaltungssüchtig, das kommt wohl daher, weil ich immer zu viel gesprochen und meine Gefühle auf der Zunge getragen habe ... ich habe den Fehler, daß, wenn ich mich einmahl unterhalte, ich es zu offen allen Leuten mittheile, und das muß man nie (›*darf*‹ *man nie*); ich beneide Dich um Dein Phlegma, ist es auch oftmahls bei Dir allzu groß; wir sollten uns gegenseitig abtreten, Du gibt's mir die Hälfte Deiner immer gleichen Ruhe, ich schenke Dir einen großen Theil meiner allzu bedeutenden Lebhaftigkeit. Wir Menschenkinder müssen uns halt selbst erziehen; da nur wenigen es von der Vorsehung beschert ist, das temperamento dei temperamenti (*das beste aller Temperamente*) zu haben; ward es je einem, so ward es unserem hohen Bruder (*Kaiser Franz Joseph*); daher die große glückliche Ruhe, da gerechte Festigkeit, der tiefe Ernst und doch die heitere, jugendliche Seite. Gott segne Ihn. – Lebe nun wohl bester immerruhiger und doch so liebevoller Bruder, Dich herzlich umarmend verbleibe ich Dein ewig treuer Max.

Den Völkern von Maxing durch die Stimme des Briefes meinen väterlichen Gruß. – Meine Briefe bitte ich, so wie auch die, welche ich auf der Novarra schrieb, nicht zu verbrennen; da ich sie gleich denen, welche ich an die liebe Mama gerichtet, meistens für mich als eine Art Journal (*Tagebuch*) abschreiben will. – Einer Deiner Carnevaltänzerinnen (*leider nicht zu eruieren, welche*) kannst Du sagen: ›daß sie eine Stimme übers Meer herzlichst grüssen läßt.‹ Schreibe mir von ihr und von dem, was sie mit Dir gesprochen in Deinem nächsten Briefe. Gute Nacht!« (S.M. Fregatte Venus, 14. 1. 1852)

Irgendwann nahm die Seereise Maximilians ein Ende und er kehrte wieder zurück nach Triest. Er lebte eigentlich nur deshalb gerne dort, weil die Stadt am Meer lag und man sie jederzeit mit einem Schiff verlassen konnte. Mit der Bevölkerung hat er sich nie angefreundet.

Er empfand die Triestiner als kleinstädtisch und konnte nicht anders als über sie zu spötteln. Am liebsten lästerte er über die jüdischen Kaufleute der Stadt (das war übrigens eine der wenigen Vorlieben, die Maximilian mit seinem Bruder Franz Joseph teilte). »Lieber, bester Carl! Wie mir's unlieb ist, daß wir nach Triest ... schon im Lauf des nächsten Monaths gehen sollen, kannst Du Dir bei meiner großen Vorliebe für die nationlose oder vielmehr cosmopolitsche Stadt denken; und das noch dazu für das Ende des Faschings, wo Alles ... rast, und es einem geschehen kann, daß man mit einer hochgestellten Matrone aus dem gesegneten Volke Gottes Mazurka oder Polka tanzen oder vielmehr schleppen muß, ist das nicht haarsträubend; da macht man doch lieber einen Tanz mit den salzigsten Wellen. Die jüdische Atmosphäre ist so schwindlig, daß man risquiert, in ihr moralisches Seeübel zu bekommen ...

Daß ich ein gelinder Gastronom bin, weißt Du eben so gut wie ich, kannst Dir also mein Unbehagen denken, daß ich bis vor 14 Tagen immer noch von dem Koche gespeist wurde, welcher auf der Reise nach Spanien mit mir war; von meinem Gaumenleiden im Mittelländischen Meere habe ich Dir mündlich erzählt, die wurden also nun fortgesetzt bis vor zwei Wochen; da kam der Lloyddampfer und brachte uns zu unserer freudigen Überraschung Monsieur Allègre, cuisinier navale (*Schiffskoch*), ist er auch kein vollkommener maître de bouche (*Gaumenkünstler*) ... und betreibt er auch noch nicht sein Fach mit all dem genialen Kunstsinn, wie ihn dasselbe verdient, so kann man doch seine Speisen essen und braucht sich nicht zu schämen, sie einem Fremden vorzusetzen. Der Musensohn, denn die Franzosen kochen mit Poesie, hätte schon sollen viel früher kommen ... Du wunderst Dich vielleicht, daß ich auf dem Schiffe Gourmand (*wohl eher Gourmet*) geblieben bin, gerade auf dem Meere wird man es mehr wie irgendwo; da das Essen die Unterhaltungszeit im Seeleben ist. Und übrigens ist ja das bei uns Familientugend; denn unser allergnädigster Bruder (*der Kaiser*) und selbst unsere hohe Mutter, verschmähen nicht die gute Tafel, nur betreibt es der Monarch zu schnell, was ob der trefflich bereiteten Speisen sehr schade ist, Onkel Ludwig und besonders ich mit meinem schlechten Gebisse, können von diesen courses au clocher (*Essen im rasenden Tempo*) etwas erzählen ...

Die Völker der souverainen Grafschaft Maxing werden gewiß mit Spannung die herannahende Entbindung der Prinzessin Chiquetina (*einer auf dem Schiff mitgeführten Eselin*) entgegensehen, beruhige sie und theile ihnen als ihr sorgsames Alter-ego (*anderes Ich*) mit, daß laut den Doctoren, die wir von fernen Ländern zusammenberufen, dieser wichtige so heißersehnte Act glücklich und ohne die mindeste Gefahren für die innig geliebte Prinzessin vor sich gehen wird. Couriere werden gleich in alle Richtungen ausgesandt, um den Harrenden die frohe Kunde mitzutheilen. Kann man den accoucheurs (*Geburtshelfern*) Glauben schenken, so sind Zwillinge oder Drillinge, und zwar um den 20ten Februar, zu erwarten. Sind es Prinzen, so bekommen sie als auf der See Geborene die Nahmen Tock und Triton, Prinzessinnen werde Seekalb oder Auster benannt; dies für den nächstjährigen Gothakalender ...« (S.M. Fregatte Venus, 23. 1. 1852)

Neben den interessanten Betrachtungen über Gaumenfreuden, eigene Essensvorlieben und die seiner Familie enthält der obenstehende Brief Maximilians die komische Geschichte der Prinzessin Chiquetina. Er hatte seinem Bruder Carl Ludwig schon früher ähnlich lustige Erlebnisse von der Eseldame geschickt. Da die Briefe Maximilians immer in der Familie herumgereicht wurden, bekam sie auch Erzherzogin Sophie zum Lesen. Eine fand sie so lustig, dass sie sie beim Essen weitererzählte:»Der armen Chiquetina Abenteuer in Carl's Brief ist sehr komisch. Als ich es dem Kaiser bei Tisch erzählte, lachte er zum Ersticken; ich selbst konnte vor Lachen kaum die Geschichte erzählen.« (Wien/Hofburg, 7. 1. 1852) – Leider ist der Inhalt der ersten Erzählung nicht erhalten. Er erscheint mir in diesem Fall auch weniger wichtig als die Reaktion der kaiserlichen Familie, die man so oft als steif und humorlos dargestellt hat. Wer sich Lachanfällen so hemmungslos hingab und wer vor dem Frühstück schon einmal einen »Gstrampften« tanzte, der verzichtete gerne auf Zeremoniell und Etikette. Nur Erzherzog Maximilian war da anders, wie schon angedeutet wurde. Die folgende Geschichte ist allerdings auch von ihm komisch gemeint und ein netter Beleg für die zwanglos-vergnügliche Korrespondenz zwischen den Brüdern. »Daß Du (*Carl Ludwig*) als prime-administrateur (*Erster Verwalter*) ... daß Du also in Deiner wichtigen Charge bedacht hast, das Gründungs- und Souverainitätsfest von Maxing mit allem Pompe zu feiern, freut mich sehr, dieser Tag muß dem Reiche stets heilig bleiben und folglich mit einem würdigen Nimbus umgeben werden. Ich hoffe, Du wirst eine passende Ansprache, in dem Du meine Gesinnungen kund gabst, an das versammelte Gremium, gehalten haben ... Den

Völkern von Maxing meinen Gruß, Huld und Gnade« (S.M. Fregatte Venus, 9. 2. 1852)

Kaum war Maximilian zurück in Triest, warf er sich trotz aller Vorbehalte gegen die jüdische Gesellschaft wieder in das Nachtleben der Stadt. Um beim Heimkommen weiter über die Neureichen zu höhnen: »... über Stock und Stein holpert ein Wagen der Stadt zu, in einer Villa wird gehalten, des Wagens Inhalt (*Maximilian*) putzt sich dort auf, wartet eine spätere Stunde ab, worauf der schwarze Kasten sich mit seiner Bürde von neuem in Bewegung setzt, um unter der Thorhalle eines großen Hauses zu halten. – Dreimaliger Glockenschall, und die Gestalten sind die Treppe hinaufgeflogen, bei einer Garderobe ... tritt man in einen kleinen Salon und steht von Angesicht zu Angesicht vor dem ersehnten Zauberbild, welches durch seine Wunderkraft trotz dem halben Jahrhundert, das sich in sein Antlitz gegraben und das dem Haupte die schwarzen Locken gestohlen, noch ... verbotene Reize allzusehr zur Schau trägt ... Man leyert einige Alltagsphrasen herunter und beobachtet während dem den Gesellschaftsschwall, der sich hin und her bewegt und durch schwarze Cravatten (*s. dazu S. 128*), Schminke und Toilette de l'autre monde (›*Toilette des Jenseits‹ – vermutlich sackartige Kleider*) nicht das Allerfeinste verräth. Von weitem tönen die Klänge einer ... (*Melodie*), der jüngste der drei W... genossen gibt der Tochter Abrahams den Arm, und man drängt sich in den überfüllten zum Ersticken heißen Tanzsaal, den die Gasflammen zum türkischen Schwitzbade machen. Die contre danse (*eine Art Menuett*) beginnt, der ... Jude bringt seine alten Glieder in Bewegung und, oh Jammer, eine baumelartige Extravagante zeigt sich hinter dem rückwärts stehenden Tänzer. Doch man chassirt (*treibt*) die auf einmahl Hervorgetretene (*vor sich her*) ... eine gelungene Selbsterkenntnis von des Lebens Herbst, in den langen Locken, mit einer monumentalen Nase und einem Munde à la pierrot (*stark geschminkter Mund*), es ist die unwiderstehliche Buscheck; ein gelungenes Mittelding zwischen einem Schnepf und einem mageren englischen Jagdhund mit langen Seidenohren ... Um zu sehen, daß das Alter nicht um Tanzen und um Tragen von rosafarbenen Gewändern hindert, muß man nach Triest kommen. Außer Brucks (*wohl ein Triestiner Kaufmann*) Seiner wimmelte es noch von drolligen Gestalten, die Mser. (*Monsieur/Herr*) Cham nur zu portraitieren brauchte, um einen Schatz von dem köstlichsten Caricaturen zu haben. Ein altes Haus mit brauner Pergamenthaut ... in duftige Gaze gehüllt, war unter Anderen da, und machte meine stille Glückseligkeit aus ... Nur eine Erscheinung war auf dem Balle, die durch Anstand, Gra-_ zie und geschmackvolle Toilette auf jedem Hofballe hätte erscheinen können; sie ist weder jung, noch hübsch, ist aber auch schon Mutter von erwachsenen Kindern, kann also nur durch ihr artiges Wesen einnehmen. Wer glaubst Du (*Carl Ludwig*), daß diese ladylike ist; ein einfacher aber prächtig glitzernder Diamantenpatzen, der ohne alle Ostentation schmückt, führt uns auf die Spuhr. Vielleicht ist's eine Prinzessin, oder eine Fürstin, doch wenigstens eine Gräfin? – Nein es ist ... – die Jüdin Hirschel des Triester Crösus Frau ...« (S.M. Fregatte Venus, 13. 2. 1852)

Um die Zeit des regen Karnevaltreibens wohnte Maximilian auf der Fregatte »Venus« im Hafen von Triest. Er hatte zwar schon eine riesige Herrschaftsvilla mit weitläufigem Park und Wirtschaftsgebäu- den gemietet, sie war aber wegen umfangreicher Ausbauarbeiten und Umgestaltungspläne noch nicht beziehbar. Ganz anders als seine Habsburger Verwandten, die beinahe zu übertriebener Sparsamkeit neigten, ging er seit jeher außerordentlich locker mit dem Geld um. Er wollte unglaublich gerne an Äußerlichkeiten gemessen werden: an der Schönheit seiner Residenzen, an der Eleganz seiner Kleidung und sogar an den Geschenken, die er weitergab. »Tausend Dank für ... die Besorgung des Tigerfelles (*das war eine exotische und kostspielige Gabe*) an Georg (*Sohn des späteren Königs Johann von Sachsen, Cousin Maximilians*), letzteres muß nach einem kleineren Exemplar zu urteilen, beiläufig gesagt, deliciös sein und wird gewiß seinen Effect in Dresden nicht verfehlen. –

Was die Geldgeschäfte (*für den Villenumbau*) betreffen, so be- ruhige (*Carl Ludwig*) die liebe Mama ob der futilité (*Bedeutungs- losigkeit*) und sage Ihr, daß zur Einrichtung nur mit weisem Rath geschritten wird und des Purgolds Stube (*Sekretär*) eine Hauptstütze sein soll. Ich hatte heute großen Ministerrath mit Crenneville über den künftigen Haushalt, wobei wir ein neues System entwerfen und übereingekommen sind, daß ich einstweilen um 10 tausend Gulden von dem für mich bestimmten Einrichtungsgeld als Vorschuß bitten würde. – Was mein neues Finanzsystem anbelangt, so werde ich Dich einstens zu Deinem eigenen Gebrauche in dasselbe einweisen, in dem man mit demselben ohne den geringsten Luxus zwar, aber dennoch anständig auskommen kann, rechnet man nehmlich von der Küche bis zu den Reiseunkosten Alles ein. –

Du schreibst mir im ersten Briefe, daß in Maxing Bäume gestohlen worden sind, das hat mein väterliches Regentenherz sehr gekränkt, und wir wollen hoffen, daß durch die Maßregeln der Behörden künftighin desgleichen nicht geschehen wird, in dem wir uns sonst in die traurige Nothwendigkeit versetzt fühlen würden, in unseren Landen das Handrecht (*im mittelalterlichen Sinn von ›Faustrecht‹ zu verstehen*) zu publicieren ...

Seit meinem letzten Briefe war ich auf einem zweiten Balle bei Wimpffen (*Feldzeugmeister, Ehrenbürger von Triest*), wo ebenfalls unglaubliche Erscheinungen waren und wo wir es schon auf Mulatten gebracht hatten, die böse Welt will wissen, daß ein Wesen ... welches noch vor kurzem Schneider war (*uneingeladen den Ball besuchte*) ... Graf und Gräfin Wimpffen kennen selbst eine Menge Leute nicht, die nur aufscheinen, tanzen, das büffet stürmen und dann wieder spuhrlos in der Vergessenheit verschwinden. Ich hielt mich nur zwei Stunden auf und kehrte dann wieder heim. – Die letzten Faschingstage ist großer mascirter Corso, wobei man sich mit Confetti bewirft, ich lasse dieses Vergnügen gleich dem Theater Andere üben; da ich mir ersteres ziemlich unanständig und muthwillig vorstelle; während letzteres mich in Morpheus Arme zwingt ...

Madame Ciquetina sammt Jungen befindet sich sehr wohl, eines, das letzte nur, welches nun schon sehen kann, gehört, wie ich Dir schon früher versprach, Dir ...« (S.M. Fregatte Venus, 23. 2. 1852)

Um die Menschen unserer Tage, die meinen, das Wetter würde erst seit kurzem verrückt spielen, zu trösten, blende ich zwischendurch manchmal Bemerkungen zu diesem Thema ein. »Lieber bester Carl! Du schreibst mir in Deinem vorletzten Briefe, daß Du den Kaiser (*Franz Joseph, der in Friaul und im Veneto unterwegs war*) ob des herrlichen südlichen Wetters beneidest, wärst Du in Triest, würdest Du nimmer so sprechen, seit gestern wüthet abermals die Bora, Hagelkörner, größer wie Haselnüsse, und Schnee überschütten uns, große, von der Bäumen herunterfallende gefrorene Schneeklumpen, beunruhigen unsere Häupter, eisiger Wind zieht durch alle Fugen ... In Triest gibt es noch kein südliches Clima (*darüber schrieb er später mehrfach anderes, denn selbstverständlich herrschte und herrscht am Mittelmeer um diese Jahreszeit wärmeres Wetter als in Wien*), und mit Schmerzen gedenke ich der Dalmatiner Frühlingsluft, die so wonnig und gedeihlich ist, während wir hier wieder den Winter kennenlernen. – Der Kaiser sollte heute von Venedig herüberfahren; wenn er wirklich in See gestochen ist, ist sein Wunsch erreicht; denn heute könnte ihm das Meer wohl einen Tanz bereiten ...

Daß die großen Bäume schon in Maxing gesetzt sind, wie ich durch Deinen Brief erfuhr, freut mich sehr; ich werde mein liebes Plätzchen gar nicht wieder erkennen. Du kannst mit Antoine (*dem Hofgärtner*) sprechen, ob man nicht auch den häßlichen, nackten Hügel vor Mayers Haus, auf dem ehemals das (*neu*)gothische Gebäude kommen sollte, mittelst Nadelholz oder ... maskieren könnte, das würde dem Auge wohl thun und die Aussicht verschönern. Der Boden ist zwar kaiserlich, aber der Monarch wollte mir ihn schon vor zwei Jahren zur Benutzung geben, so daß man wohl nichts dagegen haben wird, wenn er begrünt wird. So bitte ich auch dahin(*gehend*) zu fragen, daß im Sommer wieder hübsche Blumen in den Beeten und um das Haus sind; damit das Ganze stets frisch und belebt aussehe. – Schreibe mir auch, ob Purgold nach Görz geht, und ob er in diesem Fall nicht auf kurze Zeit nach Triest kommen könnte; da ich ihn wegen meinem zukünftigen Haushalte um Rath fragen möchte; niemand versteht es besser wie er; denn bei mir wird Comfort und nicht Luxus die Hauptsache sein.

Den 5ten März. Der Kaiser hat, wie es scheint, Venedig nicht verlassen, und wir sind durch das Unwetter vom Lande abgeschnitten, so daß ich den Brief nicht auf die Post senden konnte, und wir weder Zeitungen noch Nachrichten bekommen ... Wir schlottern vor Kälte, und unser Verstand friert allmählich ein ... und Alles das, nachdem einer schon das Frühjahr genossen hat, ce sont les agréments de Trieste (*das ist der Reiz von Triest*). Die vielen Großfürsten, die von allen Seiten anfleuchen (*ankommen*), mögen wohl diese kalte Luft aus Rußland mitbringen, um sich allmählich an das sogenannte wärmere Clima zu gewöhnen, und würde man eifrig nachsuchen, man fände in verschiedenen Richtungen Feldjäger vertheilt, mit Flaschen ... (*eiskalte Luft*) entfleuchen zu lassen; es thäte Noth, daß ein ägyptischer Prinz, oder ein dergleichen großes südliches Thier käme, um das equilibrium (*Gleichgewicht*) herzustellen. Wenigstens kann man aus diesen Feldjäger-Vorbereitungen schließen, daß die Csarensöhne über Triest nach Venedig (*und von dort weiter nach Wien*) gehen werden; so daß wir auf ihrer Productionreise befindliche nordische Touristen genießen werden. Ich hoffe, daß ich über dieselben von

Wien durch geliebte Hand treuliche Berichte bekommen werde ... ich freue mich auf das General Philosophieren; denn nur hat der Zufall einem Prinzenbändiger einen günstigeren Nahmen verliehen. So ein Ajo (*Erzieher am Kaiserhof*) und ein Menageriedirector haben viel Ähnlichkeit, beide müssen die großen Tiere bändigen, um sie dem erstaunten Publicum zur Schau zu bringen ...« (S.M. Fregatte Venus, 4. 3. 1852)

Die Gartenarbeiten in Maxing und der bevorstehende Einzug in die neue Villa bilden den Hauptinhalt des nächsten Briefes. Nebenbei gaben Maximilian einige anreisende Besucher in Wien oder Triest die Möglichkeit, Charakterstudien zu betreiben. Mitunter lesen sich die Ergebnisse seiner Betrachtungen recht komisch, meist sind sie zynisch, in seltenen Fällen kommt auch einmal ein Lob für jemanden heraus. Dass er Graf Aquila so außerordentlich sympathisch fand, hing weniger mit dessen besonderer Liebenswürdigkeit zusammen als mit dem Umstand, dass er dessen Frau begehrenswert schön fand. Sie war die Tochter Kaiser Pedros I. von Brasilien und Schwester jener Amalie, in die sich Maximilian nur wenig später verlieben sollte.

»Lieber bester Carl! Innigen Dank für Deinen lieben interessanten Brief vom 11ten d.M.; was Du mir über Deine weisen Einrichtungen von Maxing schreibst, freut mich sehr und beweist mir, daß Du für Dein Adoptionskind (*die Liegenschaft*) wahrhaft väterlich sorgst; Plan und Entscheidung schicke ich Dir erst nach nächtlicher Überlegung; bitte aber die Minister Antoine und Braun (*Gärtner*) für ihren kundgegebenen Eifer zu beloben. – Während Ihr in großfürstlichen Erheiterungen (*damit ist der mittlerweile in Wien eingetroffene Besuch aus Rußland gemeint*) schwelgt, bin ich in meinen freien Stunden mit hundert Sorgen für meinen zukünftigen Haushalt beschäftigt, es ist eine wahre Herculesarbeit; denn Tausende von nothwendigen Einzelheiten sollen zu einem prächtigen Ganzen geeint werden, wobei man immer auf den nervus rerum (*Nerv der noch so kleinen Dinge*) das gehörige Augenmerk richten muß; doch trotz aller Hindernisse will ich siegreich aus den Drangsalen hervorgehen. –

Während Ihr Besuch aus Norden habt, erwarte ich in wenigen Tagen einen werthen Freund aus dem lachenden ewigjungen Süden und freue mich hierauf recht herzlich. Graf Aquila kommt nehmlich mit seiner Frau von Venedig über Triest, um sich dann in Wien 3 – 4 Tage aufzuhalten und hierauf nach London zu reisen, leider wird er sich in Triest nur kurze Zeit aufhalten, so daß ich ihm nicht alle die

Artigkeiten zurückerstatten kann, die er für mich während meinem Aufenthalt in Neapel hatte. Er ist ein höchst liebenswürdiger und sehr heiterer Mann, und das einzige ganz präsentable Wesen des sicilianischen Hofes.

17/3. Wie unendlich freue ich mich, Mama und Bubi wiederzusehen, wenn Du nur auch mitkömmst, das wäre recht schön, und gewiß nicht so schwehr ausführbar. Mislin (*Geistlicher am Wiener Kaiserhof*) hat mir geschrieben, danke ihm recht herzlich für seinen lieben, freundlichen Brief; er sagt mir daß Marco[28] wieder unverrichteter Sache nach Sarnstein geht, um dort sein Müßiggangsleben fortzusetzen, ich finde es recht traurig, und sein warmer, lieber Vater, wüßte er es, würde sich im Grabe umdrehen; neulich war Charley[28] seit langem wieder bei mir, aus seinen Gesprächen zu urteilen, hat er sich bedeutend gebessert, und scheint jetzt wirklich ordentlich und fleißiger zu sein; Offenheit war immer seine beste Eigenschaft, und daher ist seiner Wende zu trauen; wenn ich mich mit ihm auf den weisen Mentor spiele, kannst Du Dir denken, daß das höchst ergötzlich ist ...«
(S.M. Fregatte Venus, 16. 3. 1852)

Innerhalb der nächsten Wochen fand das angekündigte Familientreffen in Triest statt. Erzherzogin Sophie besuchte Maximilian und zu seiner Freude waren auch die zwei geliebten Brüder Carl Ludwig und Bubi/Ludwig Victor mitgekommen. Der Grund für die Vereinigung war der Einzug in das neue Haus (schon auf dem nächsten Brief Maximilians ist neben dem Datum der Absendeort »Villa Lazarovich« zu lesen). Nachdem die Mutter und Carl Ludwig Triest wieder verlassen hatten, schickte Maximilian dem Bruder einen wehmütigen Brief nach. »Den herzlichsten Dank für Deinen lieben Brief ... es war ein Trost, nach der schwehren Trennung, die Dir durch das Heimkommen nach Wien erleichtert ist, mir aber doppelt schwehr wird; eine große Freude ist es mir wenigstens, Bubi (*8 Jahre*) bei mir beherbergen zu können, da von dem Augenblicke, da er mit mir allein ist, doppelt herzig und lieb ist. Doch bleibt die Trennung von Mama und Dir, lieber Bruder, unendlich hart für mich, und ewig werde ich den glücklichen Tagen des Zusammenlebens gedenken, Tage des Auf-

---

28 Marco und Charley Bombelles waren Söhne Graf Heinrich Bombelles, des früheren leitenden Erziehers der jungen Erzherzoge. Beide waren als Kinder gemeinsam mit Franz Joseph, Maximilian und Carl Ludwig unterrichtet worden. Charley sollte später in die Dienste Maximilians treten.

thauens für mich, in denen ich theure Herzen fand, welchen ich offen meine Gedanken mittheilen konnte, ein Glück, welches man nur durch die Entbehrung in vollem Maaße kennen lernt ... Eine große Freude finde ich auch jetzt in dem Gedanken, daß Mama mein Haus besucht und Du und nun Bubi in demselben gewohnt haben, es gibt ihm eine Weihe und knüpft an dasselbe feste Erinnerungen; während es mir früher so kalt und fast unangenehm war. Mir ist es, als ruhe jetzt der mütterliche Segen und die brüderliche Liebe auf demselben, und dies beides ist in meinem Auge das größte Gut ...

Nach einer Spazirfahrt brachten wir (gestern) eine Soirée beim Chinesen zu, wo Bubi, Dank sei es Königsbrunns (*Erzieher Ludwig Victors*) und meiner Fürsorge, sehr müßig war. – Heute Morgen hast Du wohl schon Maxing gesehen, ich kann nicht leugnen, daß ich Dich darum etwas beneide, wie muß es jetzt hübsch und frisch aussehen ...« (Villa Lazarovich, 30. 4. 1852)

Ein paar Tage später reiste auch der kleine Bruder Ludwig Victor von Triest ab. Er musste einige Zeit mit seinem Erzieher in Görz verbringen, wo er von einem chronischen Hustenleiden genesen sollte. Über die Trennung von Bubi schrieb Maximilian: »Gestern hatte ich wieder einen traurigen Tag, einen Tag des Abschiedes; denn Ludwig verließ nach 8 für mich glücklichen Tagen mein Haus und kehrte nach Görz zurück. Und nun bin ich wieder ganz, ganz allein[29]. – Es ist Königsbrunn's nicht zu ändernder Wille, daß Ludwig schon so bald abreiste, der Grund, den er angab, waren die Studien, was ich beiläufig gesagt, nicht sehr weise, finde; denn die Hauptsache ist jetzt seine Gesundheit, und in Triest, wo er ... manchen Spaß hatte, schien er sich dem Aussehen nach sehr wohl zu befinden, und sein Gemüth, was, wie mir scheint bei ihm auch eine Hauptsache ist, war sehr heiter. Er machte viel Scherze, neckte mich mitunter und schien ganz content (*zufrieden*). Nun geht das arme Kind nach Görz, wo es ganz allein mit seinem Püd... ist, eine keineswegs pudel... Gesellschaft; und bekömmt er das Heimweh, so weiß ich von vergangener Zeit her, was er leiden wird ...

---

29 Die Bemerkung »nun bin ich wieder ganz, ganz allein ...« und ähnliche Seufzer über das Allein-Sein durchziehen die Briefe Maximilians, der aber andererseits auch nicht in Gesellschaft sein wollte. Nur einige wenige Auserwählte durften mit ihm sein oder ihn besuchen, wie seine Eltern, seine beiden jüngeren Brüder und so amüsante Leute wie der Graf Aquila und seine Frau.

Während Du (*Carl Ludwig*) am 3. Mai die alten Bekannten um Dich vereinigt hattest, gab ich hier ein Diner den Görzern, von denen Wittek (*ehemaliger Lehrer der Erzherzoge*) und S... den selben Tag entzückt von Venedig angekommen waren. Wir waren zu 9, die Zahl der Musen, während Ihr die Apostel r... habt. Man war sehr heiter, dachte der lieben Maxinger, und Fritsch schwelgte in ... Gastronomie, besonders entzückt über einen großen Meerkrebsen, seine Lieblingsspeise. – Abends war Zapfenstreich, und die Musik schpielte (*sic*) unter meinen Fenstern, was Bubi sehr gut zu unterhalten schien.

Gestern verließ mich Nowack (*sic*), um nach Wien zurückzufahren, was mir sehr leid that; denn er ist ein sehr treuer brauchbarer Diener, der seinen Dienst trefflich versteht. – Du würdest ein sehr gutes, mildthätiges Werk thun, wenn Du ihn zu Dir nehmest, als dritten Lakay; damit der arme Mann nicht in den Saal kömmt. Auf jeden Fall bitte ich Dich, Grünne zu fragen, denn es ist sein Vorgesetzter, da die Lakayen in das Stalldepartement gehören, ob er nicht vielleicht, nach 10jährigem treuen Dienste, Thürhüter werden könnte, wie es Blascheck (*sic*) und so mancher Andere ward, es wäre eine große Gnade, die er verdient ...« (Villa Lazarovich, 5. 5. 1852)

Viel lieber als mit Menschen – denen er, wenn sie ihm sehr vertraut waren, mitunter sogar half – beschäftigte sich Maximilian mit Reiseplänen und mit dem Ausbau und der Verschönerung seiner Residenzen. Hatte er schon früher großen Gefallen an der Errichtung seines Wiener Chalets gefunden, so beschäftigte ihn nun nicht nur die fertige Ausgestaltung seiner Triestiner Villa, sondern auch die äußere Erscheinungsform seiner Diener. »Zur Weihe (*der Triestiner Villa*) bin ich nun schon gerüstet, meinen Haushalt bringe ich ... auch schon langsam in das Geleise, was eine Herculesarbeit war; sehr hübsch und befriedigend ist die Hausuniform der Lakayen ausgefallen, sie ist sehr einfach, hat die Farben der übrigen Erzherzoge, nehmlich mohrengrau, carmoisin (*rot*) und silber, nur ist der Schnitt um (*der Rest des Satzes fehlt*) ...

Mein Reiseplan (*für den bevorstehenden Spanien- und Portugalaufenthalt*) wird Euch Morgen oder Übermorgen geschickt, er hat wegen der Quarantaine eine leichte Abänderung erlitten, doch wird keiner der interessanten Punkte ausgelassen, sondern nur die Reihenfolge wird etwas anders. Der Tag der Abreise ist noch nicht fixiert, doch könnte dies wohl der letzte Brief aus dem Vaterlande sein, hingegen hoffe ich, während der Reise öfters Gelegenheit zum Schreiben zu haben. –

Ich schicke Dir noch vor meiner Abreise ein paquet (*Paket*) mit meinem Nahmenstagsgeschenk für Mama; Du wirst so gut sein, es bei dem Frühstücke, wo zum erstenmahle zwei Söhne fehlen werden, zu übergeben, und zu gleicher Zeit meine herzlichsten Wünsche darbringen ...« (Villa Lazarovich, 8. 5. 1852)

Auf der Reise nach Spanien und Portugal besichtigte Maximilian einige Küstenstädte – wie Ragusa und Messina –, von wo er Stadt- und Landschaftsschilderungen an seine Familie schickte. Die stark gekürzte Fassung einer solchen Beschreibung findet sich unten. Die Originale – alle in einem sehr schmachtenden Ton gehalten – sind zum Teil sehr langatmig. Einzelne Sätze ziehen sich über ganze Seiten und man weiß am Ende nicht, was er am Anfang gesagt hat. Außer dem umständlichen Stil der Briefe fällt auf, dass Maximilian eine Menge offizieller Programmpunkte ableistete. Das hängt damit zusammen, dass er sich gerne voranmelden ließ, um bei seiner Ankunft von den Abordnungen der Gemeinden empfangen zu werden. Die Honoratioren anlässlich seines Besuchs in Ragusa waren »leider in großer Zahl« erschienen und ein Bischof las ihm zu Ehren sogar eine Messe. Das soll dem Leser andeuten, dass ihm das zwar lästig war, es aber zu den Pflichten seines hohen Standes gehörte, so etwas zu ertragen. Diese Empfänge wären zu vermeiden gewesen, wäre Maximilian (wie die meisten Habsburger) inkognito gereist. Aber er wollte erkannt und empfangen werden, denn er war eitel und liebte Zeremonien. Doch nun weg vom hochrangigen Mitglied der Kaiserfamilie zum Erzähler und Unterhalter. Denn Maximilians Reisebeschreibungen enthalten mitunter auch interessante Details über die Geschichte der Regionen und seiner Bewohner.

»Lieber, bester Carl! Gestern nach 2 h haben wir den Hafen von Grevosa verlassen und steuern nun beim schönsten Wetter und ziemlich bewegter See um den Stiefel (*Italien*) herum, und hoffen im Laufe des kommenden Morgens in Messina einzutreffen. Da es gerade Sonntag war, benützte ich den gestrigen Vormittag, um in Ragusa die Messe zu hören. Die Höhe von Bella-Vista, welche den Hafen von Grevosa von der ebenfalls am Meer liegenden Stadt trennt, überschritten wir bei bedeutender Wärme zu Fuße, und genossen auf der Spitze eine wirklich schöne Aussicht. Man sieht die tiefblaue See von zwei felsigen Bergzungen durchfurcht in drei gänzlich getrennten Theilen,

zur Rechten liegt in der Tiefe der von, an die steinigen Höhen gebauten Villen, Cipressen und Pinien umschlossene Hafen von Grevosa ... eine pittoreske Felsenwand (stürzt) von Aloen wild bewachsen
in die tiefen Fluthen, die, sich an den Steinmassen brechend, von
dort aus in unbegränzter Fläche das ... ewig anziehende Bild der Un-
endlichkeit, in zauberhafter, gleicher und doch niemals monotoner
Farbe gewähren (*usw. usw.*) An den Thoren der Stadt empfingen
mich die leider in großer Zahl (erschienenen) Autoritäten und gelei-
teten mich durch die breite, gepflasterte Hauptstraße ... in die Kirche
des Heiligen Blasius, dem berühmten Schutzpatron der Republick
(*sic*), den letzteren auch in ihrer Flagge führte, wo selbst mir der
Bischof die Messe las ...

Die Stadt, welche ich vor zwei Jahren genauer gesehen hatte, be-
sitzt wirklich schier alte Gebäude, die augenblicklich an Venedig, der
Stadt, mit welcher Ragusa stets rivalisieren wollte, erinnern, unter
diesen der Dogenpalast, denn auch Ragusa hatte seinen Dogen, welcher aber alle Monathe aus dem Adel neugewählt wurde, und während der Zeit seines Amtes nie den Palast verlassen, und nur im Falle
der Ankunft eines Gesandten, einen Fuß außerhalb des Thores setzen
durfte ...

(Der Adel) wiewohl gänzlich verarmt, und zum Theil von der Regierung mit einem Zwanziger per Tag erhalten, genießt noch eine so
hohe Meinung von sich, daß, wie die Großmama (*Kaiserin Caroline
Auguste*) in dieser Stadt war und die Damen alle ihre Aufwartung
machten, sie Tags darauf jede auf ihrem Canapé mit dem Fächer in
der Hand saßen, um den Gegenbesuch der Kaiserin zu empfangen
... Se non è vero è ben trovato (*Wenn es nicht wahr ist, ist es gut
erfunden*) ...

Unterwegs hatte ich wieder die Gelegenheit, die Landestracht der
Frauen der Umgegend anzustaunen; statt Kleid und Unterwäsche
tragen sie eine Art Kotzen (*grobes Tuch*), der etwas über die Knie
reicht, die Füße sind in plumpe Bundschuhe gehüllt, um den Hüften
tragen sie einen breiten färbigen, gestickten Gürtel, manchmal mit
Ber... geschmückt, Oberleib und Arme stecken in einem an den
Rändern gestickten Hemde, auf dem Kopfe tragen sie ... Hauben aus
Silbermünzen zusammengesetzt, und die dunklen Haare hängen ihnen in langen Zöpfen über die Schultern. Die ganze Erscheinung ist
plump, wild und doch sehr umst... (*Was immer das Wort bedeuten
mag: Maximilian fand den Anblick auf jeden Fall fesselnd.*)

Den 19. Mai ... An der Marine (*wohl: an der zum Meer liegenden Seite*) bildet die Stadt, welche wir nun besehen, eine lange Reihe von Palästen, die recht stattlich aussehen würden, wenn nicht alle kopflos wären, denn seit dem großen Erdbeben fehlen ihnen die obersten Stöcke, und die Dächer sitzen auf den halbierten Seiten der belle étage. – Außerdem durchschneiden die Stadt zwei große, breite lange Straßen, der Corso und die Ferdinanda, voll Balconen mit den schönsten Blumen und voll Ne... und Schmutz, doch ohne dem furchtbar wirren Treiben Neapels. – Viel grauenvolle Zerstörung findet man von der Zeit des bombardement's, besonders in der Straße d'Austria; Du wirst mich fragen, woher der Nahme Austria rührt; der kommt von einem ehernen geschnitzten Mann auf marmornem Sockel mit bronzener Tafel, die seine maritimen haut faits (*hohen Taten zur See*) kundgeben, und der in der Nähe des niedergebrannten Arsenals steht, es ist der große Juan d'Austria, Carl V. urtümlicher Sohn, der brave Sieger von Lepanto. –

Der Dom hat ein schöne gothische Facade aus weißem und rothem Marmor, die Bögen im schönen Inneren der Kirche werden von Monolitensäulchen aus rothem Granit, Überbleibsel eines heidnischen Tempels aus den Salzwasser Seen in der Nähe des Fort's, getragen. Der Hochaltar in barockem Zopfstyle ist mit den herrlichsten pietra-dura (*Einlegearbeiten aus Halbedelsteinen*) verschwenderisch geschmückt ... Die Halbkuppel über dem Altare ist gleich wie in der Markuskirche in byzantinischem Mosaik; und an den Wänden befinden sich drei mit Brokattuch und Kronen geschmückte Särge, die Leichen eines Kaiser Konrad's, eines Königs Alphons Libertinus und einer Königin Antonia, Gemahlin eines König Friedrichs enthalten; den Aufschluß mag Kaltenbäck (*ein Diener*) hierüber geben, ich habe die Kunde aus dem Mundes eines Messiners. Außerdem befindet sich in der Kirche noch der auf dem Marmorboden von einem Geistlichen eingetheilte richtige Meridian, auf welchem die Sonne durch ein kleines Loch im Dache an jedem Tag des Jahres den Mittag angibt ...

Die Kirche von San Gregorio ... liegt mit einem Frauenkloster auf der Anhöhe ... Das Innere ist mit der frühen pietra dura tapeziert, was zu fein und folglich klein fürs Auge ist, aber der Schatz eines frommen Herzogs, des Stifters ... Es ist ein vollkommenes Miniaturgewebe von edlen Steinen. – Geheimnisvolle kleine Gitter trennten uns von der singenden, heiligen Gre... und gottloser Weise, statt da, uns mit einer Kerze beleuchteten Steinbildern, anzusehen, guckten wir durch die Gitter, was zwei hübsche, junge Mädchen köstlich zu unterhalten schien, und den Ärger einer alten Nonne ausmachte ...

(Später besuchten wir die) außerhalb der Stadt gelegene Villa des Herzogs von Scarletta, zu der uns ein Dreigespann mit Schellenklang führte und in der wir unter der mannigfachen Blumenfülle die schönste Orangenhecken und Lauben in vollster Blüthe fanden, deren Duft so üppig war, daß mir das Schlendern unter den grünen, blüthenbeschneiten Arcaden eine gelinde migraine zuzog ...« (S.M. Dampffregatte Volta, 17. 5. 1852)

Von den exotischen Frauen Italiens und einer Habsburger Migräne zu den schönen Frauen Wiens und einer Romanov-Migräne, um mit einer Habsburgerin und ihrer Migräne zu enden. Die Einleitung mag etwas sonderbar klingen, klärt sich aber nach der Lektüre des unten stehenden Briefs von alleine. Während Maximilian das Mittelmeer bereiste, war Zar Nikolaus von Russland mit zwei seiner Kinder bei der österreichischen Kaiserfamilie zu Gast. Erzherzogin Sophie hinterließ über seinen Besuch einen humorvollen Bericht, der einmal mehr von den völlig ungezwungenen Verhältnissen am Wiener Kaiserhof zeugt. Denn wenn Kaiser unter sich waren, benahmen sie sich wie normale Menschen. »Wir haben eine recht schöne Zeit mit dem verehrten Kaiser v: Rußland und seinen lieben Kindern ... verlebt. Er selbst fühlte sich heiml. u. wohnlich bei uns. Er kam jedoch mit einer migraine an; nach der Familientafel jagte ich ihn so zu sagen in's Bett. Den Tag darauf Sonntag :/ den 9ten /: hatte ich eine gräuliche migraine u. mußte :/ denke Dir /: den ganzen Tag im Bett bleiben; zum Glück war den Tag nichts besonderes (*es gab keine offiziellen Programme*), nur Familientafel, u. abends gingen die Herrschaften in's Burgtheater, das sie <u>sehr</u> liebten u. <u>tägl.</u> besuchten. Der Kaiser Nic. besah sich auch dort mit <u>großem</u> Vergnügen die schönen Frauen u. Mädchen, die er auch am Dienstag bei der Praterfahrt, von mildestem Wetter begünstigt, mit großem Wohlbehagen bewunderte ...« (Brief an Maximilian, Wien/Hofburg, 18. 5. 1852)

Der Empfänger des Briefes reiste unbeirrt die italienische Küste entlang und schwelgte weiter in leidenschaftlichen Betrachtungen. Irgendwann scheint er sich an den starken Duft der Orangenblüten gewöhnt zu haben, die ihn in Hinkunft berauschen und keine Migräne mehr verursachen sollten. »Gestern in aller Frühe verließen wir das schöne Palermo, die Stadt der Blumen und Orangenhaine, deren üppiger Duft die ganze Atmosphäre durchwürzt, ein mir neuer Zauber, den nur der Monath Mai und jener nur im reichen Sicilien dem entzückten Reisenden bieten kann. Auf der Straße, auf dem Balcon, überall dringen einem die Duftwolken der zahllosen Orangenblüthen schmeichelnd entgegen. Selten findet man einen Punkt so reicher Vegetation südlicher Zonen, so reich an Gärten, so reich an schönen, architectonischen Villen, wie die Hauptstadt Siciliens, und in dieser Hinsicht übertrifft sie bei weitem Neapel.

Denke Dir die edlen griechischen Bergformen ... von einer überreichen Ebene umgeben, welche das reine blaue Meer badet, und an einem Arme dieser grünen lachenden Ebene, am größten der Meerbusen, eine weite formenreiche, großartige Stadt, von zwei endlosen Seiten belebter Straßen durchkreutzt (*sic*) und Du hast das von Blumen und Fluth umwellte Weichbild von Palermo vor Dir ... (*usw. usf. – ich erlasse dem Leser die weiteren Schilderungen von Farbe, Formen, Licht und Düften, um ihn an einen spannenderen Punkt des Briefes zu führen. Denn Maximilian näherte sich geistig und örtlich dem Land seiner Träume – Spanien. Wenn die Bemerkung über ›Don Juan d'Austria, Carls V. urtümlichen Sohn ...‹ im Brief aus Messina schon ein erster Hinweis auf das Ziel seiner Reise war, so hob sich seine Stimmung, je näher er Spanien kam.*) (Die Zisa in Palermo, ein maurisches Schloss) von dessen Terrassen man die wundervollste Aussicht genießt, und à propos, auf welcher eine spanische (*es wird wohl eine italienische gewesen sein*) Inschrift vielleicht nicht ganz mit Unrecht sagt, daß der schönste Theil der Welt Europa, der schönste Theil Europas Italien, der schönste Italiens Sicilien, der schönste Siciliens Palermo, und der schönste Palermos die Zisa sei, folglich per conclusione (*zusammenfassend*), die Zisa der schönste Punkt der Welt sei; das ist dann freilich etwas zu schwärmerisch, daß aber die Aussicht von diesem Punkte unter die schönsten gehört, glaube ich selbst. Wäre Palermo nicht in Italien, so wäre ich ganz Enthusiast für diese Stadt, so ziehe ich aber immer das caracteristischere Spanien vor und freue mich sehr, daß wir demselben hier schon so nahe sind. Im Lauf des morgigen Tages hoffen wir nach Mahon auf der Insel Majorka (*sic*) zu kommen ...

Den gestrigen Abend brachten wir im Theater zu; aber was für ein Theater, in einer Stadt von 4000 Einwohnern, wir saßen in unserer Loge auf Holzbänken ohne Lehne und mußten einem spanischen Drama zuhören, was für uns ebenso gut hätte chinesisch recitirt werden können. Doch scheinen die Schauspieler Universalgenies zu sein, denn nach dem Spiele wurde getanzt und gesungen, wobei sich das Publicum sehr laut und kleinstädtisch benahm, was zu betrachten eigentlich sehr comisch war. –

Ich schließe Abends meinen Brief ... Mögen meine Zeilen Euch frisch und froh, vermuthlich schon im schönen, lieben Schönbrunn finden, und Euch erinnern, daß ein Herz im fernen Spanien für Euch schlägt ...« (Brief an Carl Ludwig, S.M. Dampffregatte Volta, 25. 5. 1852)

Das nächste Mal meldete sich Maximilian schon aus dem geliebten Spanien. In seinem Betrachtungen schwelgte er wie üblich von den Schönheiten des Landes, er erzählte aber auch von den besonderen Freuden, dort Freunde aus der Heimat getroffen zu haben. Das gehörte ebenfalls zu den Zwiespältigkeiten seines Charakters: denn einerseits wollte er immer in ferne Ländern reisen, andererseits überfiel ihn, kaum war er dort, grässliches Heimweh, und er traf sich mit Österreichern, um mit ihnen über die Heimat zu sprechen.

»Eine große Überraschung machte uns unser Commandant, indem er uns von Palma nach Valencia führte, woselbst ich in der interessanten Stadt, von der herrlichsten, reichsten Gegend umgeben, wahrhaft glückliche Stunden zubrachte ... Nur die vom väterlichen Hause Weitentfernten wissen das Glück zu schätzen, Bekannte im Auslande zu finden, mit denen sie von ihren Verwandten und Freunden sprechen können, mit denen sie fröhliche Momente im Vaterlande verlebt haben, in deren Erinnerung sie sich ergehen können. – Die Familie Romano, die mit Ausnahme des zweiten Sohnes in Valencia vereinigt ist, überschüttete mich mit Freundlichkeiten, weshalb es (einfach war), die interessante Stadt kennen zu lernen, und machte mir mit einem Worte den leider nur zu kurzen Aufenthalt höchst angenehm. Ich ward gleich nach der ersten entrevue (*Zusammenkunft*) zu Tisch geladen, hierauf in die Alameda ... (einen) Blumengarten, geführt, von der liebenswürdigen Elise in ihrer kleinen Ponyequipage, wobei sie selbst kutschirte, und dann noch vom Marquis (*Elises Vater*) in die Gloriette ... im Inneren der Stadt bei der Punta del mar, geleitet. – Gestern ward die Stadt und ihre nähere Umgebung besehen und eine Visite bei Romano gemacht; nachmittags kutschirte mich Elise, im spanischen Schleier und Rosen in den Haaren, was ihr ganz allerliebst stand, in den Grao (?) ... von Valencia, letztere Stadt liegt nehmlich gleich Athen nicht unmittelbar am Meere, sondern in einer der fruchtbarsten, schönsten Ebenen der Welt. Vom Grao aus tanzten wir in unserem Boote über die sehr stark bewegte See zum Schiffe, woselbst ich den freundlichen Romano's ein kleines Diner gab, bei welchem jedoch die alte Marquise aus Furcht (vor der Schiffsfahrt) nicht beiwohnte. Elise schien von Heimweh bewegt und trank aus eigenem Antrieb mit Enthusiasmus auf das Wohl unseres inniggeliebten Kaisers. Du kannst Dir denken, wie viel über Wien gesprochen wurde ... Wie thaten mir alle diese Erinnerungen wohl! – Als die Gesellschaft über die Wellen schied, und der Anker gelichtet wurde, und wir von dannen fuhren, wurde mir das Herz recht schwehr, und stets werde ich der schönen Tage von Valencia gedenken.

Den 5. Juni. Wir benützten den Aufenthalt ... um gestern einen Ausflug nach Murcia, eine der Städte, die den Maurenkönigreichen ihren Nahmen geschenkt, zu machen. – 4 Stunden brauchten wir zu unserer Fahrt, die uns aus der nicht schönen Ebenen von Carthagena durch die Sierra der Fonta santa in die Ebene von Murcia brachte ... (*wir übergehen die ausführlichen Beschreibungen der bizarr geformten Gebirge, der schroffen Felsen, das staunende Entzücken über Farbspiele, das Aufzählen der Vegetation usw., um zu dem Schluss zu gelangen, dass Murcia*) außer seinen Früchten, Blumen und schönen Frauen ... nicht viel Schönes und Merkwürdiges (hat), doch des ersten ist schon hinlänglich Herrliches, um den Ausflug lohnend zu finden ...

(*Ein paar Absätze weiter halten wir im Text bei der Beschreibung der Kostüme der Bauern. Sie leitet nämlich zu einer der großen Leidenschaften Maximilians über – dem Sammeln exotischer Erinnerungsstücke*) Die Tracht der Bauern in diesem Theile Spaniens ist sehr mahlerisch und kleidet die stolzen, trefflich gebauten Männer sehr vortheilhaft ... (Sie tragen) schneeweiße breite Leinwandhosen bis über das Knie, von da abwärts ist das Bein entweder ganz entblößt oder von ledernen Gamaschen und Strümpfen umgeben, den Fuß schützen Sandalen in deren Spitze die drei vorderen Zehen stecken; den Leib umgürtet eine rothe Binde und über das nächste Hemd tragen sie eine rothe, blaue oder weiße Weste mit silbernen Knöpfen, über die Schulter hängt die Manta, eine Art Plaid nach schottischer façon, in dem sie sich am kühlen Morgen mahlerisch drappiren, auf dem Kopfe binden sie ein Schnupftuch und über demselben sitzt eine pfiffige, spitze Sammetbedeckung, halb Hut, halb Kappe mit Erinnerung an eine Narrenkappe, oder des Satans Mütze, wenn er als dandy

(*Geck, Modenarr*) in cinquecentistem Style (*im Stil der Renaissance*)
erscheint. – Du kannst Dir denken, daß ich so eine Hutkappe, welche
beiläufig gesagt, sehr gut kleidet, in mein kleines Weihemuseum mit-
bringe. Eine schöne scharlachrothe Manta habe ich von der alten Marquesa Romano zu Geschenk bekommen, und hebe mir sie als werthes
Andenken an Valencia und seine freundlichen Bewohner auf. –
  In Murcia wurde ich trotz dem großartigsten Incognito von den
Autoritäten (der Stadt) unendlich molestirt (*belästigt*), und mußte
wenigstens 60 Personen empfangen, unter diesen das Ajuntamento
(*Magistrat*), welche mit 6 in rothem Sammt gekleideten und mit silbernen Stäben versehenen Herolden anlangten. Da Alles uns spanisch
redete, hielt ich mit der größten Keckheit, italienische mit spanischen
Wörtern untermischte Ansprachen, und die treuen Diener der un-
schuldigen (*Königin*) Isabella verstanden mich ...« (Brief an Carl Ludwig, S.M. Dampffregatte Volta, Hafen von Carthagena, 3. 6. 1852)
  Die Geschichte vom »großartigsten Incognito in Murcia« möge
glauben, wer wolle. Denn Maximilian liebte – wie wir nun schon wissen – ausgerollte Teppiche, roten Samt, Silberstäbe, Herolde und
große Begrüßungskomitees und er war sich bewusst, dass seine Anwesenheit jeder Feier kaiserlichen Glanz verlieh. Neben den offiziellen Programmpunkten, die an ihn als Bruder des österreichischen
Kaisers adressiert waren, machte Maximilian auch Privatbesuche bei
der portugiesischen Königsfamilie und der mit ihr verwandten Kaiserin von Brasilien. Um deren Tochter kennen zu lernen, hatte Maximilian diese Reise angetreten. Und er konnte sie mit Erfolg abschließen,
denn Amalie entsprach ganz seinem Schönheitsideal. Dass sich zu
dieser Liebes- und Verlobungsgeschichte in den Briefen keine Bemerkung findet, hängt damit zusammen, dass man sich darüber aus
Sicherheitsgründen nur mündlich mitteilte.
  »Gestern Mittag war der König (*von Portugal*) mit seinen drei ältesten Söhnen an Bord unserer Dampffregatte, wo ich ihn mit einem
Gabelfrühstücke bewirthete; trotz der furchtbarsten Hitze, welche
einem türkischen Bade Ehre gemacht hätte, war man ziemlich heiter.
Sonntag, nachdem ich bei der Kaiserin (*von Brasilien, Mutter Prinzessin Amalies*) in Bemfico gewesen, besuchten wir das Stiergefecht,
welches eine eckelhafte Copie der spanischen ist, und ein grausames
Spiel, aber kein Kampf genannt zu werden verdient. – Abends war
Ball beim Marquis de Valada, welchen ich besuchte; die Räume waren
klein und mauvais genre (*im schlechten Stil*) eingerichtet, die Hitze

drückend, die Musik fürchterlich und die Gesellschaft mir größtenteils unbekannt. Der Hausherr, eine lächerliche krumme Erscheinung, verfolgte mich nach allen Seiten mit dem ›Gott erhalte‹, welches 5 mahl, wenn nicht mehr, gespielt wurde ...

Den 24. Juni ... Samstag hatten wir hier Dilettanten Oper bei einem Grafen Farobbo, der ein wirklich allerliebstes Theater in Bemfico, dem Lissabonner Hietzing hat. Es wurden die vier Haimonskinder (*ein damals beliebtes Musiktheaterstück*) gar nicht schlecht gegeben; herzlich freute es mich, die heiteren Melodien wieder zu hören, die ich mit dem Kaiser (*von Brasilien*) als Quadrille zusammengesetzt ... vierhändig spielte. – Die Königin (*von Portugal),* welche als rechte Tochter einer österreichischen Prinzessin[30], das Theater über Alles liebt, war auch zugegen ...« (Brief an Carl Ludwig, S.M. Dampffregatte Volta, Reede von Lissabon, 23. 6. 1852)

Obwohl Maximilian in Portugal die Liebe seines Lebens gefunden hatte, reiste er nicht sofort zurück nach Wien zu seinen Eltern, um von den Erlebnissen Bericht zu erstatten, sondern streifte auf dem Heimweg noch die Nordküste Afrikas. Die Liebe für exotische Völker, Trachten und Bräuche zog ihn dorthin, die damals ganz dem Zeitgeschmack entsprach. Reisen in ferne Länder waren chic, aber selbstverständlich sehr kostspielig und damals nur den vermögendsten Familien möglich. Aus Anlass des Geburtstags seines Bruders Carl Ludwig schickte Maximilian ihm einen Brief aus Algier, der vom Stolz des Abenteurers und Weltenbummlers durchdrungen ist. »Die letzte Gelegenheit, die unsere Schreiben zur rechten Zeit nach Wien bringt, ergreife ich, um Dir, innig geliebtem Bruder aus ganzem Herzen zu Deinem kommenden Geburtstagsfeste Glück zu wünschen; möge Gott Dich in reicher Fülle segnen, und Dein gutes, liebendes Herz nach ganzem Werthe belohnen ... Ich denke und hoffe, Du wirst Maxing am Morgen Deines glorreichen Tages mit einem déjeuner (*Frühstück*) beglücken; hätte ich Flügel, ich käme zum Toaste als sorgsamer Hausherr dahergerauscht und brächte Dir Gaben fremder Zonen und fremder Weltheile zum Opfer dar.

Was die fremden Weltheile betrifft, so beruhige Dich, in Africa

---

30 Königin Maria II. war die Tochter König Pedros IV. aus dessen erster Ehe mit Erzherzogin Leopoldine von Österreich, einer direkten Tante Maximilians. Sie war seit 1826 Regentin, ihr zweiter Ehemann Ferdinand, Prinz von Sachsen-Coburg-Gotha ab 1837 König.

haben die Menschen auch zwei Füße, zwei Augen, Ohren u.s.w., die Büsche haben grünes Laub und die Esel lange Ohren, tout comme chez nous (*alles wie bei uns*).

Interessant ist hier jedoch das halb französische, halb maurische Element, die Civilisation und Urwüchsigkeit, die Pariser Elegance und der Berberstolz, die großen Straßen mit den ... Boutiquen und die regen, dunklen Gassen der africanischen Stadt, in denen Schwarze gleich Wilden ihren Affentanz zur Feier der Beendigung des Ramadans unter gellender Musik aufführen. – Zu Costüm Studien hat man hier die beste Gelegenheit, und nirgends kann man besser und einfacher lernen, daß wir Europäer, was Schönheitssinn für Kleidung anbelangt, auf der letzten Stufe stehen, und das ein großer wohlgebauter Araber in der Gold verbrämten Jacke, in den kurzen Pluderhosen, dem breiten Turban und dem duftig geisterhaften Burnus herrlich, ein französischer dandy hingegen in seinem armseligen Frack und seinem geschmacklosen Cylinder ... höchst lächerlich aussieht. Am garstigsten zeigt sich aber das alte Europa, welches beiläufig gesagt, schon fast auf den Grad des kindisch Werdens angekommen war, unter der africanischen Sonne in seinen Uniformen, Häßlicheres als das französische Militär kann man wohl kaum sehen, und die sogenannten Caricaturen des M.r Cham halte ich, seit ich in Algier bin, für sehr wahre und treue Lebensbilder und keineswegs für Ausartungen erhitzter Phantasie. Bevor ich schließe, mache ich hier auch die recht böhmische Bemerkung, daß man in Algier schon Kinder von 3 Jahren ... findet, die französisch sprechen ...

Morgen machen wir eine Excursion in das Innere, unter Affen und Beduinen, vous voyez la belle société que je m'ai choisi (*Ihr seht, welch schöne Gesellschaft ich mir erwählt habe*), trinke ich am Fuße des Atlas Deiner werthen Gesundheit.« (S.M. Dampffregatte Volta, Hafen von Algier, 19. 7. 1852)

Erst von diesem Abstecher nach Afrika kehrte Maximilian heim zu seinen Eltern und teilte ihnen und seinem Bruder Franz Joseph mit, dass er – die Zusage der Familie vorausgesetzt – das brasilianische Heiratsprojekt annehmen werde. Danach kehrte Maximilian zufrieden zurück nach Triest, wo ihn bald Carl Ludwig besuchte. Nach dessen Abreise schickte ihm Maximilian gleich einen sentimentalen Brief nach. »Ach wie sehne ich mich nach Dir zurück, innig geliebtem Bruder, und wie fühle ich mich hier nach dieser glücklichen Zeit, so ganz, ganz allein ...

Erzherzogin Sophie mit ihrem Erstgeborenen Franz Joseph (Photo nach einem Gemälde des bayerischen Hofmalers Stieler, um 1831).

Maximilian (re. hi.) im Kreis seiner Geschwister auf der Terrasse von Schloss Schönbrunn: mit Franz Joseph (auf dem Schaukelpferd), Carl Ludwig (re. vo.) und der kleinen Schwester Anna, die im Alter von 5 Jahren verstarb.

Die drei Brüder Carl Ludwig, Franz Joseph und Maximilian im Jahr 1844 am Traunsee nahe Ischl (Gemälde von Charles Scolik).

Fünf der in der Familienkorrespondenz häufig zitierten Schwestern, Töchter Kaiser Maximilians I. von Bayern: „Charlotte" Kaiserin Caroline Auguste mit der Büste ihres Ehemanns Kaiser Franz II./I. von Österreich.

Das ältere der beiden eineiigen Zwillingspaare: Königin Amalie von Sachsen (li.) und Königin Elise von Preußen (re.)

Das jüngere Zwillingspaar: Königin Marie von Sachsen (li.) und Erzherzogin Sophie (re.), die Mutter Kaiser Franz Josephs und Maximilians.

Das berühmteste Photo der Familie: Erzherzog Maximilian (2.v.li.) mit seinem Bruder Kaiser Franz Joseph (li.), seiner Ehefrau Prinzessin Charlotte von Belgien, den beiden jüngeren Brüdern Erzherzog Ludwig Victor und Erzherzog Carl Ludwig (re.). In der vorderen Reihe sitzen Kaiserin Elisabeth (mit den Kindern Kronprinz Rudolph und Erzherzogin Gisela), Erzherzogin Sophie und Erzherzog Franz Carl. Es ist das einzige Photo Kaiserin Elisabeths im Kreis der Familie und auch die einzige Aufnahme von ihr mit ihren Kindern.

Aus einer Photoserie von Ludwig Angerer (1864): Maximilian (re.) kurz vor der Abreise nach Mexiko mit seinen Brüdern Erzherzog Ludwig Victor, Kaiser Franz Joseph und Erzherzog Carl Ludwig (v.l.n.r.).

Ebenfalls im Atelier von Ludwig Angerer aufgenommen – die vier Brüder an einem Tisch vereint. Interessant ist die in der Hüfte aufgestützte Hand Erzherzog Maximilians. Diese Pose nimmt er auf vielen Portraitaufnahmen ein.

Zwei Standportraits von Erzherzog Maximilian mit der jeweils in der Hüfte aufgestützten Hand.

Eine der beliebten Photomontagen dieser Epoche: Die kaiserliche Familie mit den einzelnen Mitgliedern aus verschiedenen Portraits zusammengestoppelt – Erzherzog Carl Ludwig ist im Bildhintergrund mit seiner zweiten Ehefrau Erzherzogin Maria Annunziata dargestellt, während das Bild Erzherzog Ludwig Victors (li. außen) aus einer viel früheren Zeit stammt. Der Großteil der Aufnahmen der Erwachsenen wurde in den Jahren 1864 und 1865 gemacht, die Bilder der Kinder um 1860/61.

Mit meiner Wohnung bin ich sehr zufrieden, und was die Einrichtung betrifft, wird es sich auch bald machen; nur werden die Tapeten, die ich leider schlecht gewählt, und die in meiner Abwesenheit aufgespannt wurden, immer einen etwas störenden Effect machen, den zu mildern ich nun versuche. –

Manche meubles (*Möbel*) fehlen auch noch, so gerade die Kästen in meinem Lieblingszimmer, aus dem ich Dir jetzt schreibe. Es liegt, wenn Du Dich erinnerst, neben meinem Schlafzimmer, hat die schöne Aussicht auf das Meer und die Rhede (*Reede*) und hat den ganzen Tag die Sonne ...

Mein Garten ist voll Obst, Trauben, Feigen u.s.w., und ich könnte bald bucolische Feste geben, wenn man überhaupt in Triest Idille treiben könnte ...« (Triest, 8. 9. 1852)

Auch der nächste Brief an Carl Ludwig ist in einem schwermütigen Ton gehalten. Maximilian vermisste – wie so oft in seinem Leben – seine Eltern und seine jüngeren Brüder, mit denen er im Sommer einige Zeit in Ischl zugebracht hatte. Anderseits hat er das Familientreffen wie schon oft überstürzt verlassen, da er das enge Zusammenleben mit zu vielen Verwandten nicht lange ertrug. »Herzlichen Dank für Deine lieben Zeilen und für Übersendung des theuren, interessanten Briefes der lieben Mama, ein Trost für die Entfernten! ...

Daß meine Leute Deinen Schawl (*Schal*), den ich auf der Reise von Ischl nach Wien brauchte, einpackten, ist mir ein großer Trost; da ich ihn jetzt als theures Andenken an Dich, besten Bruder, bewahre; so ist mir auch jetzt die Brieftasche, die ich in Ischl zum Fenster hinauswarf, und die noch die Zeichen des Muthwillens an sich trägt, von großem Werthe. –

Wenn man ganz allein ist, muß man sich an Gegenstände hängen, die an diejenigen erinnern, die man in der Ferne lieben muß. – So machten mich vor ein Paar Tagen die Schwalben von ihrem Abschiede ganz melancholisch, sie versammelten sich Alle auf der Kante unter meinem Dache ganz wie in Ischl, und sangen Ischler Melodien, wer weiß, von wo diese Schwalben kommen und was sie mir sagen wollten! Nun sind sie davon in schönere Länder ...« (Triest, 11. 9. 1852)

Um diese Zeit nahm Maximilian wieder das theoretische und praktische Schifffahrtsstudium auf. Er wurde von Professoren unterrichtet und übte sich im Manövrieren. Das bedeutet, er war gut beschäftigt, und schon änderte sich seine Stimmung. Die Erzählungen klingen nun heiter, sogar eine Bitte, die für Kaiser Franz Joseph bestimmt war, liest sich locker und unbeschwert. Schließlich findet man Maximilian sogar mit den fortschreitenden Arbeiten an seiner Villa zufrieden. »Lieber bester Carl! Nun bist Du schon mitten im Strome der Begebenheiten (*bei Manövern in Ungarn*) ... Bei mir sind dagegen schon die Studien in vollstem Gange, nach dem Wunsche Wimpffens werde ich dann öfters auf das hiesige Wachtschiff, die Corvette Titania, gehen, um mich im Manövriren einzuüben, so lerne ich, glaube ich, besser und geregelter, als wenn ich gleich all zu frühe das Commando eines Schiffes übernommen hätte, was denn doch nicht so leicht ist, als ein Regiment zu commandiren, denn fehlt man (*macht man einen Fehler*) bei letzterem, wird man höchstens ausgezankt und ausgelacht, und sucht es ein andermahl besser zu machen; fehlt man aber bei ersterem, kann man das Zugrundegehen seiner Mannschaft und seines Schiffes auf dem Gewissen haben ...

Ich bitte Dich, sage dem Kaiser, dem ich mich zu Füssen lege, daß auf meiner vergangenen Reise von Fremden der General Jussuf, von dem ich Dir erzählte, in Medea der artigste für mich war; als ich ankam, ritt er mir mit seinem Generalstab entgegen, ließ die Truppen ausrücken, bewohnte mich mit allen meinen Herren in seinem appartement, gab mir ein sehr schönes diner, arrangirte mir Tags darauf eine superbe fête (*ein prächtiges Fest*) vor den Africanern und schickte mir noch nach Algier die Antilope; nun ließe ich dem Kaiser fragen, ob man besagten Jussuf nicht eines der Reisepräsente, von denen auf der ganzen weiten Reise so nur drei Ringe ausgetheilt wurden, geben könnte, falls, würde ich dazu, wenn der Kaiser glaubt, einige schmeichelhafte Wort an den freundlichen General beifügen. – Am klarsten ist es vielleicht, wenn Du so gut sein willst, diesen Brief dem Kaiser lesen zu lassen ...

Meine Wohnung ist nun fast ganz fertig, und wirklich confortable, ich weiß aber nicht, ob sie jedermann gefallen wird; da die unteren Zimmer wegen der rothen Tapeten dunkel gehalten werden, und die meubles so wie die Rahmen einiger Bilder und die Spiegel altvenezianisch sind. Du kennst meinen Hang zum Altar[31], der sich auch in Maxing vorherrschend ausspricht ...

---

31 Seine Vorliebe, Möbel und Kunstgegenstände wie Altäre – also prominent und mittig – anzuordnen.

Die Tage hatten wir herrlichen Sommer, und die Schwalben sind noch nicht abgereist, wie ich Dir neulich irriger Weise schrieb ...« (Triest, 16. 9. 1852)

Alltagsgeschichten dominieren auch den nächsten Brief Maximilians, der – durch »Spanien« und Radetzky gewürzt (die Erläuterungen folgen unten) – sogar historischen Wert erhält. »Tausend Dank für Deinen (*Carl Ludwigs*) lieben Brief aus dem Lager, der mich sehr freute und amüsirte ... Nun bist Du vielleicht schon wieder im lieben Schönbrunn in Deiner freundlichen Wohnung, und genießest den Herbst mit seinen Jagd- und Spatzir-Freuden, vielleicht die angenehmste Jahreszeit für das herrliche Schloß und seine schöne Umgebung. –

Wir hatten hier noch den wärmsten schönsten Sommer, ja es war vielleicht noch zu heiß; aber seit 3 Tagen wüthet die fürchterliche Bora, und ich freue mich der Doppelfenster und der geheizten Zimmer. Doch wenn die Geißel Triests aufhört, uns zu peitschen, so werden wir bald wieder linde Luft haben, und ich werde wieder, wie ich es bis jetzt that, in meinem Garten frühstücken können. – Ich stehe immer frühe auf, um 6 h und auch um ½ 6 h, trinke Seltzerwasser, welches mir der Doctor für Leber und Stuhlgang ordinirt hat; und beginne meine Studien um 8 h, welche um 4 h mit dem Englischen 3 mahl die Woche schließen. Um 6 h esse ich, gehe einigemahle in das Theater, und um 9 – ½ 10 h lege ich mich in's Bett. Du siehst, daß ich ein sehr geregeltes solides Leben führe; ob es alle Leute unterhalten würde, weiß ich nicht; ich fühle mich dabei sehr friedlich und hoffe zu profitiren. In Triest gibt es keine Unterhaltungen, nur Beschäftigungen, also muß man sich beschäftigen ... Gesellschaften gibt es außer schlechten, glaube ich keine, Spatzirgänge kennt Triest nicht.

Vorgestern Abends ist Spanien von Brunnsee (s. 92) gekommen, und Don Carlos hatte gestern die Gnade, mit seinem Sohne mich zu besuchen. Ich brachte ihm für seine olla podrida (*spanisches Eintopfgericht*) große Erbsen und Würste aus Spanien mit, letztere sind leider verdorben. –

Dienstag Abends kam Radetzky nach Triest; nachdem ich ihm meine Aufwartung gemacht, und ihn ganz vortrefflich aussehen fand, ging ich mit ihm in's Theater, wo er ausgezischt wurde; doch die Sänger vielmehr wie er. Man gab Rigoletto recht gut, und Fraschini frappirte mich durch seine Ähnlichkeit mit Monseigneur Sibour. – A propos von Monseigneur, den Mislin[32] erwarte ich in wenigen Tagen, wie freue ich mich, ihn wiederzusehen und mit ihm von Dir und dem lieben Wien zu sprechen ...« (Triest, 24. 9. 1852)

Wenn man berichtete, dass »Spanien aus Brunnsee« gekommen ist, sprach man im Familienjargon. Könige und Kronprinzen – regierende und abgedankte – wurden mit dem Namen ihrer Länder bezeichnet. Konkret war hier mit »Spanien« der in Österreich lebende spanische Thronanwärter Don Carlos gemeint. Er entstammte dem Geschlecht der Bourbonen, war in einen Machtkampf um die spanische Krone verwickelt und lebte als Exilant in Graz. Er teilte sein Schicksal mit einigen anderen bourbonischen Verwandten, die ebenfalls um die Regentschaft in ihren Heimatländern kämpften. Zu ihnen gehörte auch der den Legitimisten als König von Frankreich geltende Heinrich V., besser bekannt als »Graf von Chambord«. Seine Mutter, die Herzogin von Berry, besaß in Graz das Palais Herberstein und im Süden der Steiermark Schloss Brunnsee. Und eben dort war – wie wir aus dem Brief erfahren haben – »Spanien« zu Besuch gewesen, bevor es zu Maximilian weiterreiste.

Historisch noch interessanter ist der Verweis auf den Theaterbesuch Maximilians mit Feldmarschall Graf Radetzky (damals 86 Jahre alt). Er war seit 1831 Kommandeur der österreichischen Truppen in Lombardo-Venetien und hatte durch seine Siege bei Custozza und Novara die Habsburger-Herrschaft in Oberitalien gesichert. Deshalb war er in Triest nicht sehr beliebt und wurde bei seiner Ankunft »ausgezischt«. Das Auszischen war eine italienische Manier und auch nicht so schlimm gemeint, wie es zuerst geklungen hatte: denn die Sänger wurden noch mehr ausgebuht als Radetzky.

Der nächste Brief – er stammt von Erzherzogin Sophie – ist hauptsächlich deswegen interessant, weil sie darin auf das teilweise unsoziale Verhalten Maximilians in Triest zu sprechen kommt. »Herzlichst danke ich Dir, mein geliebtes Kind, für Deinen Brief vom 3ten, der leider den Weg über Bruck nahm :/ wo, wie Onkel Ludw: sagt, die Briefe immer mehrere Stunden liegen bleiben /: u. mir erst den 6ten,

---

32 Abbé Mislin, Geistlicher am Wiener Kaiserhof, war der beliebteste Gesellschafter der jungen Erzherzoge. Wann immer sie sich fern ihrer Familie aufhielten und unter Heimweh litten, schickte ihnen ihre Mutter den fröhlichen, aus Frankreich stammenden Mann nach, der sie innerhalb kürzester Zeit auf andere Gedanken brachte.

denselben Tag wie Carl's Brief vom 4ten zukam; er freute u. rührte mich sehr! Wohl war der Abschied sehr schmerzl. Gott gebe uns ein frohes Wiedersehen! ...

Wie Du mich in Deiner Einsamkeit in Triest erbarmst, mein armes liebes Kind, kann ich dir nicht ausdrücken! Nimm Dich nur in Acht, daß Du Dich nicht zu bequem machst u. gar ein loup garrou (*alter Brummbär*) wirst. Deine Studien werden einen großen Theil Deines Tages ausfüllen, u. zu Tisch solltest Du doch recht oft ein Paar Personen einladen, damit man nicht glaubt, daß Du Dich vor allen Menschen fern hältst u. (nur) Fassade bist, was so gar nicht in Deinem freundlichen Caracter liegt, so leicht übles Blut macht. Die Einrichtung Deines Hauses wird Dich angenehm beschäftigen, aber verliere Dich nur nicht in Kleinlichkeiten u. zu große Ausgaben, die Dich dann verhindern könnten da, wo es nothwendig ist, großmüthig zu geben[33], was auch Gottlob Deines guten Herzen Grund ist ...« (Ischl, 27. 9. 1852)

Die Ermahnung der Mutter, die Triestiner nicht nur zu kritisieren, sondern sich mit ihnen besser zu befreunden, hat bei Maximilian sofort gefruchtet. Das ist eine der Besonderheiten seines Charakters, dass er ihren – stets vorsichtig und freundlich formulierten Empfehlungen – beinahe immer folgte. Seinem Bruder Carl Ludwig, der von dem mütterlichen Ratschlag nichts wusste, schrieb er nämlich schon bald, dass er jetzt regelmäßig Abendessen gab und manchmal sogar Empfänge bereitete. »Nun wirst Du schon bei der Ankunft meines Briefes von der Ischler Excursion zurückgekehrt sein und beneidenswerth lange Zeit noch im schönen Schlosse (*Schönbrunn*) in Deinen freundlichen Zimmern heimlich verleben. Ich bin hier auch recht zufrieden, und finde mein nun fast vollendetes Haus recht wohnlich; mein Leben ist im Vergleich mit dem Deinen sehr still; doch gehe ich jetzt öfter in das Theater, und habe wenigstens zweimahl in der Woche Diners, die wirklich nicht schlecht ausfallen, und bei welchen meinen Salons, die mehr für die Kerzenbeleuchtung gemacht sind,

---

33 Hiermit wird auf die früher angesprochene Pflicht der Erzherzoge hingewiesen, einen Teil der Apanage für wohltätige Zwecke zur Verfügung zu halten. Maximilian hat tatsächlich an sehr viele Institutionen gespendet, war aber dabei wie auch bei den eigenen Ausgaben immer zu großzügig und hat stets seine Konten überzogen.

recht gut aussehen. Am Nahmenstage des Kaisers gab ich mein erstes Zweckessen auf 12 Personen, und versammelte bei dieser Gelegenheit alle Hauptautoritäten um mich; am Morgen dieses Tages hatten wir großes Hochamt und Te Deum, worauf alle Autoritäten zu mir kamen, um ihre Gratulationen auszusprechen. Da dies in corpore (*wohl:* ›alle *Honoratioren gemeinsam*‹) geschieht, so finde ich es eine höchst embarrassante (*in Verlegenheit bringende*) Sitte, bei der man leicht eine dumme Figur spielen kann. –

Mislin ist noch nicht angekommen, ich erwarte ihn heute Abend ... Du kannst Dir denken, wie sehr ich mich auf ihn freue ...

Wie thut mir der arme Kaltenbäck[34] leid, wenn er sich nur jetzt immer recht schont, so kann er sich erholen und neuen Unfällen vorbeugen. Ich fange an zu glauben, daß sein jetziger Unfall mit dem von Corinth in Verbindung steht ...« (Triest, 6.10.1852)

Wenn Maximilian im folgenden Brief an seinen Bruder Carl Ludwig vom Kaiserbesuch aus Anlass von Marinemanövern schreibt, sollte man genau auf den Tonfall achten. Die Zeilen sind für Franz Joseph sehr schmeichelnd gehalten, Maximilian legte ihm eigentlich seine eigenen Ideen in den Mund. Er wollte den Kaiser für die Schiffahrt gewinnen, wofür sich dieser nie interessiert hatte. Er wusste, dass Carl Ludwig seine Briefe immer der Mutter zeigte und dass sie eine Bemerkung wie diese an Franz Joseph sicher weitergeben würde. »Wie seelig sind wir marins (*Seeleute*) alle, daß der Kaiser mit der Division so zufrieden war und unser Corps seit vorigem Jahre vorgeschritten fand; wie sollte es aber auch nun nicht gehen, wenn der Kaiser sich so rege, dieser sonst so verlassen gewesenen Sache annimmt, und der Graf Wimpffen dieses Geschäft mit soviel Eifer und Ausdauer betreibt. – Früher war die Marine eine geduldete, ausländische, Österreich feindliche Anstalt; nun wird sie, Dank sei es dem Kaiser, ein wichtiger, nothwendiger Theil der großen österreichischen Armee ...

Wie ich durch einen Brief von Fritsch an Mislin erfahre, hat Kaltenbäck seine geistigen Kräfte wieder erlangt, der Arme, wie gräßlich wäre es, wenn er so fortvegetiren müßte, er der Mann des Geistes und der Beschäftigung.

---

34 Der seit vielen Jahren im kaiserlichen Haushalt beschäftigte Diener hatte einen Schlaganfall erlitten.

Meine Wohnung ist nun für den Augenblick vollendet, die Zimmer confortables und wohnlich, die Küche rein und nett wie ein Salon, nur in der Bibliothek richte ich noch, warte auf mehrere Kästen und ... gediegene Werke, besonders hoffe ich im Seefache, etwas Schönes und Auserlesenes zusammenzubringen. – In der Küche im 1.t Stocke, wenn Du Dich vielleicht noch an dieselbe erinnerst, lasse ich jetzt ein Badelocal[35] herrichten; da mir und Grafen Hadik von unserem Doctor Tuschbäder angerathen sind. Lebe nun wohl ...« (Triest, 17. 10. 1852)

Neben den Arbeiten an der Villa in Triest beschäftigte sich Maximilian auch weiter mit der Verschönerung seines Wiener Besitzes. Sein Bruder Carl Ludwig, »oberster Verwalter der Herrschaft Maxing«, bekam ständig Kauf- oder Umgestaltungsaufträge. Einmal davon abgesehen, dass die Erhaltung von zwei Residenzen viel Geld verschlang, war Maximilian zu dieser Zeit der einzige seiner Brüder, der zwei Villen besaß (nicht einmal Kaiser Franz Joseph hatte eine Privatresidenz). Seine Haushalte waren nach den modernsten Richtlinien der Zeit und mit viel Luxus ausgestattet. Denn, wenn Maximilian auch immer betonte, dass er nur die wichtigsten Notwendigkeiten besorgte, so erfährt man in seinen Briefen von etlichen Anschaffungen, die darüber wesentlich hinausgingen (wie z. B. die ständige Erweiterung seines Fuhrparks). Auch die Bemerkung über die auffälligen, neu geschneiderten Uniformen der Lakaien im nächsten Brief zeugen von seinem Hang für eine reiche äußere Erscheinungsform. »Lieber, bester Carl! Ich benütze die Heimreise des guten Mislin, um einige Worte an Dich zu richten, und Dir, lieber Bruder meinen innigsten Dank für Deinen lieben, interessanten Brief auszusprechen ...

Was den Wärmkasten Antoine's (*für Blumen im Winter*) betrifft, so werden wir ihn, glaube ich, für heuer noch lassen, und lieber bitten, daß man die Blumen für die Wintermonathe bei Schott unterbringen könne. – Antoine und Braun lasse ich bitten, die betreffenden alten meubles zu kaufen, und spreche ihnen für ihre Mühe meinen Dank aus ...

Wie danke ich der lieben Mama für das Gedicht Holtei's, es ist sehr schön und sehr wahr, und hat mich sehr angesprochen; Holtei

---

35 Die Einrichtung eines »Badelokals mit Dusche« war damals außerordentlich modern. Man duschte selbstverständlich kalt, was den Heilmethoden Sebastian Kneipps entsprach.

(*deutscher Theaterschriftsteller und Lyriker*) ist ein genialer Mensch und scheint viel inniges Gefühl zu besitzen. – Wie beneide ich Dich um Dein Burgtheater, um diesen prächtigen Genuß; bald wird ein neues Stück gegeben, wie gerne möchte ich das sehen, es sind die Mackabäer (*sic*) vom Autor des Erbförsters gewiß ein interessant, tragisches Stück. –

Wie freut es mich, daß es dem guten Kaltenbäck besser geht, wenn auch nur sein Geist wieder die ganze Frische erhält. –

Heute mache ich einen ersten Versuch mit meiner neuen Equipage (*eleganter Kutschwagen*), zu der die Kalesche erst heute ankam, das ganze sieht recht gut aus, und besonders schön sind die viel bekrittelten Livréen, selbst die etwas gewagten Hüte gefallen sehr.

Den 24.t. Ich weihte gestern meine Equipage mit einem Besuch bei der Herzogin von Parma (*Ehefrau Herzog Karls III. und Schwester des Grafen von Chambord*) ein, welche auf der Durchreise, heute Morgens nach ihren Landen absegelte. –

Mislin verläßt mich morgen um 3 h Nachmittag, Du kannst Dir denken, wie leid es mir tut, seine Gesellschaft im einsamen Triest, war mir so unendlich angenehm, so ganz heimlich und friedlich; Du begreifst, wie viel während dieser Zeit von Schönbrunn und seinen lieben Bewohnern gesprochen wurde ...« (Triest, 23. 10. 1852)

Der nächste Brief Maximilians – er enthält hauptsächlich Alltagsgeschichten aus Triest – ist abermals wegen seiner Vorliebe für Äußerlichkeiten interessant: Zum wiederholten Mal wurde der Fuhrpark verbessert, der bemerkenswertere Absatz befindet sich aber im letzten Teil des Briefs, der von einer etwas absonderlichen Neigung erzählt. »Lieber, bester Carl! Ich hoffe, daß dieser ... Brief Dir gerade den 4.t November Morgens nach der Messe zukommen wird, um Dir, bestem Bruder, meine innigsten und herzlichsten Wünsche zum Nahmenstage darzubringen. Möge Gott Dich an Körper und Geist segnen und Dich im Laufe dieses Winters zu mir führen, was dann mein Carneval wäre. – Ich hoffe, Mislin wird Dir als ambassadeur du souverain de Maxing à la cour impériale d'Autriche (*Botschafter des Alleinherrschers von Maxing am kaiserlich-österreichischen Hof*) mein anspruchsloses Geschenk überreicht haben, möge es Dich freuen und an die fröhlichen Stunden, die wir zusammen in schöner Gesellschaft am herrlichen See zugebracht, erinnern. – In Triest muß Alles besonders sein; daher haben wir heute nicht wie in der ganzen Welt Allerseelentag, sondern einen großen, lustigen Feiertag, es ist

St. Just, der Nahmenspatron der Stadt, Alles freut und unterhält sich heute, und die armen Seelen sind auf Morgen releguirt (*strafversetzt*). –

Gestern hatten wir zu Allerheiligen einen herrlich schönen, südlich warmen Tag; ich benützte ihn, um um 1 Uhr mit Ziller (*Gefolgsmann*), der ein berühmter Fußgänger ist, eine große Promenade zu machen, wir fuhren bis zum Fuße von Servola, und gingen von dort zu Fuß bis nach Muggia, was sehr ein großes aber nicht uninteressantes Stück Weg ist. –

In Muggia, welches, wie Du weißt, auf dem jenseitigen Ufer der Bucht liegt, und noch ganz altvenezianisch ist, nahmen wir eine Barke mit vier Rudern und schifften beim herrlichen Abend und ruhiger schöner See über die Bucht, zwischen unserer Escadre durch, an das Ufer von St. André, und machten diese Monsterpromenade in 3 und einer halben Stunde, liefen aber auch wie die Schneider, um nicht zu spät nach Triest zu kommen; da ich um 6 Uhr Gäste bei mir zu Tisch hatte ...

Ich bekomme vermuthlich schon Übermorgen ein neues Paar Pferde aus Gratz, welches sehr schön sein soll, und nun von der größten Nothwendigkeit ist; da die geschenkten Pferde, welche wie Du weißt, früher der Tante Marianna[36] gedient haben, dem Greisenalter angehören, und eines derselben nun schon gänzlich capout[37] ist, nicht mehr den Dienst versehen kann und diese Tage weggegeben werden muß; Du begreifst, daß es ein Glück ist, das ich fast Niemandem erzählt habe, woher diese ehrwürdigen Renner stammten, da ja der eine, rührt man ihn an, auf die Seite fällt, und sich kaum mehr im Equilibriren (*Gleichgewicht*) erhalten, geschweige die geringste Last ziehen kann. –

Neulich war ein Riese von 7 Schuh 7 Zoll (*über 2 Meter groß*) preußischen Maßes bei mir, er ist so ungeheuer, daß er aufhört, Mensch zu sein und zu den ...ischen Bestien gerechnet werden muß

---

36 Kaiserin Marianna, die Ehefrau Kaiser Ferdinands I.: Maximilian nannte sie in dem Brief »Tante«, während der Rest der Familie immer von der »Kaiserin« sprach (da man die Würde – Sie wissen schon: von Gottes Gnade gegeben – ein Leben lang behielt). Es ist bemerkenswert, dass gerade Maximilian, der so großen Wert auf korrekte Ansprachen und Titulierungen legte, der Tante diese Würde verweigerte.
37 Eine elegante, von Maximilian ins Französische übertragende Form des österreichischen Wortes »kaputt« für »hin« oder »nicht mehr zu gebrauchen«.

... dieses Riesenvieh ist ein Neapolitaner, 31 Jahre alt, von kleinen Eltern, und braucht nur einfache fourrage (*einfaches Futter*), dagegen einen eigenen Reisewagen, um seine müden Glieder auszustrecken ...« (Triest, 2. 11. 1852)

Einen »Riesen« zu empfangen und ihn noch dazu als »Bestie« zu bezeichnen, wurde von denkenden Menschen auch schon damals abgelehnt. Interessant ist in diesem Zusammenhang, dass später noch zwei Mitglieder der Kaiserfamilie diese absonderliche Leidenschaft hegten: Kaiserin Elisabeth und ihr Sohn Kronprinz Rudolf. Auch sie empfingen – auf Reisen in Hotels oder in den eigenen Residenzen – zur »Unterhaltung« missgebildete Menschen.

Der nächsten Brief ist – von einigen Bemerkungen über die feine Küche abgesehen – hauptsächlich von Spott geprägt: Maximilian machte sich mit Wonne über eine Herrscherfamilie lustig. Bei den kritisierten Personen scheint es sich um Großfürst Alexander von Russland, den späteren Zaren Alexander III., seine Ehefrau und seine Schwester Olga zu handeln. Besonders interessant ist, dass Maximilian nicht nur über ihr Aussehen und ihre Erscheinung höhnte, sondern auch die Geldverschwendungssucht der jungen Großfürsten anprangerte. »Wie freut es mich, daß Du (*Carl Ludwig*) morgen schon den ersten Seefisch bei Deinem Freitagsdiner verzehren wirst; ich sendete ihn gestern in Eis und Lorbeerblättern fort, und ich hoffe, er wird frisch ankommen; da er noch in meiner Küche lebte. Ich fürchte mich nur, daß Nanette die Zubereitung nicht ganz dem herrlichen Exemplare entsprechend machen wird; am besten ist zum gekochten Fische gelbe, etwas sauere Buttersauce zu nehmen, und in die einige Tropfen Harvey's Sauce for Fish zu geben. –

Ihr habt jetzt vollauf Gäste; bei uns sind sie nur gleich einem schweren Zugvogel durch. – Wie ist der Thronfolger dick, und wie sieht er weich und verlegen aus ... Die Thronfolgerin finde ich interessant und freundlich und viel stattlicher wie Olga; letztere sieht so strub(b)ig aus, und man ist versucht, sie mit einem Bartwisch (*einem kleinem Besen*) abzuwischen. – Der Kronprinz, der der freundlichste von den Fremden war, hat etwas von einem ivrogne (*Säufer*). – Was mir um das Geld des armen Kaisers leid ist, daß alles das von Hof zecht, und ziemlich bedeutend zecht, und dabei doch sehr rücksichtslos ist ...

Sonntag war ich mit Ziller in Lipitza, um das Gestüt anzusehen, es liegt in einem schütteren Eichenwald in einer affreusen (*schauer-*

lichen) Gegend, und hat den Ausdruck der Langeweile, wie Alles, was im Karste liegt. – Kein Mensch erkannte uns zum Glück, und da hatte ich Gelegenheit, eine Menge amüsanter Fragen zu machen ... Wir wurden von den Unterbeamten de haut en bas (*von oben bis unten*) gnädig empfangen, was, wie Du Dir denken kannst, sehr unterhaltend war ...« (Triest, 10. 11. 1852)

Dass Maximilian froh war, in Lipizza nicht erkannt zu werden, darf man ihm dieses eine Mal glauben. Denn er überprüfte gerne kaiserliche Behörden ohne Voranmeldung. In seiner Funktion als Marineoffizier hat er oft seine Mannschaft zu unerwarteter Zeit mit Überraschungsübungen überrumpelt. Damit hat er unter anderem für die Kriegsschifffahrt tatsächlich Pionierarbeit geleistet und die Matrosen zu nie dagewesenen Höchstleistungen angetrieben.

Vom »weichen und trunksüchtigen Thronfolger Rußlands« ist es nur ein kleiner Schritt zum nicht minder angesehenen Thronprätendenten Frankreichs. Maximilian war wieder einmal in Kritisierlaune und zog diesmal gegen den letzten lebenden Bourbonen aus der Primogenitur der französischen Königsfamilie her. Als Ende 1852 – nach etlichen Wechseln von Staatsformen und Regentschaften – Louis Napoleon Bonaparte als Kaiser Napoleon III. die Herrschaft in Frankreich antrat, proklamierten die Anhänger der früher regierenden Bourbonen den letzten Abkömmling der Primogenitur, Graf Heinrich von Chambord, zu ihrem Monarchen. Obwohl er nie regiert hat, wird er nominell als »König Heinrich V.« von Frankreich geführt. »A propos von Prätendenten (*Thronanwärtern*), wie finde ich die Proclamation des Chambord weich und schwach; er hofft, daß er sich einmahl in Venedig (*im Palazzo seiner Mutter*) ruhig schlafen legen wird, und daß ihm über Nacht der alten Könige alter Krone an das Haupt wachsen wird, und er als gestempelter Gottes ... mit einer Schlafmütze mit dem Herrscherdiadem aufwachen, unter die erstaunten Getreuen treten wird, um dann in einer Portechaise (*Tragsessel*) seine entrée triomphale (*triumphierenden Einzug in Paris*) zu halten. – Was bei der Sache am wenigsten zu bezweifeln wäre, ist das ›Vive le Roi‹ (‹*Es lebe der König`*) der Pariser, und das Dieu donné (*gottgegeben, s. dazu S. 49*) auf den papierenen Triumphbögen ...« (Brief an Carl Ludwig, Triest, 20. 11. 1852)

Nachdem Maximilian genug über den »König von Frankreich« gelästert hatte, kehrte er wieder zurück zum Alltag in Triest, der im folgenden Brief den Hauptinhalt bildet. Das Schreiben endet – was den

Leser sicher erfreuen wird – mit höhnischen Bemerkungen über einen Zeitgenossen. »Lieber bester Carl! Herzlich danke ich Dir Deinen lieben Brief vom 14. Novemb., der mich innig freute und interessirte, und danke dir auch für das übersendete Wildpret. – Meine zweite Fischsendung wirst Du nun schon haben, und die Austern mit Jablonowsky, auf dessen Passion ich gerechnet habe, getheilt haben ...

Außerordentlich interessirt mich das Segelexerciren auf der Corvette Titania, welches für mich von einer unbezahlbaren Übung ist, und als trefflichste Vorbereitung für das Commando eines Schiffes dient. Meine Passion zu meinem Fache ist Gott sei Dank stets im Zunehmen, und ich sehne mich nur wieder nach der geliebten See, und dem gewohnten Schiffsleben. – Es ist eigen, wer einmahl die See kennen lernt, ist und bleibt ihr Anbeter, und es ist ein ganz besonderes Gefühl um das Meer ...

Die Fregatte Bellona ist vor kurzem ... angekommen, und innig freute es mich, meinem geliebten Cautz wiederzusehen, den ich so sehr verehre, seit ich unter seinem Commando gestanden. Er brachte mir sehr hübsche Alterthümer, für meine kleine Gallerie eine gelungene Zierde; ein Theil derselben, nehmlich egyptische Schätze, sind von dem komischen Consul Hüber, der neulich bei mir aß, und freuen mich sehr; ich sendete ihm hiefür ein herrliches Werk von Photographien über Palästina, Syrien und Egypten, welches ich viel lieber für meine Bibliothek behalten hätte, und mir ein wertes Geld gekostet hat, wenigstens bin ich bei dieser Gelegenheit magnific ...

Montag hatte ich den Generalconsul Hüber von Alexandrien ... zu Tische, der en costume de géant (*in einem gewaltigen Kostüm*) mit epaulettes, Fangschnüren und dreieckigem Hute, mit weiß- und rothem Federbusche, mir die furchtbarsten Lachkrämpfe zuzog, die zum Glück in seinen amüsanten Erzählungen teilweise motivirt waren, und ihm, der sehr kurzsichtig ist, nicht auffielen. Nebenbei sieht er frappant der Tante Dorsch ähnlich und riecht auch zum Theil wie sie ...« (Triest, undatiert, Ende November 1952)

Der Bosheiten noch nicht genug erzählt, ereiferte sich Maximilian im folgenden Brief über das Verhalten des Herzogs von Parma, der bei ihm zu Besuch gewesen war. »Wie freut es mich, Dich (*Carl Ludwig*) zufrieden und heiter zu wissen, den Tag über studiren, den Abend bei den kleinen Diners, im lieben Burgtheater und auf den Bällen genießen. Auch ich fühle mich <u>recht</u> zufrieden; denn ich bin wieder in meinem Berufe, wieder an und auf der geliebten See, und

habe Gelegenheit, mich für mein interessantes Handwerk recht aus-
zubilden ...

Donnerstag, den 13.t d.M. reiste ich in aller Frühe nach Venedig
ab, besuchte alsogleich vom Dampfschiff aus das Arsenal und fuhr
dann mit Carl Ferdinand und Parma (*Herzog Karl III. von Parma*)
nach Treviso, wo ich aß und bis 8 h blieb ... Parma war <u>unglaublich</u>
(*3x unterstrichen*), er führte den Kutscherton ein, und pire que celà
(*schlimmer als das*), erzählte cochonerien (*Schweinereien*) und die
furchtbarsten J..., wir waren alle paff! Sogar Carl Ferdinand, der doch
für <u>dergleichen</u> einen guten Magen hat. Hadik, ich, und noch mehrere andere erstummten. – Ich habe schon so manches Starke in
meinem Leben gehört; aber so etwas Freches und Gemeines noch
nie; es ging in's Aschgraue. Nach Tisch sang er vor den Generälen
und Ordonnanz-Officieren des chansons grivoises (*unanständige
Lieder*), wie man sie höchstens in den gemeinsten Tavernen von Paris
bei Nachtzeit hören mag; es war ein Abend unter der Hefe des Volkes
zugebracht, nicht aber unter Prinzen. Wo aber die Prinzen auf diese
Art hinkommen werden, das weiß ich nicht, die Achtung verlieren sie
auf jeden Fall und mit Recht ...« (Villa Lazarovich, 15. 1. 1853)

Am 16. Januar 1853 starb ein Mann, der über alle Vorwürfe erha-
ben war und über den Maximilian nie gelästert hatte: Erzherzog Rainer, Vizekönig von Lombardo-Venetien, ein Großonkel Maximilians.
Zur allgemeinen Trauer über seinen Verlust gesellte sich die Trauer,
welche Folgen sein Tod mitten im Fasching für die kaiserliche Familie
hatte und wie negativ er sich auf die heimische Wirtschaft auswirkte.
»Des guten Onkel Rainers so schnelles Ende schmerzt mich haupt-
sächl: für den armen Onkel Ludwig (*er und Erzherzog Johann waren – von den ursprünglich sechzehn Kindern Kaiser Leopolds II.
– die beiden letzten Überlebenden*), dem es die schmerzlichste Lücke in seinen alten Tagen zurückläßt, u. daß die armen Kinder alle
zu spät kamen, um des Vaters letzten Segen zu empfangen, thut mir
(*Erzherzogin Sophie*) gar zu weh für sie! ... Alles jammert hier für
den Kaiser, daß er nun um seinen Carnaval gekommen ... (und die)
Kaufleute und Fabricanten ringen die Hände über die sechswöchent-
liche Trauer ...« (Wien/Hofburg, 19. 1. 1853)

Von der Liebe zweier Menschen, die solche Faschingsvergnügungen
nicht mehr nötig hatten, erzählt der folgende Brief. Er stammt ebenfalls aus der Feder Erzherzogin Sophies und ist eines der rührendsten
Belege vom habsburgischen Ehe- und Familienleben. »Liebend habe

ich Deiner (*Maximilians*) am 27ten (*an ihrem Geburtstag*) gedacht, mein geliebtes Kind, u. Dich so gerne hier gehabt an dem wirkl. frohen Tage. Papa u. Bubi (*9 Jahre*) wetteiferten in Liebeserklärungen gegen mich. Bubi sagte, er hätte einen besonders guten Tag, da er ihn fast ganz mit mir zubrachte, u. als Papa sagte, ich wäre ihm sein Liebstes auf der Welt, versicherte Bubi, auch ihm wäre ich ganz sein Liebstes, (und) er hätte den lieben Gott gerade so lieb wie mich ... u. der Domherr Columbus sagte, der liebe Gott könne recht zufrieden seyn, daß er ihn so lieb hätte wie die Mama! ...« (Wien/Hofburg, 31. 1. 1853)

In Triest – fern der Hoftrauer und fern des Wiener Faschingstreibens – kreisten die Gedanken Maximilians um die üblichen Themen: er rühmte seinen Besitz und seine besonderen Fähigkeiten und fand sogar lobende Worte für seinen Bruder Franz Joseph (in der Hoffnung, dass die Schmeicheleien an ihn weitergeleitet würden). »Lieber bester Carl! Gestern war das Einweihungsfest von Maxing, drei Jahre besteht nun schon die Hütte, und viele heitere und gemüthliche Stunden mit Dir, bestem Bruder ... verlebt, habe ich diesem friedlichen, von mir innig geliebten Orte zu verdanken; möge er fortan gedeihen und sich langsam zu Schönerem entfalten. Mir hat dieser kleine Punkt in der weiten Welt keinen trüben Tag gemacht, außer die Tage, wo ich gesehen, daß die zu schnellen Ausgaben größer seien als die enge Casse; doch das ist nun auch Alles Gott sei Dank in Ordnung und vorbei. – Das Haus freut mich und steht, die Bäume sprießen und die Blumen blühen, trotz dem, daß man so viel gelacht und bekrittelt hat und böse Bemerkungen gemacht wurden ...

(*Während einer Seereise an die südliche Grenze der Monarchie hatte Maximilian Kaserne und Mannschaften visitiert.*) Alle Leute sahen frisch und guten Muth's aus und waren ganz vortrefflich adjustirt, als gingen sie zur Wiener Parade; es war eine wahre Freude anzusehen. Vor dem Frühstück, welches ich mit allen Officieren einnahm, ließ ich mir alle Ortsvorstände der hiesigen tapferen Gemeinde vorführen und grüßte sie in ihrer Sprache, was sie freute; ich hatte das auf dem Herritt schnell vom Commissär mir lehren lassen; sie küßten mir alle Hand und Kleid und sprachen sich dann durch den Dolmetsch sehr treu und gut aus ... Ich schicke Dir aus Spaß für den Kaiser den Standes-Ausweis aus Dragaly mit, es ist aus einem der wichtigsten Punkte der treuen, weiten schönen Monarchie, wo die Soldatenherzen warm für Ihn schlagen, wie überall, wo sein geliebter

Nahmen hinklingt ... Wenn Du diesen Brief Leuten, die es interessi-
ren könnte, zeigen willst, so hast Du das Recht dazu.« (S.M. Fregatte
Novarra, 4. 2. 1853)

Das Attentat auf Kaiser Franz Joseph und welche Folgen es auf seinen Bruder Maximilian nahm

————————— ◆ —————————

Als Erzherzog Carl Ludwig am 17. Februar 1853 abends begann, einen Brief an seinem Bruder Maximilian zu schreiben, wusste er noch nicht, dass das Schreiben einige Tage lang unvollendet auf seinem Schreibtisch liegen bleiben würde. Denn am Mittag des nächsten Tages wurde Kaiser Franz Joseph während eines Spaziergangs Opfer eines Attentats. Da Erzherzog Carl Ludwig zufälligerweise ein paar Minuten nach seinem ältesten Bruder die Burg verlassen und denselben Weg wie er genommen hatte, wurde er als Erster der Familie in die dem Anschlage folgenden Geschehnisse mit hinein verwickelt. Er hat alle Einzelheiten des Tatfortgangs von direkten Augenzeugen erfahren, die Berichte gesammelt und ein paar Tage später seinem Bruder Maximilian eine Zusammenfassung der Ereignisse nach Triest geschickt.

»... <u>Den 20. Februar.</u> Erst jetzt bin ich im Stande, diese Zeilen fortzusetzen; denn zwei fürchterliche Tage brachte ich zu nach diesem schandvollen Ereignis. Was mußten wir erleben! Nie habe ich so einen Schrecken ausgestanden; aber Gott Lob, die verruchte Hand erreichte nicht ihre ... Absicht. Der Kaiser befindet sich, so gut es den Umständen nach möglich ist; er brachte die letzte Nacht gut zu, schlief einige Stunden und fühlt sich bedeutend erleichtert, er ist heiter. Die Ärzte Seeburger und Wattmann sind mit dem Verlauf zufrieden und beruhigt; das Fieber, welches Anfangs natürlich eintrat, ist nun nicht mehr; die Kopfschmerzen, die vorgestern noch heftig waren, haben abgenommen; nur sieht der Kaiser noch vor den Augen Nebel, unklar; das kann aber wohl nicht anders sein nach so einer Erschütterung; aber auch das wird sich bald geben, so sagen die Ärzte. Denn diese Erscheinung bleibt ja einige Zeit nach jeder Kopferschütterung. Wie habe ich Dich bedauert, wie haben wir alle an Dich gedacht, so weit von uns, es ... zu erfahren, das ist ja eine gräßliche Qual; keine näheren Auskünfte. Der Mama geht es, Gott

Lob, ganz gut, der heftige plötzliche Schrecken hatte keine Folgen; sie verläßt natürlich nicht den Kaiser, um auch alles abzuwarten, was nur im geringsten seine Ruhe stören kann; denn ruhig im Bett zu liegen, das ist wohl in dieser Sache die Hauptaufgabe.

Auf eine fürchterliche Art, und wie schnell, hatte ich das große Unglück gehört. Ich war, wie gewöhnlich auf der Bastei gegangen, und als ich, von zu Hause weggehend zum Haus des Albert (*Albertina*) gelange, höre ich schon mehrere Schritte weit von mir einen alten Mann mit entblößten Kopf schreien: ›Es ist ein Unglück geschehen, der Kaiser; ich kann gar nicht sprechen‹ und so abgeschnittene Worte. Anfangs gab ich nicht darauf Acht; ich glaubte, es sei ein Narr, der da mit sich selbst spricht, dann kam aber auf mich losgestürzt ein unbekannter Herr, der mir, in Thränen gebadet, dieses Attentat im detail erzählte. Du kannst Dir denken, was das für ein Augenblick war, so einen Moment habe ich nie erlebt ... Man konnte wohl denken, daß einmal so etwas geschehen könnte; aber jetzt gerade bei so einer Gelegenheit war es gar plötzlich. Ich eilte in Alberts Haus, da kam H... mit Rainer (*Sohn des verstorbenen Erzherzog Rainer*) mir entgegen, welcher letzterer ihn eben dazu geholt; ich lief nach und fand im Vorzimmer mit einer bewunderungswürdigen Kaltblütigkeit den Kaiser stehen, zum Glück schon verbunden. Er sagte, der Herrliche, wie er immer pflegt zu sagen: ›Es ist gar nichts.‹ Er sah nicht verändert aus, obgleich er so viel Blut verloren hatte. Seeburger war auch gleich da. Das Aussehen von ihm, dem Grafen Grünne und aller Umstehenden zu beschreiben, ist unmöglich; es war alles weiß und grün und zitterte an allen Gliedern. Der Kaiser sagte mir gleich mit ruhiger Stimme: ›Du geh‹ zur Mama, und sage ihr, es sei nichts, sie soll nicht erschrecken, sie möchte nicht herkommen; ich werde gleich hinüberkommen.‹ So rührend dieser Auftrag war, bebte mir das Herz, ja der ganze Sinn, das der Mama, die gar nichts davon ahnte, vorzubringen. Wie ich in den Salon kam, war sie gerade mit der Dietrichstein (*Erste Obersthofmeisterin*) ... ins andere Zimmer gegangen. Nur Ludwig war auch zu Hause geblieben. Dann sagte ich: Hole mir die Mama heraus, ich habe ihr nothwendig etwas zu sagen. Wie ich auch die Sache wenden machte, die Mama wußte gleich, ein Unglück zu sehen; denn ich konnte kaum reden, zitterte und war ganz blaß. Ich sagte, der Kaiser läßt Ihnen sagen, daß er gleich herkommen wird und sagte dann, ich weiß nicht, wie das geschehen, sie beruhigend, daß gar nichts geschehen sei, doch natürlich, sie rannte gleich hinunter, wollte einen Hut haben, um zum Rainer zu gehen, wo sie den Kaiser noch glaubte. Dann blieb sie aber in der Josephicapelle, um da zu bethen und zu danken für diese glückliche Rettung. Die Mama ging auch dem Kaiser nicht entgegen, weil Er ja sagen ließ, daß Er bald herüberkäme. Ich kam nun auch hinunter in die Kammer des Kaisers, und da kam der Kaiser ganz richtig gegangen, die Mama sah ihn da. Er wurde ins Bett gebracht. Jetzt wurde mir wieder die Aufgabe zu Theil, das Unglück dem Papa zu sagen. Ich sollte ihm entgegen kommen auf der Bastei, von wo er in den Prater zu gehen pflegt und zu dem Zweck gleich zum Rothen Thurm Thor fahren. Bei der Gelegenheit, als der Wunsch vom Kaiser und von der Mama ausgesprochen wurde, daß ich den Papa aufsuchen sollte, war der Kaiser in so einem Moment des Schmerzes und so in Blut so gar gütig besorgt, daß mir nur nichts geschehe; ich solle nur eine Begleitung mitnehmen, diese Gnade, diese Güte in dieser Vorsicht ist ja außerordentlich! Ich fand Papa noch in seiner Kammer; es hatte ihm schon ein Forstmeister in dunklen Zügen etwas von dem Attentat erzählt; aber, als wenn es einen Erzherzog getroffen hätte. Eine Menge Leute haben geglaubt, daß es mir geschehen sei. Es kamen natürlich ganze Massen auf die Straßen und in die Burg geströmt, um Erkundigungen einzuholen, weil die meisten Leute eigentlich nicht das Rechte erfahren hatten und besonders nicht wußten, was die Sache für eine Wendung genommen habe. Die Amie, wie war die in Thränen gebadet, gekommen. Die arme Gräfin Schönborn, der es die Mama gleich durch Fritzi sagen ließ; denn es hätte sie ja sonst, wenn sie es so von ungefähr erfahren hätte und so plötzlich gehört hätte, der Schlag treffen können oder anderes Übel. Tante Amala und Onkel Gustav waren auch bald da. Einer der ersten war der gute, treue Lanzkoronski; weiß wie ein Leichentuch, auch Buol (*Gefolgsleute*); wer nur konnte, war hergelaufen auf diese Schreckens Nachricht. Großmama war später erst gekommen; denn sie war ausgefahren ins Kloster; ich sagte, man solle ihr nun Hofdamen von ihr entgegenschicken. Anfangs wollte Amie gehen; aber dann war es ihr doch nicht möglich, die Kammer zu verlassen. Die Hofdame verfehlte die Großmama, und so erfuhr sie es auf der Gasse. Der Ludwig war in Thränen gebadet, das arme Kind war so erschrocken; er getraute sich Anfangs gar nicht hinunter; ich war so Stunden lang in der Kammer; denn hinein zum Kaiser getraute ich mich natürlich nicht. Mama, die in ihrer Selbstbeherrschung, Caracterstärke und dadurch selbst Ruhe bewahrte; (denn was muß sie bei der Nachricht gelitten haben) kam öfters aus dem Schlafzimmer heraus und brachte uns Nachrichten über den Zustand, den gleich Anfangs die Ärzte nicht als Gefahr bringend ansahen. Man fällt so von einem Umstand in den andern, daß ich eigentlich die Hauptsache noch gar nicht detaillirt habe, nehmlich die verruchte Handlung. Du wirst wohl davon in den Zeitungen lesen; doch da wird viel Falsches auch darin sein. Der Kaiser ging, wie Er jetzt seit einiger Zeit zu thun pflegte, nach dem Gabelfrühstück, zwischen 12 und ½ 1 Uhr auf der Bastei. Zwischen dem alten Kärntnerthor und dem Hause Kolowrat sah Er über die Rampe mit O'Donnel (*dem Adjutanten*) in den Stadtgraben hinunter ... Der Kaiser verläßt im Gespräch diesen Ort mit O'Donnel, dieser, wie das gewöhnlich ist, ein paar Schritte seit= und rückwärts vom Kaiser geht. Da sieht O'Donnel den Menschen von rückwärts auf den Kaiser losgehen. Er wirft sich auf den Mörder und verhindert dadurch glücklich das weitere Eindringen (*eines Messers*) in den Kopf; er ringt mit ihm einige Zeit, bis einige Leute dem O'Donnel zu Hilfe eilen. Er wollte ihn Anfang in seiner Wuth niederstechen, doch dann dachte er, daß man ihn doch zur Aussage brauche; es sei klüger, da gehört wohl viel Selbstbeherrschung und Überwindung dazu, auf so einen Menschen nicht loszustechen. Als die Leute hergestürzt kamen, zieht der Kaiser nach der That noch den Säbel, weil Er glaubte; es sei das die übrige Mörderrotte, die Ihn überfallen wolle; doch es waren Menschen, die Errettung brachten. Es wurde gleich eine Patronanz von der Kärnthnerthorwache geholt und er eingefangen, der infame Mensch schrie immer noch: Eljen Kossuth (*Es lebe Kossuth!*). Man kann schon daraus errathen, woher das kömmt und wer ihn zu dieser Schandthat gedungen hat. Die Leute wollten den Schändlichen zerreißen. Der Kaiser sagte aber gleich, man solle ihm nichts thun, als ihn arretiren (*einsperren*). Das ist edle Größe. O bewunderungswürdiges Beispiel! Der Kaiser verlor gar nicht das Bewußtsein und ging durch O'Donnel geführt in Albrechts Haus. Er hat sich halt wieder ganz als Kaiser benommen, sagt O'Donnel, mit der festen Geistesgegenwart. Wie nun O'Donnel, als wir ihn dann ihn der Kammer sahen, bescheiden bei so einer außerordentlichen That, die er am Kaiser getan; denn er hat Ihm ja das Leben gerettet, sagte, er müsse nur Gott danken, daß er ihn nicht in diesem entsetzlichen Moment paralisirt hat, was so oft bei solchen Gelegenheiten geschieht, daß man ganz wie versteift wird ... Der Kaiser scheint auch gegen die Mauer gedrückt worden zu sein, denn Er fühlte Schmerzen am Knie. Wie der Kaiser schnell in seiner Gnade ist und in Belohnung der Verdienste ist, was aber große Wirkung stets hervorbringen muß, verlieh Er dem O'Donnel den Leopolds Orden. Die B... (*Waffe*) ist durch dies Aufhalten des O'Donnel nicht dahin gegangen, wo sie hingezielt war und wo sie unwiderbringlich den Tod hervorgebracht hätte, nehmlich sie wäre sonst ins Genick oder in den Hals gegangen, so aber die Wunde ist am Hinterkopf und wurde dadurch schräg, einen halben Zoll lang und nicht tief. Das Z... welches ein Küchen oder Tranchir Messer ist, hat sich am Knochen abgebogen, das muß ein gewaltiger Stoß, eine heftige Kopferschütterung gewesen sein. Es ist dem Kaiser Anfangs vorgekommen wie ein Pistolenschuß dieser Stoß ... Dieses Küchenmesser, welches ich vorgestern Abends noch sah; denn es wurde dem Spitzbuben gleich entrissen, ist arg ... groß, an beiden Seiten scharf geschliffen, nur weil es nicht dick genug, stark genug ist, hat es Widerstand geleistet und sich umgebogen. Er hat es bei einem Tandler auf dem Tandelmarkt gekauft und ließ es dann schleifen. Beide, der Verkäufer und der Schleifer sind auch eingezogen; überhaupt wurden zum Glück mehrere Leute arretirt; die Linien und die Eisenbahnen wurden gleich gesperrt; es wurden große Untersuchungen angestellt. Der unverschämte Kerl ist Schneidergesell aus Stuhlweißenburg gebürtig und ist hier seit dem Jahr 51. Er war Schneider in der Monturcommission beim Kossuth, während des ganzen ungarischen Reichs und 21 Jahre alt ...

Denke dir, wie gräßlich, die im Stadtgraben exercirenden Soldaten haben die abscheuliche Catastrophe von unten mitangesehen und konnten natürlich nicht helfen. Das ist doch fürchterlich! Man sagt auch, daß eine Frau an einem Fenster geschrien hätte, und das hätte auf die Sache aufmerksam gemacht. Von diesen Geschichten, deren man jetzt gar so viele erzählt, habe ich noch nicht das wesentliche gehört. Mir ist erstens wirklich jetzt gar nicht ... nach solchen details zu fragen, und O'Donnel war ja gewiß so von sich, daß er von solchen Sachen nichts weiß. Was der Kaiser gleich der Mama sagte, ist herrlich, nehmlich, daß Ihn bei der ganzen Sache nur der Gedanke tröstete, daß er zugleich mit seinem Soldaten und auf die selbe Weise verwundet worden sei. Das sind so herrliche, erhabene Grundzüge des Kaisers in dem Moment! O'Donnel hat noch, bevor der Wundarzt zum Rainer gekommen ist ... dem Kaiser die Wunde ausgesogen.

Als der Kaiser das bemerkte, sagte Er zu ihm: Was machen Sie da, als jener ihm sagte, was er thue, sagte der Kaiser: Sie werden sich ja schaden! ...

Es hat mich sehr gefreut, gestern gehört zu haben, daß der Lloyd einen Dampfer zur Disposition gesetzt hat, um Dir dadurch Nachrichten zukommen zu lassen. Ich kann es gar nicht ausdrücken, wie ich Dich bedauere, es so von weitem und mit wenig Worten erfahren zu haben. O man kann nicht Gott genug danken, daß er so über uns wacht und uns beschützt und uns gleichsam durch ein Wunder von diesem so nahe liegenden Unglück errettete. Er waltet stets mit mächtiger Hand über sein werthes Österreich! Mama hatte vorgestern gleich die gute Idee, sagen zu lassen, daß man den halben Abend in St. Stephan und in allen Kirchen Te Deums abhalte, um für die glückliche Rettung zu danken. Um 6 Uhr waren wir alle von der Familie beim Te Deum im Oratorium in der Stephanskirche ... Es wurde die ganze Handlung sehr feierlich gehalten. Der ganze Platz war auch gesteckt voll und großes Vivatrufen, als wir durch die hell erleuchteten Straßen nach Hause fuhren. Die ganze Stadt und die Vorstädte waren beleuchtet; ein bedeutendes Gewoge von Menschen in allen Straßen und großer Jubel über das unbeschreibliche Glück der Errettung. Mir war dieser Jubel nicht angenehm, ja widerwärtig bei dem Gedanken an die vor mehreren Stunden begangene That; denn man mußte unendlich wohl danken und sich freuen; aber wir waren doch betrübt über den Gedanken, daß so etwas an unserem Kaiser in Wien geschehen konnte, das erste Beispiel dieser Art. O ich kann mich jetzt noch immer nicht fassen, und je mehr ich darüber nachdenke, je fürchterlicher erscheint es mir. Mama blieb vorgestern bis 1 Uhr in der Nacht beim Kaiser, und sie wäre die ganze Nacht dort geblieben und hätte gewacht, aber sie fürchtete, daß sie dafür den anderen Tag Kopfweg haben würde und am Tag ist sie beim Kaiser doch gar nothwendiger. Ich habe die erste Nacht gut geschlafen, denn ich war gar müde, aber Böhm (*Gefolgsmann*) sagte mir, daß ich unruhig gewesen wäre und geschrien hätte; das ist wohl natürlich. Dieser Spitzbube hat schon seit einigen Tagen auf den Kaiser gelauert, wurde, weil er überhaupt für verdächtig befunden wurde, (schon früher) arretirt, und da man seine Papier in Ordnung fand, wieder frei gelassen. Mama läßt Dich tausend und aber tausdendmahl grüßen und läßt Dir sagen, daß sie im ersten Augenblick, wie ich zu ihr stürzte und ihr sagte ›Der Kaiser läßt Ihnen sagen ...‹ geglaubt, es sei Dir etwas geschehen und Anfangs

nicht gewußt hätte, für welchen von beiden sie sich ängstigen solle
– für Dich oder für den Kaiser ...

Ich war gerade jetzt, nachdem ich alles das frühere Dir geschrieben hatte, unten beim Kaiser und sprach Wattmann, der über den Zustand des Kaisers ganz beruhigt ist, und sieht, daß die Sache ihren ... (natürlichen) Lauf geht. Seeburger und Wattmann lösen sich immer ab; doch Wattmann bleibt gar gerne im Zimmer des Kaisers, was Ihm gar nicht recht ist. Das ist wohl noch so die alte Hofart bei den Hofärzten; in dem Falle ist es aber doch gut, da er etwas taub ist, wodurch er doch nicht hört, was während seines Daseins gesprochen wird. Gesten Abends gegen 9 Uhr kam Albert von Sachsen (*Sohn König Johanns und Prinzessin Amalies von Bayern, direkter Cousin*) von Brünn an, wo er noch bei seiner Braut verweilte. Er wurde vom König hergeschickt. Von Braunschweig kömmt Hohenhorst her, von Preußen und Württemberg aus sind auch schon höhere Officiere angesagt. Es kommen eine Menge Deputationen von den Provinzen. Von Wien überbrachte eine schon gestern eine schöne Adresse an Papa, der alle empfangen wird. Albert holte ich gleich in seiner Wohnung, die Radetzkizimmer, zum Thee ab. Heute war er beim Frühstück. Es wurde seine Ankunft und Hiersein natürlich dem Kaiser geheim gehalten, damit es Ihn nicht aufrege; doch heute versprach sich Mama beim Kaiser, indem sie vom Frühstück sprach, und sprach von ihm; der Kaiser wurde darauf aufmerksam, und da ließ man dann Albert zu ihm herein. Lebe nun wohl, lieber Maxi. Ich habe Dir so viel als möglich, ich glaube auch, alle details hergekritzelt. Wir können zum Glück beruhigt sein; denn es geht mit unserem Kaiser gut ...« (Wien/Hofburg, 17./18., weiter 20. 2. 1853)

Wann Maximilian zum ersten Mal vom Attentat auf seinen Bruder erfuhr, ist nicht genau zu eruieren. Vermutlich hat er zuallererst in Zeitungen davon gelesen, worin vom schlechten Gesundheitszustand des Kaisers zu lesen war. Es scheint vor allem diese Information gewesen zu sein, die Maximilian sofort nach Wien reisen ließ (der Brief seines Bruders Carl Ludwig mit den Einzelheiten über das Attentat hat ihn erst später erreicht). Wenn Franz Joseph schwer verletzt war und an den Folgen der Verletzung sterben sollte, stand Maximilian – so kraus der Gedankengang war – die Erfüllung eines seiner größten Wünsche bevor: Nach dem letzten Atemzug seines ältesten Bruders wäre er der nächste Kaiser von Österreich. Wie die Geschichte gelehrt hat, kam es aber ganz anders. Franz Joseph war zwar einige

Wochen an das Krankenbett gefesselt, er genas jedoch bald und nahm noch im Bett wieder die Regierungsgeschäfte auf. Und er bereitete etliche Feierlichkeiten vor, um sich bei allen Menschen, die ihm geholfen hatten, mit Orden und Adelsprädikaten zu bedanken. Außerdem entstand schon in den ersten Tagen nach dem Attentat die Idee, Wien als Dank für die Errettung ein ewig sichtbares Zeichen zu schenken: Damit war der geistige Grundstein für den Bau der Votivkirche gelegt. Sofort wurde ein Komitee gegründet, das sich mit der Planung und Finanzierung des Projekts beschäftigen sollte, und Maximilian wurde zum Schirmherrn ernannt. Natürlich hat er dieses Ehrenamt dankend angenommen, er ist aber bald wieder nach Triest zurückgekehrt: Er war frühestens am 23. Februar in der Hofburg eingelangt und – wie dem folgenden Brief zu entnehmen ist – vor dem 2. März schon wieder abgereist. Diese kurze Anwesenheit ist deshalb so bedeutend, da jeder Wiener irgendwann im Lauf seiner Schulzeit von den rühmlichen Taten Maximilians in Bezug auf die Votivkirche gehört hat. Leider müssen wir ihm diese Lorbeeren nun aber aberkennen. Denn, wie den folgenden Briefen zu entnehmen ist, hat er seinen Bruder Carl Ludwig mit der Ausführung des Projekts betraut. Maximilian blieb zwar von Triest oder von seinen Seereisen aus immer in Kontakt mit ihm, alle anfallende Arbeit hat aber Carl Ludwig geleistet. Da sich dieser dritte Bruder, das ruhigste und bescheidenste aller Geschwister, gern in den Hintergrund stellte und immer von der Leistung Maximilians sprach, glaubt bis heute jeder, jener wäre der Urheber gewesen. »Erst morgen kann ich (*Carl Ludwig*) Dir (*Maximilian*) dieses Schreiben senden; denn das interessante Geschäft, was Du mir übergabst, nimmt viel Zeit in Anspruch. Es ist nicht so leicht, als Du glaubtest, wie Du uns verließest. Ich hatte schon einige Stürme als Ofner Präsident (*in Budapest*) zu bestehen; aber das freut mich sehr, wenn ich mit meiner so erhabenen und patriotischen Sache viel zu thun habe und in dieser Sache wirken kann ...

Durch Abbé Columbus (*Domherr*) bekam ich ... vorgestern 5000 fl. vom Erzbischof, eine beträchtliche Summe für ihn ... (also) verfügte ich mich zum Erzbischof (um mich zu bedanken) ... ich dachte mir, es ist doch gut, es zu thun, indem wir auch beim Nuntius waren. Obgleich der gute Erzbischof in unserem comité mehr als nothwendige Autorität erscheint und nicht gerade sehr durch That und Rath mitwirkend ist, so muß man ihn doch auf seiner Seite haben mit seinem sonst altmodischen, verknöcherten Ideen. Wir erwarten doch auch von ihm Eifer im Einfluß auf seine Diöcese in Beziehung auf unsere Angelegenheit ...

Der Kaiser befindet sich, Gott sei Dank, recht gut; er ist den ganzen Tag schon auf von 9 Uhr Früh bis nach 8 Uhr Abends. Mit dem Sehvermögen geht es immer besser, die Augen haben nicht mehr das Trübe. Er muß sich wohl noch immer ruhig verhalten und angehalten werden, daß Er sich nicht zu viel beschäftige und der Ruhe pflege. Mama, der es Gott Lob recht gut geht, ist den ganzen Tag unten (*bei ihm*) und speist da auch allein (*nicht im Kreis der Familie*). Der Kaiser setzt sich dazu und freut sich auch an der Ansicht der Speisen, für welche man in so einer Lage der Reconvalescenz sehr viel Interesse fühlt ...« (Wien/Hofburg, 4. 3. 1853)

Der folgende undatierte Brief Maximilians ist zweifellos die Antwort auf das Schreiben von Carl Ludwig. Interessant ist dabei seine knappe Reaktion auf das Kirchenbauprojekt und im Unterschied dazu die sehr ausführliche Beschreibung eines Empfangs, den er zahlreichen, spontan erschienenen Delegationen in Triest aus Anlaß der Genesung Kaiser Franz Josephs geben mußte. Es wird als kleines Wunderwerk seiner Organisation hingestellt. »Den innigsten herzlichsten Dank für Deinen ... Brief und für den guten Eifer und die treffliche Art, mit welcher Du unser patriotisches Geschäft leitest und unterstützt ... Gestern war für mich ein heißer Tag ... da ich nach der glücklich beginnenden Genesung unseres geliebten Monarchen kaum angekommen war, so kam Wimpffen an der Spitze von mehr als hundert Personen, seine Huldigungen für den Kaiser, da er und alle Anwesenden nicht selbst an die Stufen des Thrones eilen konnten, mir darzubringen, was ich Dich bitte, dem Kaiser mitzuteilen. – Du kannst Dir meine tödtliche Verlegenheit denken; Alles war gesteckt voll, bis zum Vorzimmer, viele vom Officierscorps und von den Beamten, ja die Meisten sogar bekamen mich gar nicht zu sehen; und an diese große Menge mußte ich eine Art Anrede halten. Zum Glück ging Alles gut. Wimpffen, der mich ansprechen mußte, war blau und grün und nicht mehr weiß vor embarras (*Hemmung*), und zitterte, daß es einen erbarmte, er ist gleich mir sehr verlegen, und einen Bekannten ansprechen zu müssen, ist viel schrecklicher als einen Fremden ... Abends war das Teatro grande a giorno illuminirt (*das große Theater war sogar außen beleuchte*), was wie Du weißt, magnifique (*großartig*) aussieht, die Damen waren alle en toilette (*in Festtagskleidung*), und die Logen alle gefüllt; als ich in die Loge kam, war immenser Applaus, die Leute freuten sich so, in meiner Ankunft eine sichere Bürgschaft der Genesung des geliebten Kaisers zu sehen; man verlangte die Volkshymne, während welcher Alles ehrerbietig stand, kaum war sie beendet, so ging der Applaus von neuem an, und man verlangte die Wiederholung der Volkshymne, was auch geschah mit wärmstem Applaus. Alles das geschah mitten in der Vorstellung ...« (Villa Lazarovich, März 1853, für das genaue Datum steht eine Leerstelle)

Die viele und gar »tödliche Verlegenheit« eines Mannes, der sich zum Kaiser berufen fühlte, klingt nicht sehr glaubhaft. Maximilian hat sie in dem Brief zu oft herausgestrichen, um der Familie gegenüber die Größe seiner Handlung hervorzuheben. Sicherheitshalber hat er auch von der Überwindung Graf Wimpffens gesprochen, damit alles glaubhafter klang. Maximilian wollte beweisen, wie stark er für Franz Joseph eintreten konnte und wie viel Österreich-Patriotismus in der nunmehr von ihm beeinflussten italienischen Region herrschte.

Erzherzogin Sophie war wohl am glücklichsten über den guten Ausgang des Attentats und die fortschreitende Genesung ihres Sohnes Franz Joseph und berichtete Maximilian ausführlich von allen Gefühlen und Stimmungen, die sie in dieser Zeit durchlief. »... der Kaiser ging (ein paar Tage zuvor) mit Albert, Carl, Bubi u. mir um ¾tel auf 3 Uhr in den Kaisergarten, wohin er nun tägl: geht ... Die beiden ersten Tage, an denen ich ihn in den Garten begleitete, rührte mich die innige Freude der Schildwachen (zufällig ein junger Italiener u. ein Ungar)[38], als sie Franzi wieder sahen; auch dem Kaiser that sie wohl, u. er sah jedes Mal noch ein Mal zu ihnen zurück. Seitdem der Kaiser in die Luft geht u. lange draußen bleibt, ist seine Genesung noch viel rascher vorwärts geschritten. Seeburger ist ohne dem über seine rasche Erholung erstaunt ... Ich esse noch immer bei Franzi, da er dabei jetzt sitzt u. raucht; wie gehst Du mir auch da ab; wie würde ihm Deine Heiterkeit[39] wohl thun! ... Mir ist so bange, daß er (*der Kaiser*) übermorgen bei der St: Stephans Fahrt (*anlässlich*

---

38 Die Bedeutung des Satzes liegt auf der Landeszugehörigkeit der Schildwachen. Dass sich »ausgerechnet« ein Italiener und ein Ungar über die Genesung Kaiser Franz Josephs so freuten, ist deshalb verwunderlich, da beide aus Ländern kamen, die die Unabhängigkeit von Österreich und von den Habsburgern am stärksten betrieben.

39 Eine der zahlreichen Anspielungen darauf, wie heiter Maximilian im Familienkreis und auch Kaiser Franz Joseph gegenüber sein konnte.

eines Dankgottesdiensts) im Gewühl der Leute erdrückt werde! Das wäre schreckl. an einem solchen Freudentag ...« (Wien/Hofburg, 8. 3. 1853)

In den folgenden Monaten dominierten wenige Themen den Briefverkehr zwischen Maximilian und Carl Ludwig. Letzterer hat vor allem von den Sitzungen zur Planung und Errichtung der Votivkirche geschrieben, worauf sein Bruder – wie im folgenden Schreiben – meist nur sehr karg antwortete. Er blieb seinen Themen treu: schrieb über seine Erfolge bei der Marine, schmeichelte Kaiser Franz Joseph oder schimpfte über böse Menschen. »Herzlichsten Dank für Dein (*Carl Ludwigs*) liebes Schreiben ... und für die prächtige Art, mit welcher Du Dich fortan der Kirchenbaucommission annimmst.

Wie beneide ich (*Maximilian*) Dich um den morgigen Tag, um das Glück bei der ersten Ausfahrt unseres lieben Kaisers in Wien zu sein. Ich kann mir den ungeheuren Jubel denken, der bei der Fahrt nach St. Stephan sein wird; und wie bin ich froh, daß der Kaiser mit diesem heiligen Act beginnt, das wird ihm wieder reichlichen Segen bringen; denn Gott ist der Einzige, der über Ihn wachen kann, der Ihn mit seinem Schild beschirmen wird ... (*Es folgen einige Seiten über den Marine-Alltag und Leistungen Maximilians.*)

Ganz <u>wüthend</u> (2-mal unterstr.) bin ich über die große Impertinenz des Weriand Windischgraetz (*Fürst, k.k. Kämmerer*), der sich untersteht, solche falsche Nachrichten[40] auszustreuen, die zur persönlichen Beleidigung gegen mich werden. Wie kann er die Leute glauben machen, daß ich von der ganzen kaiserlichen Familie reichlich, ja wirklich verwandtschaftlich unterstützt, etwas unternehmen werde, womit unser Herr und Kaiser nicht einverstanden ist. Aber traurig ist es, wenn es Leute gibt, denen man so etwas aufbinden kann; die so eine derbe Lüge kurzweg glauben ...« (Villa Lazarovich, 11. 3. 1853)

Carl Ludwig hatte sich wieder einmal zu einem Besuch in Triest angesagt, und Maximilian beschäftigte jetzt nur noch das eine Thema: wie bald der Bruder kommen könnte. »(Ich) begreife ... nicht, warum Du (*Carl Ludwig*) nicht lieber gleich am Osterdienstag, den 29. (*März*) abreisest; in Wien macht ein Tag keinen Unterschied, und

---

40 Die Geschichte des Gerüchts ist eine interessante Bemerkung zu dem, was noch folgen sollte, und auch zu dem, was schon geschehen war: denn Maximilian benahm sich seinem Bruder Franz Joseph gegenüber treulos, er wollte von seinem Unglück profitieren und er sollte es bald noch weiter treiben.

hier macht er mich 24 Stunden länger glücklich, was sehr viel ausmacht, wenn man immer allein und ganz allein ist. – Mittwoch oder
Dienstag muß für Dich ganz alles eins sein; denn Dienstag ist kein
Feiertag mehr, und auf jeden Fall geht die Eisenbahn, ob Du gehst
oder nicht. Du kannst also mit Gottes Gnade Mittwoch um 2 Uhr
Nachmittag in meiner Villa sein; daß man alles Erdenkliche machen
wird, Dir und dem Fürsten Felix (*Jablonowski, k.k. Kämmerer*), den
ich mich auch schon sehr freue wiederzusehen, den Aufenthalt wo
möglich nicht unangenehm zu machen, kannst Du Dir, lieber Carl,
denken ...« (Villa Lazarovich, 14. 3. 1853)

Carl Ludwig fühlte sich in dieser Zeit sehr an seine Familie in Wien
gebunden. Er war froh, dass der Kaiser langsam von seinen Verlet-
zungen genas und dass sich seine Mutter nun nicht mehr um den
Kranken sorgen musste. Maximilian fand, dass es in Wien genug Leute gab, die sich um seine Eltern und Brüder kümmerten, während
er einsam und allein in Triest lebte. Um ihn auf andere Gedanken
zu bringen, schickte ihm Carl Ludwig lange Briefe, die – wie der folgende – die zwei aktuellsten Themen der Zeit zum Inhalt hatten: Kaiser Franz Josephs erstes Erscheinen in der Öffentlichkeit nach dem
Attentat sowie die neuesten Berichte von der Kirchenbaukommissi-
on. »Heute will ich mein neulich geleistetes Versprechen in Erfüllung
bringen, nehmlich Dir, so viel ich gesehen, von der ersten Ausfahrt
des Kaisers, von seiner Fahrt nach St. Stephan zu sprechen. Dann
habe ich einiges zu sagen über unsere Geschäfte, die sich besonders
jetzt zu großer Wichtigkeit gestalten; denn es handelt sich nun um die
Errichtung eines Kunstcomités, welches zur Entwerfung eines Programms für den zukünftigen Architecten zusammenberufen werden
muß; aber allsogleich nach diesem Geschäfte wieder aufzulösen ist.
Von dem allgemeinen Jubel, der sich, Gott Lob, am 12. März,
fünf Jahre nach dem Beginn der Revolution[41] bei des Kaisers ersten
Ausfahrt hier kund gab, habe ich mehr von anderen gehört, als ich
selbst gesehen und gehört habe; denn, obgleich ich meinen Plan,
um so viel als möglich zu sehen, gut eingerichtet hatte, so genügte

---

41 Als Tag für das erstmalige Erscheinen Franz Josephs in der Öffentlichkeit
hatte man einen Jahrestag der Aufständischen von 1848 gewählt. Man konnte
sicher sein, dass der erste Auftritt des genesenen Kaisers ein großer Erfolg sein
würde, und damit einen Triumph über die Revolution verbuchen.

das doch nicht, um von allem und jedem Zeuge zu sehen. Wie gerne hätte ich überall in allen Phasen, unter allen Gattungen von Leuten gegrundelt; aber ich that so viel, als ich im Stande war, mit der mir gegebenen Zeit zu leisten. Um 3 Uhr verließ der Kaiser mit Papa und Mama die inneren appartements und ging ... in das Maria Theresia Zimmer, welcher Saal so wie alle folgenden Zimmer vom Adel besetzt waren. Im ersten Zimmer waren allen Comtessen, das war ein recht hübscher, frischer Anblick. Alle Damen waren sehr geputzt, und die Herren grande tenue (*in Galauniform*). Es war ein ungeheurer Lärm ... Viele blieben mit dem Vivat aus, besonders die Damen, die durch heftige Rührung und dicke Thränen ... gehemmt wurden. So ging es fort bis zur bell'aria (*Bellaria = Straße, die von der Hofburg stadtauswärts führt*), wo der Kaiser und Papa unten einstiegen ... Auf der bell'aria standen die Generäle und Officiere. Dieser Jubel, das kann man sich wohl denken. Das war ganz besonders, weil man sich darüber auch besonders freuen konnte. Es war wie ungeheurer Lärm. Da war natürlich keiner vom Höchsten bis zum Niederen, der nicht dasselbe, das gleiche Gefühl an den lieben Kaiser gefesselt hätte. Ich ging dann gleich durch die Wohnzimmer des Kaisers, durch den Rittersaal, bei der Bothschafter Stiege hinunter in den Schweizerhof, wo schon Fürst Jablonowski, der früher den Kaiser auch in den appartements ... sah, auf mich wartete und von wo ich über den Josephsplatz, Lobkowitzplatz, Mehlmarkt (*Kohlmarkt*), durch die Kärnthnerstraße und Singerstraße auf den Stephansplatz fuhr. Da stieg ich aus; denn es war nicht möglich, da durch die große Menge zu fahren, und ich ging zu Fuß zur ersten nächsten Seitenthüre des Doms, durch dieselbe zum Riesenthor, vor welchem wir auf die Ankunft des Kaisers zu warten hatten ... Von der bell'aria an bis zum Stephansplatz hatten die Bürger und die verschiedenen Innungen Spalier gemacht, so daß ganz gute Ordnung war, und ich den Kaiser, ohne durch Gedränge aufgehalten zu werden, fortfahren (sehen) konnte. Das machte einen großen Effect und sehr gute Wirkung, daß der Kaiser den Leuten soviel Zutrauen schenkte und kein Militär oder Polizei da war, um Spalier zu machen, um die Ordnung herzuhalten ... Was ich sehen konnte, nehmlich auf dem Stephansplatz herrlich, großer Jubel von oben, von den Häusern und ... Fenstern, und von unten, von den Massen auf dem Erdreiche, die Gesichter verklärten sich, als der Kaiser nahte, großer Lärm, erschütterndes Rufen ... und Beifallsbezeugungen auf alle mögliche Art. Die Fenster waren sehr schön decorirt, mit Teppichen und Tüchern behängt. Selbst in der Kirche, darin, als der Kaiser durchging zum Hochaltar, schrien die Leute Vivat. Jetzt, das war wohl nicht ganz anständig im Gotteshaus; aber ich finde es begreiflich, daß die Leute so hingerissen waren, daß sie sich nicht Raum geben konnten und Laute ausstoßen mußten. Nach der kirchlichen Feierlichkeit, die von sehr kurzer Dauer war, besichtigte der Kaiser die Truppen, und man hatte Mühe, nicht vom Kaiser abgeschnitten zu werden, so dicht war da das Gedränge; denn da waren keine Spaliere, die waren nur auf dem geraden Weg, den der Kaiser durchzufahren hatte. Die Truppen schrien auch. Als der Kaiser mit der Besichtigung der 3 Bataillone, die hier aufgestellt waren, zu Ende war, war so ein Gedränge, daß Grünne ganz ängstlich war und wollte, daß der Kaiser gleich in den Wagen einsteige, und der Kaiser hat nur die Hände ganz ruhig ausgestreckt, darauf sind die Leute gleich ganz respectvoll auseinander gegangen, und hat den Papa hervorgeholt, der von der Mama vom Kaiser ganz abgeschnitten wurde; das hat so die Hess (*wohl die Frau des Feldzeugmeisters*) vom Fenster aus gesehen, und die Gräfin Schönborn erzählte diese Episode unter Thränen der Mama, und die Leute haben, als sie das sahen, gesagt: ›Das ist ein Herr!‹ Mama trug mir auf, dieses rührende factum Dir zu erzählen. Es war kaum möglich vor Gedränge, daß der Kaiser in den Wagen einsteige. Wir Erzherzoge konnten nicht mehr zu unseren Wägen gelangen; es war kein Ausgang mehr, so sind wir durch die Goldschmiedgasse ... durch eine Menge Durchhäuser und Gassen ... über den Minoriten= und Ballplatz (*Ballhausplatz*) zur Adlerstiege auf die bell'aria, halb laufend, halb schnell gehend, und sind noch sehr zu recht gekommen, bevor der Kaiser nach Hause kam. Es war ein schöner Tag dieser 12. in allen Beziehungen und doch auch erfreulich, weil sich da die Gesinnung als gut bestätigte; denn es war wahres Gefühl und herzlicher Jubel ... Am Sonntag erschien der Kaiser zum ersten Mal im Burgtheater. Es war das Parterre auch voll von Herren und Damen, die sich für diesen Abend da hinunter bequemten, um doch gut den Kaiser sehen zu können. Das Haus, welches gesteckt voll in allen Schichten war, wurde erschüttert von nicht endendem Jubelschrei. Es wurde die Hymne gespielt; der Kaiser mußte immer wieder zum Gruß sich erheben; Er bath die Mama vorzutreten und dann nahm Er auch den Papa vor, worüber auch außerordentlicher Jubel war. Es war auch ein sehr schöner, rührender Moment. Das wären in Kürze die wichtigen Momente; ich habe Dir nicht viele details gegeben, aber die ich hier aufschrieb, sind zum größten Theil nicht in den Zeitungen zu finden.

Nun von Geschäften. Wir hatten vorgestern, wie ich Dir neulich schrieb, eine Sitzung (*des Kirchenbaukomitees*), die doch zum Theil erfolgreich war. Perthaler hat gestern auf meine Aufforderung wieder einen Bericht an Dich gesendet ... Es war gleich von Anfang an zu wünschen, daß dieses Monument von der ganzen Monarchie gesetzt in die innere Stadt komme, und was die Hauptsache ist, einen Platz bekomme, wo sie (*die Kirche*) groß dastehe und (von) vielen Seiten gesehen werde. Nun ... wenn der Kaiser die Stadterweiterung[42] so p... (*fördert*), was bald zu erwarten sein dürfte; denn es sitzt schon lange eine Commission darüber ... Der Bauplatz würde uns überlassen werden vom Staate kostenfrei, was gewiß eine Hauptsache ist ... Das Endresultat von der Sache ist, daß das Comité bittet, daß Du als wirklicher Präsident die Bitte richtest um allerhöchste Genehmigung der Stadterweiterung und um Anweisung des in diesem Plane für die Kirche bestimmten Platzes beim Kaiser zu bitten. Ich werde schon auch das Meinige dazu thun und die Sache zur Betreibung bringen. Du bist Präsident, also von Dir aus, der Du die Macht hast und von dem sie auf uns übergeht, muß die Bitte kommen, und ich bin auch überzeugt, daß Du diesen Weg einschlagen wirst, um damit wir zu unserem Ziel auf diese Weise kommen ...

(*Zur bevorstehenden Triest-Reise*) lange kann ich ohnehin nicht ausbleiben, wie schon angeführt, fesseln mich die Studien und jetzt auch sehr das Präsidium, welches immer schwieriger wird; denn die unter mir stehenden Mächte sind schwer zu bändigen ... Ich habe vorgestern Thun reden und verlesen lassen nach Herzenslust und habe nur kleine Einwendungen gemacht ... (um nicht) einige Punkte auszusprechen, weil am Ende doch die Entschließung von Dir ausgehen muß. Lebe wohl ...« (Wien/Hofburg, 20. 3. 1853)

Bei der Lektüre des Briefs konnte man auf den Gedanken kommen: Wer weiß, ob Maximilian so viel vom Jubel über den genesenen

---

42 Zunächst sollte die Kirche im Innenstadtbereich, nahe der Stelle errichtet werden, an der das Attentat stattgefunden hatte. Sie wäre innerhalb der Stadtmauern gelegen, wo man keinen Bauplatz mehr übrig hatte. Da man schon einige Jahre an der Stadterweiterung arbeitete – konkret ging es um den Abriss der Stadtmauern –, gab nun der Bau der Votivkirche einen Anstoß, das Projekt rascher zu betreiben. An der Stelle der abgerissenen Mauern wurde die Wiener Ringstraße mit all ihren historischen Gebäuden angelegt.

Kaisers und so viele Einzelheiten vom Kirchenbaukomitee wissen wollte? Seine Antwort macht auch klar, dass ihn der ausführliche Bericht nicht besonders interessierte. Auf das Kaiser-Jubelfest reagierte er mit einem einzigen Satz, auf die Vorbereitung zum Kirchenbau mit ein paar Gedanken. Der größte Teil des Briefs handelt von Maximilians Befinden und Maximilians Alltag. »Lieber bester Carl ... Die Beschreibung des glücklichen 12. Märzes, einem denkwürdigen Tage in Österreich's Geschichte, freute und rührte mich sehr.

Ich erwarte Dich hier sehnlichst Mittwoch den 30. nach kurzem Aufenthalte in Triest, nach Venedig zu dampfen, wie freue ich mich auf die glückliche Zeit! ...

Mit der Idee, die Stadterweiterung zu benutzen und ihr mit unserer Kirche den schönsten Schmuck zu verleihen, und so das Denkmahl für die Stellung unseres geliebten Kaisers in den unter seiner glorreichen Regierung gegründeten neuen schönen Stadttheil zu bringen, bin ich vollkommen einverstanden, und werde mich deshalb schriftlich an den Monarchen wenden ... (*Es folgen ein paar Empfehlungen, welche Leute im Komitee bleiben und welche ausgewechselt werden sollen und dass man rasch weiterarbeiten soll.*).

Was das Verschieben Deiner Reise bis zum 20. April anbelangt, so finde ich die Sache sehr unklug und bin ganz desparat (*verzweifelt*) darüber; denn so wird sie wohl gar nicht mehr zu Stande kommen, und auf jeden Fall ist die Freude, Dich auf einige Tage in meiner Villa bewohnen zu können, nun vorüber, und komme ich Dir auch auf einige Stunden nach Triest entgegen, so ist das doch nicht mehr dieselbe Sache; kann ich Dir aber nicht entgegenkommen, so irrst Du Dich, wenn Du glaubst, meine ganze Villa zu sehen; ich lasse in diesem Falle das Absteigquartier für Dich wohl offen; alles andere sperre ich aber ab; denn ohne mir darfst Du die Sache nicht sehen ... Mir bleibt einstweilen das Trübsal blasen, und ich hatte mich schon so gefreut. – Die Villa und ihre Bewohner weinen ...

Gestern bei der Auferstehung producirte ich (*führte ich vor*) den Triestinern zum erstenmahl meine große Equipage, sie gefiel allgemein, und sieht auch wirklich <u>sehr gut</u> aus. Die Triestiner, die ich jetzt langsam erziehe, grüßen schon sehr freundlich und ordentlich, und scheinen sich unwillkürlich zu freuen, daß sie doch auch jemanden in ihren Mauern haben, der nicht ganz Zucker und Caffée ist ...« (Villa Lazarovich, 24. 3. 1853)

Die Antwort Maximilians in Bezug auf das Kirchenbauprojekt hat seinen Bruder Carl Ludwig nicht sehr zufrieden gestellt. Also schickte er ihm einen eindringlicheren Brief nach. Denn weder hatte Maximilian inzwischen die für den Kirchenbau erforderlichen Schreiben geschickt, noch beteiligte er sich in irgendeiner Form an der Organisation, besaß aber als Einziger aller am Bauvorhaben Beteiligten die nötigen Unterlagen. »In aller Eile füge ich (*Carl Ludwig*) noch zu Perthalers Bericht und zu ... heutiger Depeche, bevor sie geschlossen wird, einige Zeilen hinzu. Als heute beim Frühstück die große, höchst vertrauliche Summe für den Kirchenbau gelesen wurde (*die durch Spenden zusammengekommen war*), fragte mich der Kaiser: Warum wir noch nicht zu bauen anfangen. Erstens erwähnte ich, haben wir noch keinen Platz und ferner fehlen uns ja noch die Pläne ... Ich erwähnte auch beiseite, was natürlich noch sehr wichtig für uns wäre, daß dieser Platz zum Bau vom Kaiser aus uns geschenkt werden könnte. Nun wäre es, meiner Meinung an Dir, als wirklicher Präsident, als unser Chef an den Kaiser, um die Genehmigung der Stadterweiterung und Schenkung (einzureichen) ... Ich werde auch fernerhin, das kannst Du gewiß sein, mit viel Bestreben ... diesem wichtigen Projekt Vorschub zu geben; denn ich rechne mir es zu meiner sehr angenehmen Aufgabe an, für dieses herrliche Werk alles mögliche zu thun, daß es in jeder Hinsicht für Jahrhunderte prachtvoll in Österreichs Residenz als ein erhabenes historisches und religiöses und insbesondere österreichisches Denkmal da stehe. Ich bitte um die schleunigste Antwort, damit diese noch vor meiner Abreise ankomme. Du bist in Besitz aller Behelfe, des Planes, Promemorials ... und somit bist Du völlig im Stande, die Sache ohne Verzögerung ins Werk zu setzen. Lebe wohl. Energisch, aber wahr gesprochen. Dein treuer Bruder Carl.« (Wien/Hofburg, 25. 3. 1853)

Wenn man die außerordentlich zurückhaltende Persönlichkeit Carl Ludwigs kennt, kann man sich gut vorstellen, wie viel Überwindung es ihn gekostet haben mag, seinem Bruder Maximilian einen derart forschen Brief zu schreiben. Er hätte es nie gemacht, wenn es sich um ein privates Anliegen gehandelt hätte. Da es aber um den Bau einer Kirche zum Dank für die Errettung des Kaisers ging, also um zwei große Anliegen, und er noch dazu der gläubigste und der kaisertreueste aller Brüder war, betrieb er das Projekt mit einem solchen Eifer. Ob Maximilian darauf reagierte, lässt sich nicht feststellen, da seine Antwort fehlt – oder nie geschrieben wurde. Denn irgendwann in dieser Zeit zog er sich eine Augenkrankheit zu. Darüber berichtete er

seiner Mutter, die sich gleich wieder um ihn sorgte. »(Von einem Ausgang heimgekehrt) fand ich (*Erzherzogin Sophie*) zu Hause Deinen
Brief vom 3ten mit der Nachricht Deiner Augenentzündung, die mich
sehr ergriff!! Inständig bitte ich Dich, Deine Augen eine Zeit lang zu
schonen, sie nicht scharfem Wind u. jäher Verkühlung des Kopfes
auszusetzen, da eine ... heftige Augenentzündung im geschwächten
Auge den Sehnerv plötzlich tödten könnte. Ich kann mir denken, daß
Du viel gelitten u. Dich auch geängstigt hast. Wäre ich nur bei Dir
gewesen! ...« (Wien/Hofburg, 5. 4. 1853)

Sehr ernst kann die Augenkrankheit Maximilians nicht gewesen
sein, da er am selben Tag, an dem ihm seine Mutter schrieb, einen langen und munteren Brief an Carl Ludwig aufsetzte. »Lieber
bester Carl! Übermorgen in der Frühe reise ich wohl nach Venedig;
gebe Gott, daß ich Dich dort sehen werde –, aber nimmer werde ich
mich trösten können, Dir nicht mein kleines Etablissement haben
zeigen zu können; doch was nicht ist, kann noch werden, sagt ein
altes Sprichwort ...

Vorgestern habe ich eine große Freude erlebt; ich erhielt nehmlich
aus dem Drucker, als vollendetes Werk mit allen zur Schiffsrechnung,
die vielen jungen Leuten gar so schwehr fällt, nothwendigen Tabellen
und Erklärungen, welches ich drucken ließ, unserer Krieg's Marine
widmete und nun allen Officieren und Cadetten zum Geschenke mache. Dies Werk war eine Nothwendigkeit, ist das erste wissenschaftliche Buch im Seefache, welches Deutsch bei uns gedruckt worden
ist, und erspahrt als encyclopédie den armen Anfängern eine bedrü-
ckende Auslage, die sie früher auf eine Menge Bücher zu machen
hatten ...

Ich habe das Werk, welches unter meiner Leitung gef... wurde,
nur in Manuskript drucken lassen, so daß es nicht im Handel erscheinen kann. Kostet es mir dadurch auch ziemlich viel Geld, so freut
es mich doch herzlich; da es, so Gott will, viel Nutzen bringen wird.
– Den ganzen Winter wurde hier in Triest daran gearbeitet, und nun
ist es glücklicher Weise gerade vor meiner Abreise vollendet, so daß
ich heute schon ein Exemplar Wimpffen überbringen konnte. – Ist
der Einband des Prachtexemplar's fertig, so werde ich es dem Kaiser
zu Füßen legen ... Dir, bester Bruder, werde ich wohl keines schicken;
da für Dich alles dies so gut wie chinesisch ist, und es Dich wohl gar
nicht interessieren kann ...« (Triest, 5. 4. 1853)

Dieser Brief ist eines der zahlreichen, typischen Beispiele dafür, wie einseitig die Korrespondenz der beiden Brüder verlief. Während Carl Ludwig bis zu 32 Seiten lange Berichte über die Planung zur Errichtung der Votivkirche schrieb, antwortete Maximilian darauf im besten Fall mit ein paar freundlichen Floskeln. Hauptsächlich widmete er sich in seinen Schreiben dem Marinealltag und da wiederum seinen Leistungen. Was er vollbrachte, war allerdings tatsächlich bemerkenswert: Mit dem Druck des deutsch geschriebenen Marinehandbuchs, das er auf eigene Kosten herstellen ließ, wird er den kaiserlichen Bruder in Wien sicher beeindruckt haben. Wenn Maximilian in seinen Briefen einmal nicht von der Arbeit bei der Marine erzählte, dann klagte er am liebsten über Einsamkeit. Da der Besuch Carl Ludwigs viel später als geplant und dann auch nur sehr verkürzt zustandegekommen war, ist sein Jammer bald wieder losgebrochen. Seine Mutter reagierte prompt darauf: »Zu Deiner Erheiterung in Deiner Einsamkeit sende ich Dir, mein geliebtes Kind, den guten Mislin als überraschendes Angebinde. Er ist hoch beglückt, diese Aufgabe erfüllen zu können. In Deinen Studien u. Beschäftigungen stört er Dich ohnedem nicht; nur die einsamen Mußestunden soll seine liebenswürdige Persönlichkeit Dir verschönern ...« (Wien/Hofburg, 4. 5. 1853)

Carl Ludwig war knapp zuvor von dem Zusammentreffen mit Maximilian heimgekehrt und schickte ihm am selben Tag wie seine Mutter einen Brief. »(In Wien angekommen) stieg ich (*Carl Ludwig*) auf der bell'aria aus; da kam mir Ludwig (*11 Jahre*), den ich sehr gut aussehend fand, entgegen. Mama und der Kaiser und Papa saßen noch bei Tisch ... So verweilte ich mit Ludwig auf der Terrasse, wo es jetzt schon sehr schön ist; aber im allgemeinen ist gegen die herrliche ... Vegetation in Triest hier alles sehr zurück ... Die Mama und Papa fuhren mit Ludwig als dritten in den Prater, auch der Kaiser gleich nach Tisch, so daß ich Ihn nicht mehr sehen konnte ... Um ½ 8 Uhr waren wieder alle vom Prater zurückgekommen; ich warf mich in Parade und machte meine Aufwartung dem Kaiser ... Er frug sehr angelegentlich nach Dir, und ich mußte über manches Auskunft geben ...

Was mich unendlich freut und ein ungeheurer, vielleicht der größte mögliche Vorsprung für unsere Kirchenangelegenheit ist, daß der Kaiser mittelst Handbillet die Stadterweiterung genehmigt hat, und zwar, die Hauptsache für uns, den Platz für die Kirche; denn der Plan für Häuseränderung und Eintheilung ist noch nicht entschieden. Wir können also bald, ja den Sommer noch beginnen, mit dem Grund zu arbeiten. Das wird herrlich. Ich erfuhr das heute durch Hess, der morgen zu näheren Besprechungen über diesen Gegenstand zu mir kömmt. Wir jubeln alle über diese rasche Entscheidung; denn die Sache ist erst diese Tage vom Finanzministerium zu Hess und dann zur allerhöchsten Genehmigung gekommen ...« (Wien/Hofburg, 4. 5. 1853)

Maximilian nahm zu der in Wien geleisteten Arbeit wieder kurz und freundlich Stellung, ohne das Projekt in irgendeiner Form weiter zu betreiben. Carl Ludwig ließ sich davon nicht beirren. Er arbeitete emsig weiter an der Planung der Votivkirche, musste dabei aber auch immer wieder Rückschläge hinnehmen. Denn wenn er zuletzt noch so euphorisch über die anstehende Stadterweiterung geschrieben hatte, so waren dafür noch etliche Amtshürden zu nehmen. »Es ist ja durch des Kaisers Handbillet für uns vielleicht der wichtigste Schritt geschehen, und wir können unser Werk in der That nun beginnen ... Das Handbillet des Kaisers habe ich endlich in Abschrift von Hess mir ausgebethen; um es Dir schicken zu können, weil Du danach wohl ein Dankschreiben an den Kaiser wirst ergehen lassen. Aus diesem Handbillet ist zu entnehmen, daß die Stadterweiterung ... nicht definitiv ausgeschprochen (sic) ist, diese Entschließung ist auch noch vorbehalten; aber es scheinen danach mehrere Veränderungen mit der Stadt, Thoren und Gassen zu geschehen. Für uns ist aber die Sache in Ordnung, und Hess sagte mir, es sei gar nicht zu zweifeln, daß es zu der schon lang in Vorschlag gebrachten Stadterweiterung kommen werde; nur will man sich noch nicht darüber entschließen, so erklärte er mir, weil man Geld braucht, um die Stadtmauer um zu bauen, was 120000 fl. kosten würde und so will man dadurch ... Bauplätze vom Rothenhaus an bis zur Rossau verkaufen, um Geld hereinzubringen, um die Stadtmauern bauen zu können. Dann hängt noch ein Grund damit zusammen, den ich aber gar nicht begründet finde, man glaubt nehmlich, daß, wenn man mit der Verkaufung der Bauplätze für die Stadterweiterung beginnen würde, so würden die Leute die früher erwähnten Bauplätze in der Vorstadt nicht mehr kaufen. Das hat nach meiner Ansicht keinen Sinn, indem die Plätze in der Vorstadt viel wohlfeiler natürlich als die für die Stadt sein werden, und sich dadurch gewiß Käufer finden werden; ferner, wenn man Geld haben will, nur die Stadtmauern zu bauen, so soll man ja gerade die Bauplätze für die Stadterweiterung verkaufen, weil man dadurch gewiß viel mehr Geld erhält, als wenn man die Plätze in der Vorstadt verkauft ...« (Wien/Hofburg, 8. 5. 1853)

Irgendwann hat sogar der Eifer Carl Ludwigs nachgelassen, denn das Projekt war für einige Monate zum Ruhen verurteilt. Wenn Behörden und Beamte Einwände in solchen Größenordnungen vorbrachten, dann vermochte auch der Kaiser nichts mehr voranzutreiben, geschweige denn einer seiner jüngeren Brüder. Mit fortschreitendem Sommer wurden die Treffen der Kirchenbaukomission immer seltener. Mittlerweile hatten sich wohl die meisten der Beteiligten in die Sommerfrische begeben. Maximilian wird das nur recht gewesen sein, da er sich ohnehin lieber mit anderen Themen beschäftigte. »Rechberg, der auf einige Tage hier war, speiste neulich bei mir (*Maximilian*), wir unterhielten uns sehr gut, und sprachen viel von Brasilien, wo er 4 Jahre war; Du (*Carl Ludwig*) weißt, daß ich die Passion hätte, einmahl nach Brasilien zu reisen; denn für einen Seemann gehört es sich, in Amerika gewesen zu sein, und womöglich die Linien passiert zu haben; und meine Reise nach Madeira voriges Jahr hat mir großen Geschmack für die tropischen Länder gegeben« (Venedig, 16. 5. 1853). Dieser Brief ist ein bemerkenswertes Dokument für den mitunter unverständlichen Charakter Maximilians. Denn man erfährt daraus – völlig emotionslos –, dass gerne er »einmal nach Brasilien reisen« wollte. Und das obwohl seine brasilianische Braut, Prinzessin Amalie, nur vier Monate zuvor gestorben war. Aus keinem seiner Briefe war je hervorgegangen, was er damals empfunden hatte. Es wurde auch in keinem Brief – weder von ihm noch von seiner Familie – je vom Tod der Braut gesprochen. Stattdessen herrschte in dieser Zeit in der Korrespondenz hauptsächlich Familientratsch vor. Unter anderem erzählte Erzherzogin Sophie ihrem Sohn Maximilian anlässlich des Besuchs der belgischen Königsfamilie in Wien, dass eine Hochzeit bevorstand. Erzherzogin Marie Henriette (Marizi), die jüngste Tochter Erzherzog Josephs, des Palatins von Ungarn, hatte sich mit dem belgischen Thronfolger verlobt. Der Brief ist ein besonders schönes Dokument darüber, wie eine solche Zeremonie innerhalb von Herrscherfamilien gehandhabt wurde. – Eine Bemerkung am Rande: Maximilian sollte der Schwager dieses Brautpaares werden. Er heiratete vier Jahre später Prinzessin Charlotte von Belgien, die Schwester des damaligen Bräutigams und späteren Königs Leopold II.

»Marizi ist seit vorgestern die Braut des Herzogs v: Brabant. Der König hielt um sie beim Kaiser an am Sonntag nach dem Familiendiner, nach welchem er den Kaiser zu dieser Erörterung im Salon auf die Seite nahm, u. als abends der König an meiner Seite vom Frühstückszimmer, wo die Herrschaften sich versammelten zu einem wirkl. sehr gelungenen Concert ... in den Tanzsaal sich verfügten, sprach er mir von dem Ereignis u. von seinem Wunsche, mit mir à fond (*eingehend darüber*) zu sprechen, was mir sehr lieb war; den anderen (*nächsten*) Tag saßen wir eine Stunde zusammen ... der König nahm Alles gut u. richtig auf; auf ihn alleine zähle ich, wenn es mit M:(*arizi*) u. eben dem blutjungen Mann (*der Bräutigam war 18, die Braut 17 Jahre alt*), der obendrein bis jetzt im grellsten Gegensatz zu ihr sehr kurz gehalten, ja ängstlich vom Vater gehütet wurde ... gut gehen soll ... Ehe ich heute meinen Brief fortsetzte, kamen Braut u. Brautmutter zu mir, strahlend vor Freude u. Glück; ich sagte Marizi, ich hätte gestern früh, wo ich communicirte, recht inbrünstig für sie gebethet ...

Der Kaiser ist vorgestern abends wieder in's Gebirge u. hat bis heute früh, wo er nach 9 Uhr zurückkam, 3 Auerhahnen u. 2 Schildhahnen erlegt ... Wir haben heute ein Verlobungs Familiendiner mit Toast auf die Brautleute.« (Wien/Hofburg, 17./18. 5. 1853)

Maximilian nahm im folgenden Brief an Carl Ludwig den Plauderton seiner Mutter auf und setzte mit zweien seiner Lieblingsthemen fort: dem Anbeten des Mondes und einer guten Unterhaltung in gehobenen Kreisen. »Gestern Abend konnte ich den Brief nicht enden, weil ich mich schon seit zwei Tagen dem poetischen Genusse des Mondanbellen's hingebe, der bekannter Maßen in Venedig in's Sublime geht. Vorgestern aß ich bei der (*Herzogin von*) Berry, wo ich zwischen Mutter und Tochter sitzend, mich königlich amüsirte, beide suchen sich in guten Einfällen zu übertreffen, und ich saß gemüthlich zwischen diesem Kreutzfeuer mich halb todtlachend. Als wir, um auf unsere Mondgeschichte zurückzukommen, nach Tisch im großen Ecksalon mit den schönen Bildern versammelt waren, ging plötzlich dieses herrliche Gestirn beim noch hellen Abendlichte über dem Canal grande mit Macht und Pracht majestätisch auf und goß seinen milden Silberglanz auf die sanften Wellen der Länge nach gesehenen, grandiosen Wasserstraße; es war ein zauberhafter Anblick, der würdig gewesen wäre, von der Mama gesehen zu werden. Ich benützte diesen poetischen Eindruck, den solche günstige, seltene Momente muß (*Wortsinn: darf*) man im Leben nie vorüber gehen lassen, und verließ, kaum nach Hause zurückgekehrt, wieder den Palast in einer vierruderigen Gondel und flog nun wie ein Geisterspuck in der magischen Nacht dem Lido zu; den Genuß berechnend, will man etwas Vollendetes sehen, da kehrte ich nun, um nun der im vollen Mondeslichte gebadeten Dogenstadt entzückt entgegenzueilen. Das war ein Anblick, wie man ihn selten im Leben genießt, und wie ich ihn nur mit Dir auf der hohen Acropolis und mit Hadik im feenhaften Alcazar dem maurischen Schlosse von Sevilla, ähnlich erlebt ...« (Venedig, 23./24. 5. 1853)

Inzwischen versuchte Carl Ludwig ein letztes Mal Maximilian zu einer Maßnahme in Bezug auf das Kirchenprojekt zu überreden.»Ich bitte Dich, bald die Erlaubnis, wegen der Kirche zur Pfarre zu machen, beim Kaiser einzufolgen, denn davon hängen viele Bestimmungen ab, ja der Beginn des Prozesses; denn wenn das nicht sicher ist, kann man ja gar nicht alle die fernen Verhältnisse regeln. Unsere Sache geht da übrigens sehr gut; wir haben eine Million (*Gulden; Spenden*) beisammen; das ist doch ansehnlich in drei Monaten.« (Wien/Hofburg, 28. 5. 1853)

Maximilians Mutter Erzherzogin Sophie, die mit dem Kirchenbau ohnehin nichts zu tun hatte, war mehr mit den Vorbereitungen zur belgischen Hochzeit beschäftigt.»Nach einem langen Besuch von Marie Rainer (*Ehefrau Erzherzog Rainers d.J.*) kann ich Dir (*Maximilian*), mein geliebtes Kind, leider nur einige Zeilen in größter Eile schreiben, denn bald wird Amala kommen ... u. nach 2 Uhr muß ich zum Kaufmann Demeter (?) fahren, um mit Elisabeth (*Marizis Schwester*) Stoffe für unsere liebe Braut auszusuchen, u. obwohl sie zieml. wohlgemuth ist, braucht ihre Ausstattung ein eigenes Studium ... Nach dem Familiendiner bei uns gestern ... probirten Elisabeth u. ich Hauben, Coiffuren u. Hüte an Marizi, u. Alles stand ihr allerliebst.« (Wien/Hofburg, 30. 5. 1853)

Maximilian wird der Frauentratsch auch nicht sonderlich interessiert haben, er nahm auch nie Stellung zu solchen Themen. Gedanklich war er wohl schon meilenweit entfernt. Denn er begab sich wieder einmal auf Reisen. Die interessanteste Botschaft eines Briefes, den er Ende Juni auf seinem Schiff nahe der Türkei schrieb, betrifft allerdings nur das schlechte Wetter: »... hier regnet es seit undenklichen Zeiten alle Tage, was meine Verzweiflung für die Arbeiten auf meiner Corvette ausmacht; und ein Gelehrter aus Ped... versichert, es würde bis Jänner alle Tage fortregnen, wovon eine Comet die Ursache sei ...« (S.M. Corvette Minerva, 21. 6. 1853) – Wenn man heute gerne chemische Abgase für das schlechte Wetter verantwortlich macht, hat man im 19. Jahrhundert (und auch schon früher) gerne Kometen die Schuld dafür gegeben.

Auch in Wien war die sommerliche Reisezeit angebrochen. Erzherzogin Sophie fuhr wie meist um diese Jahreszeit nach Berlin, wo sie in Begleitung ihres Sohnes Carl Ludwig ihre Schwester Elise, Ehefrau König Friedrich Wilhelms IV. von Preußen, besuchte. Mutter und Sohn schickten Briefe an Maximilian, die vom Berliner Familienalltag erzählen. »Ich (*Carl Ludwig*) reiste von Potsdam zum jungen Albert (*Sohn Prinz Albrechts von Preußen, Neffe des Königs*), der sehr ein lieber und freundlicher Mensch ist, und mit dem ich so viel als möglich zusammen bin, ich habe ihn gestern wieder gesehen und bin von da zum Frühstück nach Sanssouci um 9 Uhr. Es freut mich, hier einen angenehmen jungen Menschen zu finden, mit dem ich verkehren kann; er dauert mich so mit den fürchterlichen Eltern; die Mutter (*Prinzessin Marianne, Tochter König Wilhelms I. der Niederlande*) mit dem Lohnbedienten, oder was der Mann ist, welcher mit ihr zieht, nach Rom und der Vater Prinz Albert, der jetzt in Meiningen öffentlich eine Tochter des Generals Rauch heirathet. Der Sohn hat einen sehr guten Erzieher, der ihn streng hält; denn er muß viel studieren, und so kann ich mich auch nicht immer mit ihm beschäftigen ...« (Berlin/Hamburg, 25. 6. 1853)

Erzherzogin Sophie entwarf in ihrem Brief ein schönes Bild der Gesellschaften bei Hof. Der König und die Königin von Preußen lebten einerseits sehr zwanglos und familiär in ihren Residenzen, legten aber andererseits viel Wert auf interessante Gesellschaft und anspruchsvolle Gespräche bei Tisch. »Carl hat Dir wohl von unserem so lieblichen, bezaubernden Aufenthalt in Sanssouci geschrieben, wo uns Onkel u. Tante mit Güte u. Aufmerksamkeit überhäuften u. alles wetteiferte, uns das Leben so angenehm u. bequem wie nur möglich zu machen. Des Onkels u. der Tante Anmuth in Bewegungen und Anordnungen ... die Genüsse des tägl. Lebens u. Onkel Dikis (*des Königs*) so vielseitige tiefe Bildung, sein reicher, lebendiger Geist u. seine rege Theilnahme an allem Schönen u. Edlen u. seine Freude an der Poesie des Lebens, das alles zusammen macht den Aufenthalt mit ihnen beiden in dem schönen, zauberischen ... Sanssouci mit seinem Wasser u. Blumenreichthum zu dem anziehendsten, lieblichsten, den man sich denken kann ...

Um 3 Uhr oder 4 Uhr wurde gegessen. Humboldt (*der deutsche Naturforscher*) saß gewöhnl. dem König u. mir gegenüber, u. mit großer Freude u. Interesse hörte ich ihren interessanten Gesprächen zu ...

In einem der schönen Magazine habe ich für Papa u. mich Einkäufe für Deinen (*Maximilians*) Geburtstag gemacht, nehml. zwei hohe chinesische Vasen u. eine große chinesische Schale; ich hoffe, daß sie Dir gefallen werden ...

Carl hat sich sehr an den hübschen, jungen Prinzen Albert attachirt (*an ihn angehängt*), u. er u. seine kleine Schwester (*damals 16 und 11 Jahre alt*) wurden mir ganz lieb. Die armen Kinder dauern mich so ...« (Pillnitz[43], 6. 7. 1853)

Maximilian befand sich mit seiner Corvette noch zur See, als seine Mutter und sein Bruder wieder in der Heimat angelangt waren. Vom Schiff aus gratulierte er seinem Bruder zu dessen 20. Geburtstag, der damaligen Volljährigkeit, und der damit verbundenen ersten offiziellen Tätigkeit. Carl Ludwig wurde Verwalter von Galizien. »Du bringst Deinen Majorennitätstag im friedlichen Schönbrunn, am väterlichen Herde gemüthlich zu, umgeben von Verwandten und alten treuen Bekannten, die Du seit der Wiege kennst und die Dich seit der Wiege lieben, ich brachte ihn auf einem Eilschiff, umwogt vom Orcane und von ganz neuen Gesichtern umringt, zu; Du liebst das Häusliche, ich die stürmische Welt, nicht die Welt des Tanzbodens, aber jene, welche sich dem Seemann belehrend, erhebend erschließt, und so feierten wir unseren Eintritt in das selbständige Leben ... (*Es folgen eine Reihe von Ratschlägen, wie sich ein Erzherzog in der Welt zu benehmen habe. Maximilian stellte sich selbst als großes Vorbild hin und erläuterte genau, was er in seiner Stellung schon geleistet hatte.*) In Triest habe ich es, wie Du gesehen hast, dazu gebracht, die kalte Kaufmannswelt grüßt mich jetzt ebenso, wie die Wiener den Hof, die Geldbrotzen kommen jetzt nur mehr in weißer Cravate zu mir, lauter Kleinigkeiten, über die sich viele hinausgesetzt haben, die aber von großer Tragweite sind. Ich habe die Leute gezwungen, mich zu achten, denn ich habe ihnen nie die Gelegenheit zu einem Vorwurf gegeben ...

Neugierig bin ich, wie Du Dir Dein Haus (*in Galizien*) montiren

---

43 Auf der Rückreise von Berlin machten Erzherzogin Sophie und ihr Sohn Carl Ludwig in Sachsen Halt, wo sie Sophies eineiige Zwillingsschwester Marie, Ehefrau König Friedrich Augusts II., besuchten und mit dem Königspaar im Schloss in Pillnitz wohnten.

(*einrichten*) wirst; nehme Dir nur Niemanden vom Hof mit, diese Leute sind Gift in einer neuen Wirtschaft und verderben gleich alle andern Leute ... Du wirst sehen, daß 40,000 Gulden Einrichtungsgeld[44] sehr wenig für einen Erzherzog ist, und daß ein Haus zu montiren keine kleine Sache ist. Dich herzlich umarmend ...« (S.M. Corvette Minerva, 20. 7. 1853)

Ein Brief wie dieser zählt zu den typischen Maximilian-Briefen: Er klang oft gönnerhaft und ist in einem Ton gehalten, den man als Bruder eigentlich nicht hören möchte. Besonders bemerkenswert finde ich die Stelle, an der Maximilian davon spricht, wie gut er die Triestiner in den paar Monaten seiner Anwesenheit erzogen hat: Die Neureichen kamen nur noch »in weißer Cravate« zu ihm, »eine dieser vielen Kleinigkeiten, die von großer Tragweite sind«. Da möchte man den Mann doch gerne rütteln und ihn fragen, ob er denn die geringste Ahnung hat, was in dieser Welt wirklich von Bedeutung ist.

Seiner Mutter hat Maximilian freundlichere und mit mehr Bedacht aufgesetzte Schreiben geschickt. Allerdings schrieb er auch ihr oft über seine Leistungen und Erfolge in der Seeschifffahrt. Sie hat alles an die richtige Stelle weitergeleitet und ihn auch sehr gelobt. »Vom Grunde meines Herzens danke ich (*Erzherzogin Sophie*) Dir, mein geliebtes Kind, für Deine Briefe vom 1ten u. 8ten, deren Inhalt mich so <u>sehr</u> freute u. interessirte. Die glücklich gelungene u. wohl ausgedachte Allarmirung (*ein Überraschungsmanöver*) Deines Schiffes, welche ich vorgestern still dem Kaiser bei Tische vorlas, machten ihm solche Freude, daß seine Augen leuchteten, u. ich viel dafür gegeben hätte, wenn Du den Ausdruck inniger Zufriedenheit in seinen Zügen hättest sehen können! ...

Ich wurde vorhin durch Tante Palatinus u. Marizi (*Brautmutter und Braut des belgischen Thronfolgers*) unterbrochen, die ich vorgestern Abends, wo ich sie mit Carl u. Bubi besuchen wollte, nicht zu Hause traf; ich ließ mir aber Marizi's großes Ölportrait von dem berühmten D... zeigen, das er im Auftrag des Königs der Belgier diesen Sommer gemahlt hat u. das ein ganz wunderschönes Bild ist, so geistvoll u. geschmackvoll aufgefaßt u. der Pinsel so genial; auch ist es sehr ähnl. ...« (Schönbrunn, 21. 7. 1853)

---

44 Zur Gründung eines eigenen Haushalts erhielten die Erzherzoge 40.000 Gulden Einrichtungsgeld.

Wenn Erzherzogin Sophie auch viel Freude und Anteilnahme an den Vorbereitungen zu dieser Österreich und Belgien vereinigenden Hochzeit zeigte, so sollte dieses Thema bald durch ein für sie tausendmal interessanteres ersetzt werden: denn nur einen Monat später verliebte sich ihr ältester Sohn – anlässlich des Sommeraufenthalts in Ischl – in seine bayerische Cousine Elisabeth, ein Ereignis, das ab diesem Zeitpunkt die ganze Familie in Atem hielt.

Hochzeitsvorbereitungen und aufsteigender Verrat

———— ◆ ————

Wenn auch der folgende Einschub über die aufkeimende Liebe Kaiser Franz Josephs zu seiner Cousine und späteren Ehefrau Elisabeth nicht direkt zur Biographie Erzherzog Maximilians gehört, so muss die Geschichte an dieser Stelle dennoch erwähnt und vor allem neu erzählt werden. Denn während der Arbeit an den Briefen von und an Maximilian habe ich etliche Schreiben gefunden, die ein völlig anderes als das bekannte Bild von Kaiser Franz Joseph und Elisabeth zeichnen. Da diese Entdeckung außerordentlich interessant war und sich zu allem darüber Veröffentlichten über die Ereignisse vor und nach der Hochzeit konträr verhält, kann sie nicht einfach übergangen werden. So sollen hier zumindest die wichtigsten Neuigkeiten – chronologisch angeordnet und mit der Geschichte Maximilians verknüpft – wiedergegeben werden. Das gesamte Thema, vor allem die Beziehung zwischen Kaiserin Elisabeth und Erzherzogin Sophie, behalte ich mir für ein eigenes Buch vor.

Schreiten wir also daran, die erste historische Unwahrheit zu beseitigen, derzufolge Erzherzogin Sophie Prinzessin Helene von Bayern, Elisabeths ältere Schwester, als Braut für Franz Joseph ausersehen gehabt hätte. Wahr ist, dass sie dem Kaiser weder diese noch eine andere Prinzessin je als zukünftige Ehefrau bestimmt oder gar aufgedrängt hätte. Wenn Regenten aufgrund der dynastischen Heiratsgesetze auch immer nur eine kleine Auswahl an Damen zur Verfügung stand, so lag der letzte Entschluss ausschließlich bei ihnen. Das galt für jeden europäischen Herrscher, also auch für Kaiser Franz Joseph. Und das kann anhand einiger aus der Epoche stammender Briefe bewiesen werden.

Um den inneren Zusammenhang zum Inhalt dieses Bandes nicht zu verlieren, werden in Bezug auf die Hochzeitsgeschichte hauptsächlich Briefe verwendet, die an Maximilian gerichtet waren. Nur wenn die geistige Verbindung fehlte, wurde auf Schreiben anderer Familienmitglieder zurückgegriffen. So bedarf es für den Einstieg in die Geschichte eines Briefes von Erzherzogin Sophie an ihre Cousine

Amala, um den seit Jahrzehnten zitierten Irrtum über die vermeint-
liche »Auserwählte«, Prinzessin Helene von Bayern, ein für allemal zu
beseitigen. Das einzige Detail, das an der Geschichte stimmt, ist, dass
Helene gemeinsam mit ihrer Mutter Herzogin Ludovika in Bayern,
ihrer Schwester Elisabeth und zwei Brüdern im Sommer des Jahres 1853 zum Geburtstagsfest Kaiser Franz Josephs reiste. Von dem
Moment an, als die Gesellschaft Ischler Boden betrat, verlief alles
ganz anders, als man bis jetzt in der einschlägigen Sekundärliteratur
gelesen hat.

Wie aus einem Brief anlässlich der Ankunft Herzogin Ludovikas
mit ihren Kindern hervorgeht, fiel Erzherzogin Sophie gleich bei der
ersten Begrüßung das besonders gute Aussehen und das natürliche
Benehmen Elisabeths auf, die ihr sofort besser als deren Schwester
Helene gefiel.[45] Sie notierte, wie anmutig das damals 15-jährige Mädchen bei seiner Ankunft im Hotel das Haar selbst ordnete, während
die Mutter und die Schwester Helene von einem Mädchen frisiert
wurden. Die Damen bereiteten sich auf die erste Familienzusammenkunft vor, in welchem Zusammenhang der historische Irrtum
Nummer Zwei korrigiert werden kann: Dass nämlich die folgende
Abendgesellschaft in steifem, zeremoniellem Rahmen ablief. Im Gegenteil hat Erzherzogin Sophie alles getan, den jungen Leuten ein
Näherkommen und Kennenlernen in ungezwungener Atmosphäre zu
ermöglichen. Deshalb hatte sie das Treffen in die private Sommerfrische verlegt. Die allererste Begrüßung Kaiser Franz Josephs und seiner bayerischen Cousinen fand sogar in ihrem privaten Toilettezim-
mer statt. Dann erst vereinigten sich alle im Familienkreis bei einem
Diner, die Gefolgsleute (Adjutanten, Hofdamen etc.) hatte man für
die Dauer des Abends beurlaubt. Das Treffen der vielen Verwandten
verlief heiter und harmonisch – das Essen wurde von leiser Musik begleitet – und endete mit einem Ball »zur großen Freude der Jugend«,
wie es in einem Brief vermerkt wurde. Und bereits am Ende dieses
Festes stand für die Mutter des Kaisers fest, dass Elisabeth – nicht
Helene – Franz Joseph »sehr sehr gefallen« und damit den Wettkampf
um ihren Sohn gewonnen hatte.

Drei Tage später wurde die Verlobung des Paares bekanntgegeben.

---

45 Vgl. mit dem auf S. 46 zitierten Brief Erzherzogin Sophies aus Innsbruck
(1848).

Ein in dem Zusammenhang verfasster Brief Sophies spricht von allem anderen als von ihrer Enttäuschung über die Wahl ihres Sohnes: »Seit heute früh 8 Uhr ist unser heiß geliebter Franzi der <u>unaussprechl. strahlend, glückliche</u> Bräutigam der lieblichen Sisi, die gar zu lieb, innig u. glücklich u. gerührt ist u. immer voller heißer Thränen über ihrem lieblichen Gesicht, wenn sie, sich an mich anschmiegend wie ein Kind, mir versichert, wie sie den Kaiser u. mich befriedigen will, oder wenn ich ihr sage, wie sie ihm recht seyn u. ihn beglücken kann. Mein guter Mann, Luise, wie alles, Herren, Damen, sind seligst weinen und heulen, besonders der treue Czernin, dem es heute der Kaiser sagte. Dein A… (*ein Geschenk Amalas*) gefiel gleich beim ersten Anblick, die kleine Braut, ihr anmuthiges, bescheidenes, wohlerzogenes Wesen, ihre Lieblichkeit u. Anmuth, auch Lenga (*Helene*) gefällt allen. Um 11 Uhr gehen wir alle mit dem Brautpaar in die Messe, Gott zu danken u. zu bitten u. um 1 Uhr nach Hallstadt zu Tisch … Wie lieb bescheiden … u. ehrlich mein Sohn wieder bei dieser Gelegenheit war, werde ich Dir mündl. erzählen …« (Ischl, 19. 8. 1853)

Dieser Brief, der einen Augenzeugenbericht der Geschehnisse rund um die Verlobung des Kaiserpaares darstellt, straft alle Mutmaßungen von zeremoniellem Gehabe innerhalb der kaiserlichen Familie Lügen. Das Entzücken der Mutter über das Benehmen und das Freudestrahlen ihres Sohnes müssten genügen, um alle Argumente von Zweiflern zu entkräften. Weiters kann mit diesem Brief bewiesen werden, dass Kaiser Franz Joseph in Ischl wohl zwei bayerische Prinzessinnen – Helene und Elisabeth – als mögliche Bräute vorgeführt worden waren, um ihm zumindest die Wahl unter zwei jungen Damen zu geben. Selbst wenn es logisch gewesen wäre, der älteren Schwester den Vorzug zu geben, so war Erzherzogin Sophie von allem Anfang an mit der Wahl ihres Sohnes, der sich für die jüngere Elisabeth entschieden hatte, einverstanden.

Wie und wann hatte Maximilian von diesem Ereignis erfahren, bei dem er als einziger der Brüder gefehlt hatte? Carl Ludwig hat ihm die erste Mitteilung darüber gemacht, auf die Maximilian mit einem einzigen Satz reagierte. Er hat ihn aber aus großen und überschwenglichen Worten gebildet. »Tausend Dank für vier Briefe, die ich jetzt endlich erhielt und besonders für den letzten, langen, interessanten vom Dampfschiffe geschrieben. Bei meiner Ankunft in Castelnuovo war ich im vollsten Sinne des Wortes mit Nachrichten überschüttet; die glücklichste, die beste derselben ist die von unseres

Kaisers Brautstand, es ist ein nicht zu beschreibendes Glück, und die Nachricht wird in ganz Österreich eine große Freude erwecken (*Themenwechsel zur Versetzung Carl Ludwigs nach Lemberg:*) ... nach dem Lehrjahr kommst Du nach Wien zurück, das freut mich schon, denn da wirst Du dem armen Kaiser seine schwere Bürde erleichtern können und Ihm viele nützliche Dienste erweisen ... Für mich hat es den großen Vortheil, daß wenn ich nach Wien ein oder das andermahl komme, ich Dich, bester Carl, doch immer finden werde; denn von Dir <u>weit</u> getrennt zu sein, wäre mir zu <u>schwer</u> gefallen; dazu liebe ich Dich zu sehr!« (S.M. Corvette Minerva, Rhede von Castelnuovo, 28. 8. 1853)

Irgendwann ergriff Maximilian dann doch die Neugierde, mehr von der Verlobung zu erfahren, und er fragte um Einzelheiten an. »Ich bin sehr begierig auf die heutige Post, die in wenigen Stunden mit dem Lloyddampfer ankömmt, und hoffe auf Briefe von Ischl, welche mir Nachrichten von dem glücklichen Brautstand des Kaisers bringen ... wie danke ich Gott, daß wir von den guten, dicken, wackelnden Sächsinnen befreit sind, das träumende Sommer...geschlecht, welches immer in zarter Malvenfolie schwebt und nie beisammen ist, hätte nie zu uns gepaßt, zumahl zu diesem Kaiser. Doch die Ausgezeichnete vielleicht, die ich noch gesehen habe, war die arme Braganza, die hat aber Gott wieder zu sich berufen. Daß die Kaiserbraut eine <u>deutsche</u> und eine <u>katholische</u> ist, das ist auch ein großes Glück, so bleibt der fromme, der rechtliche, der ehrliche Sinn im alten Kaiserhaus ...

Nachdem Du jetzt Dein Haus montirst, mache ich Dir einen Vorschlag: Der Haushofmeister Klein, den Du in Venedig und der Villa Lazarovich en plein activité (*in seiner ganzen Wirksamkeit*) gesehen hast, verträgt leider das Meer nicht gut, so daß ich ihn dieses Frühjahr nach Triest zurückschicken mußte ... (und auch aus Ersparnisgründen) muß ich den armen Klein trotzdem, daß er so brav und ehrlich ist, verabschieden. Hast Du noch keinen Haushofmeister, so nehme ihn, er fordert <u>nur 600 fl.</u>; da er eine Pension von Karoly hat, wurde mir von Jablonowski recommandirt (*empfohlen*), und ist fast in das Übertriebene ehrlich, indem er z.B. alle Weinresteln zusammenschüttet ...

Wie froh bin ich, daß Du ein Silverservice gleich mir von den Eltern bekömmst, es wird Dir sehr brauchbar sein, denn wirklich nobel sind nur die Diners auf Silber ...« (S.M. Corvette Minerva, 31. 8. 1853) – Selbst, wenn ich mich einer Bemerkung darüber enthalte, ob »wirklich nur die Diners auf Silber nobel sind«, möchte ich dem Leser nicht vorenthalten, dass diesem Absatz ein langer Erguss darüber folgt, wie wichtig es Maximilian war, einfach und ohne Luxus auf einem Schiff zu leben.

Doch wieder zurück zu Kaiser Franz Joseph und seiner Braut Elisabeth, um mehr über die weitere Entwicklung ihrer jungen Liebe zu erfahren. »Unaussprechl. hat mich (*Erzherzogin Sophie*) Dein (*Maximilians*) lieber Brief vom 27ten erfreut, den ich vorgestern erhielt, mein geliebtes Kind, so wohlthuend u. erquickend ist Dein Jubel über Franzi's Verlobung u. Alles, was Du von der lieben, holden Sisi sagst ... Wir hatten fröhlich en famille in Leopoldskron (*in Salzburg*) bei meinem ältesten Bruder (*König Ludwig I.*) :/ der rührend glücklich über des Kaisers Heirath u. poetischer :/ ja poetischer !!! /: Liebe ist /: gegessen; dann begleitete ich Luise (*ihre Schwester Ludovika, Elisabeths Mutter*) u. das Brautpaar in das Wirthshaus, wo T: Luise wohnte u. blieb bis um 6 Uhr. Luise mit ihren Kindern (vom Kaiser, der Sisi in seiner Calesche hatte, bis über die Gränze begleitet) aber abreiste ... Die Liebe des Brautpaares steigerte sich in der letzten Stunde der Maaßen, daß Du es gar nicht glauben kannst!! Einmal, während ich im Nebenzimmer mit Luise auf dem Sopha saß, sagte sie plötzlich ›aber jetzt geht's da drinnen zu‹, da standen beide mit einem langen Kuß beschäftigt u. sich fest umschlingend wie <u>Max Piccolomini</u> u. <u>Thecla</u>; es fehlte nur Wallenstein, um zu sagen: ›scheidet!‹, doch der blieb Gottlob aus, wie der Kaiser dann selbst bemerkte ... Am Abend des 31ten war Salzburg sehr schön beleuchtet u. bei K.C. (*ihrer Schwester Kaiserin Caroline Auguste*) ein kleiner Ball von 14 Paaren ... Lenga (*Helene*) machte übrigens auch viele Eroberungen; viele der Herren war ganz bezaubert von ihr; sie hat eine herrliche Gestalt, ihr Kopf ist schön u. graciös auf ihre Schultern gestellt u. wenn sie spricht, gewinnen ihre Züge u. ihr Ausdruck (*fünf Jahre zuvor hatte sie beinahe dasselbe über Elisabeth und Helene geschrieben*) ... sie zog mich sehr an u. rührte mich, denn sie benahm sich vortrefflich in dieser ganzen, in mancher Hinsicht für sie schweren Zeit[46] ...« (Ischl, 6. 9. 1853)

Dieser Brief ist eines der überzeugendsten Dokumente von der

---

46 Der Verweis auf die für Helene »schwere Zeit« hängt damit zusammen, dass viele angenommen hatten, Franz Joseph würde sich für die ihm altersmäßig näherstehende und erwachsenere Helene entscheiden. Sie war damals 19 Jahre, Elisabeth erst 15 Jahre alt.

Liebe des jungen Paares und von der ausgelassenen Stimmung, die in der Familie seit der Verlobung herrschte. Anlässlich einer Reise nach Salzburg nahmen einige Habsburger und Wittelsbacher in einem Wirtshaus Quartier, wo sie sehr beengt lebten. Außerdem warteten außerhalb des Hauses etliche Schaulustige, die das prominente Brautpaar sehen wollten, so dass alle ein wenig wie in der Auslage lebten. Um Franz Joseph und Elisabeth die Möglichkeit zu geben, alleine zu sein und sich auf den Abschied vorzubereiten, überließ man ihnen ein Zimmer, vor dem sich die beiden Mütter gemütlich plauschend postierten. Dass es darin bald wild zuging, amüsierte die beiden und regte sie zum Vergleich mit der großen literarischen Vorlage an. Gegen Ende des Briefes wurde die Thekla-Piccolomini-Geschichte noch einmal aufgenommen. Der zunächst heitere Ton wechselte über in ein Hohelied an die Liebe. Königin Elise von Preußen, eine andere Schwester Erzherzogin Sophies, zitierte den Liebesmonolog Theklas am Grab von Max Piccolomini.

»Du standest am Eingang in die Welt,
Die ich betrat mit klösterlichem Zagen,
Sie war durch tausend Sonnen aufgehellt,
Du schienst, ein guter Engel, hingestellt
Mich aus der Kindheit fabelhaften Tagen
Schnell zu des Lebens Gipfel hinzutragen.
Mein erst Empfinden war des Himmels Glück,
In Dein Herz fiel mein erster Blick.[47]

Wir (*die drei Schwestern Luise, Elise und Sophie*) sagten die Verse dem glücklichen Paar und schrieben sie ihm auf, Elise für den Kaiser, ich für Sisi. Dem Kaiser waren sie so lieb, daß er sie auswendig lernte u. immer wieder darauf zurückkam!! – Auch Sisi lernte sie und freute sich daran ...« (Ischl, 6. 9. 1853)

Inmitten all dieser freudigen Familienereignisse platzte eine für Erzherzogin Sophie schreckliche Nachricht: ihre Cousine und beste Freundin, Prinzessin Amala von Schweden, die Empfängerin tausender ihrer Briefe, war plötzlich und unerwartet in ihrer Sommervilla bei Wien verstorben. »Nun wirst Du (*Maximilian*) schon, mein geliebtes

---

47 Friedrich Schiller, Wallensteins Tod, 3. Akt.

Kind, unseren unersetzlichen Verlust der innig geliebten Tante Amala erfahren haben ... Wie wird sie (*die Nachricht*) Dich ergriffen haben, so unerwartet u. fern von uns allen und nicht eine Seele, die Amala genug kannte, um Deinen Schmerz ganz zu verstehen u. zu theilen! Innigst dauerst Du mich, mein armes liebes Kind! – Ich erhielt neul. einen recht schmerzlichen Brief vom armen Gustav (*Amalas Bruder*), der den 7ten in Hacking (*Amalas Sommerresidenz*) eingetroffen war ... Er schreibt mir, ich möchte ihm in seiner Isolirung meine verwandtschaftlichen Gesinnungen bewahren, diese Hoffnung allein könne ihm innigen Trost gewähren. – Ich gestehe Dir, daß ich mir erwarte, ihm nun sehr oft bei mir um die Stunde zu sehen, in welcher meine Amala mich stets <u>so</u> mit ihrer lieben Gegenwart erfreute u. beglückte ... Gfin. Sickingen erzählte mir, daß S. Scharnh:(*orst, Hofdame Amalas*) u. der arme Koch nach dem Tode ihrer geliebten Gebieterin alles für sie gewissenhaft besorgten, wie sie sich denken konnten, daß es ihr lieb wäre. Das weiße ... Sterbekleid der Theueren wurde mit Spitzen ihrer seligen Mutter besetzt, die ihr lieb waren, u. das Gesicht ... bedeckte S: Scharnh: mit einem mit breiten Spitzen besetzten Schnupftuch, das ich Amala im July von Dresden mitgebracht u. sie so gefreut hatte. Die arme Mitzi (*Amalas Hund*), welche die ersten Tage gar nichts fressen wollte, wird, wie Gfin. Sickingen sagt, rührend von der tiefbetrübten Dienerschaft gepflegt u. besorgt. Anfangs hielt sie immer ihre Pfote vor die Augen, wenn S: Scharnh: ihr in die Nähe kam! Vorigen Donnerstag sind Gustav u. Alle in die Stadt gezogen, so ist nun das liebe freundlich Hacking, Amala's stilles Glück, ganz verlassen!

... Von Deinen Brüdern habe ich fleißig u. ausführlich Nachricht. Der Kaiser schreibt, daß er unaufhörl. an Sisi denke, nicht erwarten kann, sie wiederzusehen u. daß sein Portrait durch Schwager (*einem Maler*) vortrefflich gelungen u. er eine kleine Copie desselben in einem schönen diamantenen Armband an Sisi schickte. Die alte Rottenhan beschrieb an Fritzi die große Überraschung u. Freude, welche dieses Armband, das ein eigens dazu abgeschickter Curier überbrachte, verursachte; sie sagt: ›Es ist <u>viel</u> für ein weibliches Herz, ein <u>solcher</u> Mann – solche Liebe u. Aufmerksamkeit – u. noch ein so hochstehender Kaiser dazu!! ...‹ Sie (*Rottenhan*) war hier (*in Ischl*) schon stets besorgt, daß Sisi verdorben würde, wetzte sich die Knie ab im heißen unaufhörlichen Gebeth, daß Sisi ihrer Stellung ganz genügen möge, u. als ich ihr mit <u>maliciöser</u> (*boshafter*) Freude die (Menge) ... der so schönen Geschenke, mit welchen Franzi seine Braut überschüttete, meldete, rief sie aus: ›Herr Gott, schon wieder, nun bin ich froh, daß wir morgen fortkommen, sonst wird sie uns noch ganz verdorben!‹ ...« (Ischl, 21. 9. 1853)

Es mag Erzherzogin Sophie nach dem Tod ihrer »innig geliebten Amala« sehr wohl getan haben, dass wegen des Brautstands Franz Josephs so viel Trubel und Ablenkung geherrscht hat, da Amala ihre beste Freundin seit Kindertagen war. Besonders nett klingt die Stelle, an der sie von der Erzieherin Elisabeths, einer offensichtlich strengen Dame, spricht, die sich wegen der vielen und teuren Geschenke sehr um das Seelenheil ihres Schützlings sorgte. Und ein wertvoller Hinweis zum Verständnis über das von Anfang an gute Verhältnis zwischen Schwiegermutter und Schwiegertochter: Liest man zwischen den Zeilen, dann erkennt man, wie viel Spaß es Erzherzogin Sophie bereitete, der Gouvernante von der Menge der wertvollen Geschenke zu berichten.

Maximilian, der inzwischen wieder in See gestochen war, nahm an der Freude seines Bruders Franz Joseph wenig Anteil. Er philosophierte in seinen Briefen weiters über das Thema, das ihn am meisten beschäftigte – seine eigene Person: »Du bist ja eines derjenigen Wesen, an denen ich am meisten hänge, und das will viel heißen; denn ich bemerke mit Schrecken, mein Gemüth wird immer kälter und kälter, es legt sich eine Kruste von Meersalz um dasselbe, und ich fühle von Tag zu Tag immer weniger, und ich fange mit Schauder manchmal zu denken an, die Leute hätten recht, die da sagen, ich habe kein Herz; denn außer meinen guten Eltern, den Kaiser, Dir und Bubi, habe ich so wenige, die ich liebe. – Ich werde so gleichgültig, so furchtbar gleichgültig, und alle Gefühle ersterben, eines bleibt mir wenigstens, Gott sei Dank, und das eine wächst immer mehr, es ist das Pflichtgefühl ...« (S.M. Corvette Minerva, 23. 9. 1853)

Was immer Maximilian von der bevorstehenden Hochzeit seines Bruders Franz Joseph halten mochte, interessierte seine Mutter wenig. Sie war glücklich mit der Entwicklung und ließ alle, auch Maximilian, an ihrer Vorfreude Anteil nehmen. »Zum Thee hatten wir das Ehepaar Lanckoronski, die sich sehr freuten, den Kaiser zu sehen u. Sisi's Portrait, das der Kaiser für die Gräfin :/ der Gf. hatte es schon gesehen /: holen ließ, was sie tief rührte ...

(*Weiter über das Appartement in Schloss Schönbrunn, das Kaiser Franz Joseph für sich und seine künftige Frau ausgesucht hatte:*)

Für den Sommer ist diese Wohnung angenehm, aber im Herbst ist sie oft empfindlich kühl, dann wird wohl der Kaiser meinen Rath befolgen u. in unsere Wohnung herüberziehen, denn wir gedenken, Papa u. ich, dem jungen Paar nicht auf dem Nacken zu sitzen, fürderhin in Ischl bis Ende Oktober zu bleiben u. dann gerade nach Wien (*in die Hofburg*) zu ziehen. Auch während dem ersten Theil des Sommers gedenken wir nach Laxenburg zu ziehen, wenn Franzi u. Sisi in Schönbr: sind, u. umgekehrt in Schönbr: zu seyn, wenn sie in Laxenburg sind ...

Franzi schien die Idee ... die Flitterwochen in Laxenburg zuzubringen ... und zwar allein mit Sisi, sehr anzulächeln. Ich muß wirkl. mit Festigkeit und <u>ganz allein</u> den Grundsatz, dem jungen Paar nicht auf dem Nacken zu sitzen, durchführen, denn Franzi meint immer, wir könnten noch überall, wie bisher, stets vereinigt bleiben, was mich tief rührt, aber nicht ausführbar ist ...« (Schönbrunn, 10. 10. 1853)

Dieser Brief gibt einen guten Anlass, vorab auf eines der heikelsten Themen zu sprechen zu kommen (weitere Dokumente folgen später) – die viel zitierte Einmischung Erzherzogin Sophies in den Haushalt des jungen Ehepaares. Und wir nähern uns dem historischen Irrtum Nummer Drei: Erzherzogin Sophie hätte Elisabeth zur Kaiserin »erzogen«. Die Geschichten darüber gehen so weit, dass man ihr sogar andichtete, sie hätte die Schwiegertochter-Nichte in Laxenburg wie eine Gefangene gehalten, um sie dort nach strengem burgundischen Hofzeremoniell leben zu lassen. Einmal davon abgesehen, dass das Zeremoniell seit seiner Einführung nur bei öffentlichen Anlässen angewendet wurde und dass kein einziger Habsburger in seinen eigenen vier Wänden nach Hofetikette lebte. Wahr ist, dass Kaiser Franz Joseph und Elisabeth ab ihrer Hochzeit fern der (Schwieger)Eltern, Brüder und Schwäger in jeweils eigenen Residenzen mit eigenen Haushalten lebten. Und was die Anschuldigung betrifft, Erzherzogin Sophie wäre ständig bei Elisabeth in Laxenburg gewesen, so hat sie das oben angekündigte Versprechen, »dem jungen Paar nicht auf dem Nacken zu sitzen«, später genau so durchgeführt, wie sie es sich vorgenommen hatte.

Maximilians Interesse für die Vorgänge rund um die bevorstehende Hochzeit hielt sich weiterhin in Grenzen. Er wollte in Wien, wohin er bald reiste, hauptsächlich seinen Bruder Carl Ludwig sehen, der bald den Staatsdienst in Galizien antrat. Mit dem Kaiser wollte er sich zwar auch treffen, aber nicht um Familientratsch auszutauschen, sondern um mit ihm über seine Erfolge bei der Marine zu sprechen. »Leider fürchte ich (*Maximilian*), nicht mehr Deinen (*Carl Ludwigs*) ganzen Haushalt in Wien zu finden, und doch hätte dies mich so sehr interessirt, ihn zu sehen und zu bewundern ... Küche und Keller hätte ich besonders gerne gekostet, ich glaube, mich darin zu verstehen, Du hättest Dir sollen durch Jablonowski in Paris Weine kaufen lassen; denn in Wien bekömmt man nichts Besonderes, und Alles sehr theuer ...

Wenn ich nur meine Minerva (*sein Schiff*) mit nach Wien nehmen könnte, allenfalls zum Schanzel, um sie dem Kaiser zu produciren, ich bin stolz darauf, sagen zu können, daß Er zwei Sachen sehen würde, die Er, glaube ich, noch auf keinem Seiner Schiffe gesehen hat, nehmlich das ganz durchgeführte deutsche Commando[48], und das Klarschiff[49] in 4 Minuten. – Es freut einen, wenn man doch einige Erfolge seiner Mühen sieht.« (S.M. Corvette Minerva, 27./28. 10. 1853)

Trotz aller Freude über die bevorstehende Hochzeit Franz Josephs und Elisabeths konnte Erzherzogin Sophie den Schmerz über den Verlust ihrer Cousine und besten Freundin nicht so bald verwinden, worüber sie sich am liebsten mit Maximilian austauschte. »Wie schmerzlich mich der leere Platz auf dem Canapé zwischen Franzi u. mir ergriff, den die unvergeßliche, unersetzliche Tante Amala bisher so wohlthuend ausgefüllt, kannst du, mein Kind, ganz begreifen, denn Du hast sie ja heiß geliebt wie ich.

(*Themensprung zur Liebe des Kaisers, das einzige Thema, das Sophie damals auf andere Gedanken zu bringen vermochte*) Wohlthuend war mir zu bemerken, wie Franzi – stets Sisi's liebliche Büste von Halbig aus München (die mir Halbig während seiner Abwesenheit gesandt) :/ mit zärtlichen Blicken ansah; sie steht auf dem Marmortisch im weißen Salon zufällig so, daß sie Franzi auf seinem gewöhnlichen Platz beim Frühstück u. beim Thee anzublicken scheint u. beim Kerzenlicht ist sie besonders auffallend ähnlich; ich bemerkte am Tag von Franzi's Zurückkunft, als er die Büste bei mir fand, wie ihm ihre sprechende Ähnlichkeit wehmüthig und freudig zugleich er-

---

48 Maximilian hatte Deutsch als Kommandosprache eingeführt. Bis dahin wurden Matrosen hauptsächlich auf Italienisch befehligt.
49 Das Kommando, die Gefechtsbereitschaft an Bord von Kriegsschiffen herzustellen.

griff. Seit einigen Tagen ist er im Besitz eines deliciösen, wohlthuend ähnlichen Ölbildes von Sisi von Türk (*Maler*) :/ Stielers Neffe /: in München, das der Kaiser schon in Possenh:(*ofen*) in der Arbeit sah u. ihm sein Schwiegervater in spe cédirte (*abtrat*). Sonntag, während gerade Gustav mittags bei mir war, kam ein Zettel des Kaisers an mich aus der Stadt mit der Nachricht, daß das Bild angekommen u. in seinem Arbeitszimmer aufgestellt sey. Ich fuhr hinein, u. ich u. Fritzi waren ganz entzückt von dem schönen Bild, nur die Farbe des Gesichts ist zu gelblich, nicht weiß genug gehalten. Gestern zwischen 1 u. 2 Uhr kam in der Stadt die ganze anwesende Vettern- und Basenschaft; vom Kaiser aufgefordert, das Bild zu sehen ... Vor einigen Tagen bestellte mich der Kaiser in das große Appartement in der Stadt, um dort Stoffe für Tapeten u. Meubles auszusuchen ... für Wien u. Schönbrunn. Ich hoffe, daß Alles recht schön u. bequem sein u. es an ... Comfort ... nicht fehlen wird. Der so eifrige Obersthofm: Liechtenstein, Drexler, Montoyer u. Sch... waren zugegen; Deine Gegenwart wäre mir aber besonders lieb gewesen. – In Baiern wurde der Kaiser mit großem Jubel empfangen. Die Truppen waren besonders enthusiastisch gestimmt, daß die Offiziere sich genöthigt sahen, ihre Exaltation etwas zu dämpfen u. selbst bemerkten, daß mehrere ihrer Soldaten die dicken Thränen über die Wangen liefen, als der Kaiser bei der revue an ihnen vorüber ritt ... Franzi schrieb mir einen langen ausführlichen Brief, in dem er mir sagt, er könne mir nie genug danken für das innige Glück, das ich ihm gegründet hätte, er hätte Sisi täglich lieber u. sehe stets mehr ein, daß keine besser für ihn gepaßt hätte, er endete seinen Brief um 2 Uhr Nachts nach einem Hofball, der sehr brillant u. animirt war u. auf dem er sich sehr gut unterhielt, u. Sisi charmant den Cercle (*Empfang*) gemacht habe mit dem ganzen diplomatischen Corps, das ihr vorgestellt wurde u. mit dessen sämtlichen Mitgliedern sie gesprochen hätte. Tante Luise ist, glaube ich, selbst ein bißchen in ihren zukünftigen Schwiegersohn verliebt. Ihr 2ter Brief war den Tag vor seiner Abreise geschrieben, u. den Tag nach seiner Abreise schrieb sie einen dritten, da es sie drängte, mir nochmals von ihm u. der glücklichen Zeit zu sprechen. Das rührt mich tief! ...« (Schönbrunn, 1. 11. 1853)

Eigentlich braucht es nicht vieler Worte, um den Leser von der harmonischen Stimmung innerhalb der kaiserlichen Familie zu überzeugen. Und auch die Art, wie Erzherzogin Sophie mit der Liebe ihres Sohnes zu ihrer zukünftigen Schwiegertochter umging, muss nicht näher erklärt werden. Sie spricht in ihrer Herzlichkeit, in ihrer Wärme und in ihrer mitfühlenden Freude für sich selbst. Es sind die rührenden mütterlichen Gesten dem verliebten Sohn gegenüber, das Beobachten und Erkennen-Wollen seiner Gefühle, der stete Austausch von noch so kleinen Neuigkeiten mit den nächsten Beteiligten, die die große Empfindsamkeit dieser liebenden Frau und Mutter ausmachen.

Einen starken Stimmungswechsel wird der folgende Absatz aus einem Brief Maximilians allen Romantikern verursachen. Von der großen Liebe schwenken wir über zu einer Bemerkung über schlechtes Herbstwetter, die durch einen interessanten, uns allen bekannt vorkommenden Schlusskommentar gekennzeichnet wird: »Ich hoffe, Ihr habt in Schönbrunn nicht auch so ewig schlechtes Wetter wie wir, es regnet bei uns fortwährend, und immer bläst der häßliche scirocco. – In Triest war übrigens schon einmahl Schnee bis an das Meer herab. Es scheint, daß sich die Witterungsverhältnisse auf der Erde gänzlich ändern ...« (Triest, undatiert – Oktober oder November 1853)

Maximilian hat das kalte spätherbstliche Triest aber bald verlassen und sich für ein paar Tage nach Wien begeben. Seine Mutter vermisste ihn schon im Moment nach seiner Abreise. »... recht schmerzlich ist es, daß wir nun wieder auf das Schreiben angewiesen sind, um uns unsere Gedanken mitzutheilen u. von diesen nicht den hundertsten Theil der gewöhnlichen Ideenaustauschs zwischen uns! Ach, Du gehst mir recht ab! Gerade jetzt hätte ich Dir so vieles zu zeigen, mitzutheilen, Deinen guten Rath nöthig für so manche Anordnung. Biedermann brachte mir heute so schöne passende Zeichnungen für das Diadem, das Franzi Sisi giebt ... es sind deren 4, u. die Wahl ist schwer, da alle, zumal drey so geschmackvoll, recht kaiserl. sind ...

Carl geht es, Gottlob, gut; er glaubt, Mondtag leider, leider abdampfen zu können! Der Kaiser dampft auch diesmal, Gott sey Dank (*um sein Braut zu besuchen war er die Strecke Wien-München auch schon geritten*)! Er geht nehml: Mondt: Mittag über Dresden nach München, kömmt in der Nacht durch Prag u. um 5 Uhr Früh durch Dresden, hält sich aber in beiden Orten auf dem Rückweg auf. Ich kündigte gestern Tante Marie seine Durchfahrt durch Dresden an u. schrieb, ich hätte ihn inständig gebeten, diesen Weg zu nehmen, um nicht zu riskiren, im Schnee stecken zu bleiben ...« (Wien/Hofburg, 16. 12. 1853)

Im Zusammenhang mit dem Dienstantritt Carl Ludwigs in Lemberg meint bald man einen Stimmungswechsel in den Briefen Maximilians zu erkennen, so als ob er auf ihn und seine neue Stellung eifersüchtig gewesen wäre. Hauptsächlich gewinnt man den Eindruck, dass Maximilian ihm den Aufenthalt in Galizien vermiesen wollte. »Der Anfang in der Fremde wird Dir bitter sein, und doch wird es Dir viel leichter, als es mir nicht gewesen, Du hast gleich die angenehme Zerstreuung Deines neuen eleganten Haushaltes und hast Hornstein bei Dir; ich ging allein in die Fremde und hatte Niemanden um mich, und doch wie Du siehst, überstand ich recht gemüthlich und gut ...« (Villa Lazarovich, 16. 12. 1853) Um sich wieder mehr in den Mittelpunkt zu rücken, klagte Maximilian bald über ein Zahnleiden, das ihn wie das anhaltend schlechte Wetter bedrückte. »Ich endige das alte Jahr nicht sehr gut, indem ich einen Weisheitszahn bekomme, der mir Fieber und viele Schmerzen verursacht, und dessen Geburtswehen mir besonders die Nächte verderben. Ich bin daher nun vollkommen Patient und ... (abhängig von) Medicin. Da wir hier schon vor Kälte erstarren, denke ich mir, mußt Du armer Bruder, viel leiden; seit Jahren erinnert man sich in Triest keines so strengen Winters, wir haben sogar Schnee und die unerhörte Kälte von 2 ° unter 0, dabei Bora, daß die Häuser zittern ...« (Villa Lazarovich, 29. 12. 1853)

Ein paar Tage später war Maximilians Stimmung wie ausgewechselt. Er war bestgelaunt, denn er hatte inzwischen Besuch bekommen. Fürst Felix Jablonowski, der eigentlich zu den Vertrauensleuten Carl Ludwigs gehörte, brachte einige Zeit bei ihm in Triest zu. Er genoss es, den Mann durch seine Villa zu führen und ihm die ausgefallen eingerichteten Zimmer und kostspieligen Neuerwerbungen zu zeigen. »Jablonowski ... machte mir die Freude, drei Tage bei mir auf Besuch zu sein ... Es war sehr freundlich, meine Villa sehr hübsch und nun vollendet zu finden. Besonders gefiel ihm meine Bibliothek und das orientalische Zimmer mit der fontaine (dem Springbrunnen), in welch letzterem wir uns viel aufhielten. – Zu meiner großen Staatsequipage mit den neuen englischen Pferden und den schweren silberbedeckten Sammetlivréen, die gerade am 31. angekommen waren, gab er auch seine volle Zustimmung; ich muß wirklich selbst gestehen, daß sich das ensemble ganz magnifique (großartig) ... macht. Jetzt muß ich aber mit meinen Ausgaben wieder Einhalt machen und kann auch diesen Winter keinen Ball geben; denn es gibt um Triest so viel Noth, und was das Traurigste ist, eine so erschreckende Hungersnoth; da heißt es, sich nicht unterhalten, sondern so viel es die Kräfte erlauben, spenden. Die Ernten sind leider heuer so schlecht ausgefallen, besonders in Weizen, daß es schwere Augenblicke gibt ...

Ich habe jetzt hier wieder in Triest mein ruhiges, friedliches Leben in meiner stillen Villa, studire viel Interessantes und Anregendes und mache allerhand wissenschaftliche Experimente. Um zeitweise auch eine Unterhaltung zu haben, denn das gehört denn doch auch zum Leben eines jungen Menschen, habe ich mir ein kleines landesthümliches oder vielmehr ein seethümliches Schiffchen gemiethet, es nun nett herrichten lassen und mit diesem ›Nautilus‹, so wurde das Schiffchen getauft, mache ich nun Excursionen ... Selbst das Theater, dem ich ohnedies abhold bin, ist jetzt ganz ungenießbar, indem die Oper über alle Begriffe scheußlich und das Ballet unter dem Hund ist. Das Balletcorps besteht aus lauter ungeheuerlichen Trampeln ...« (Villa Lazarovich, 8. 1. 1854)

Wie anders klingen im Unterschied dazu die Briefe Carl Ludwigs, der ebenso einsam wie sein Bruder Maximilian – am hintersten Zipfel des Reichs – in Lemberg saß. Auch ihm fehlten Freunde, vor allem aber die Familie. Trotzdem war er mit seinem Schicksal immer viel zufriedener als Maximilian, lästerte nie über Mitarbeiter oder Gesellschafter und brauchte zu seinem Lebensglück keine großen Geldausgaben. »Wie dachte ich am Sylvester Abend in den letzten Stunden des vergangenen Jahres nach Wien und Triest, wir so weit auseinander und ich (*Carl Ludwig*) auch so ... fern von der Heimath; ich war recht wehmütig gestimmt, indem ich zu Gott bath um Beschützung der vielen Theuren in Wien und ... in Triest. Die Glocke des Doms kündete ... den Jahreswechsel an, ich öffnete das Fenster, und es schlug 12 Uhr; ich richtete meine Blicke gegen die Heimath und that in dem Augenblicke meinen Rückblick auf das verflossene Jahr und dankte innig dem lieben Gott, daß Er uns im allgemeinen viel Glück im Jahr 53 schenkte. Seine allmächtige Hand gab uns den geliebten Kaiser wieder und schenkte ihm als Lohn für die vielen Leiden und Sorgen, die Er ausstand, eine Braut, die mit Gottes Hülfe und Segen Sein Glück begründen wird und uns eine frohe Zukunft bringen ...

Die Abende habe ich hier jetzt glücklicher Weise für mich; ich lese viel, schreibe und gehe manchmal in's Theater, was nicht gar schlecht ist; nur sehr kalt, so daß man im Pelz darin sitzt; das ist wohl ein kalter Spaß ... Die Zeit vergeht mir jetzt so schnell, ein Tag um den anderen, daß der April (*in dem die Hochzeit Kaiser Franz Josephs stattfinden sollte*) auf einmal da sein wird, und mit Gottes Hilfe das

glückliche Wiedersehen im Familienkreis in der theuren Heimath ...«
(Lemberg, 11. 1. 1854)

Vom kalten Winter in Galizien zum kalten Winter in Triest, wo
sich – in letzterem – das Wetter allerdings bald besserte. Die folgende
Beschreibung Maximilians vom plötzlich eingetretenen Frühling im
Januar klingt allerdings ziemlich überspitzt. Vor allem, wenn man
sie mit den früheren Bemerkungen über die »ewig kalten Herbste
und Winter in Triest« vergleicht. Man kann sich des Eindrucks nicht
erwehren, dass er die Schönwetter-Szene übertrieben beschrieb, um
den Bruder in Galizien neidisch zu machen: »Du erfrierst fast in Lemberg und mußt im Theater im Pelz sitzen, wir sind glücklicher und
haben so zu sagen Frühjahr; die Bäume treiben in meinem Garten,
und ich fand schon ein Blatt größer wie ein Zwanziger. Am offenen
Fenster schreibe ich Dir, gehe gewöhnlich schon um 8h in der Frühe im Sommerpaletot ohne Waffenrock unter tiefblauem Himmel in
meinen Garten bei den Arbeiten nachsehen, und aß gestern im Frei-
en ohne Kappe, von einer Leinwand zeltartig gegen die sommerliche
Sonnenhitze geschützt ...« (Villa Lazarovich, 21. 1. 1854)

Die Geschichte vom Frühling im Januar steht im krassen Gegensatz zu Maximilians damaliger Stimmung. Er war in dieser Epoche
besonders missgelaunt und schickte seiner Mutter ebensolche Briefe,
die hauptsächlich von der Eifersucht auf seinen ältesten Bruder Franz
Joseph sprechen. Erzherzogin Sophie musste ihn deswegen ständig
besänftigen: »Dienst: d. 14ten Febr: Tausendmal Dank für Deinen
(*Maximilians*) Brief von vorgestern u. die Beschreibung Deiner
ganzen Tageseintheilung, die mich sehr interessirte, beruhigte u. gewiß sehr zweckmäßig ist. Freil. sieht es jetzt überall recht trübe aus,
aber zu schwarz mußt Du Dir doch die Gegenwart nicht denken!
Gerade weil Du der treueste Freund u. Unterthan Deines Kaisers bist,
was er, ich u. so viele tiefgerührt anerkennen, giebt es Menschen,
die das nicht gerne sehen u. den nächsten Bruder ihres Herren in
eine opponirende Stimmung bringen möchten, ihm daher alles Betrü-
bende steigernd mittheilen, u. wenn auch diejenigen, die es mittheilen, gut u. treu gesinnt sind, so sind es oft diejenigen, die diesen die
üblen Nachrichten zutragen, gar nicht. Ich weiß wohl, daß sie bei Dir
nichts ausrichten, aber sie legen viel schmerzliche, bittere Gefühle in
Dein treues Herz, u. das thut mir so weh für Dich, mein armes, liebes
Kind!« (Wien/Hofburg, 13./14. 2. 1854)

Die »militärische Beförderung« ihres jüngsten, damals 12-jährigen

Sohnes Ludwig Victor nahm Erzherzogin Sophie zum Anlass, mit einem fröhlichen Brief die angespannte Stimmung zwischen ihr und Maximilian etwas zu lockern. »Vor Allem habe ich Bubi's Glückseligkeit zu melden, denn seit gestern ist er Lieutenant bei den Kaiser Dragonern, wozu ihn der gute Kaiser beim Frühstück u. ganz aus eigenem Antrieb ernannte. Bubi rannte gleich zu Königsbr:(unn), hinauf, dann zu Köberl hinüber, bat ... den Domh: Columbus bei mir, mit Königsbr:s Erlaubnis, sich auf das Evangelium zu beschränken u. lief sich dann die Füße ab zu K: C: (*Kaiserin Caroline Auguste*), O: L: (*Onkel Ludwig*) :/ der, wie Bubi heute beim Frühstück sagte, sich am Meisten von Allen für ihn freute /:, M: Vécsey u. L: Hunyády (*Gefolgsleute*), allen sein Glück verkündigen. Beim Familiendiner bei mir tranken wir auf seine Gesundheit. Der Hauptgrund von Ludwigs Beförderung scheint mir in dem Wunsch des Kaisers zu liegen, ihn dem Hochzeitszug in die Kirche anzuschließen (ein neuer Beweis, wie er seine Brüder liebt u. der mich tief rührt), denn sogleich sprach er diesen aus ...« (Wien/Hofburg, 27. 2. 1854)

Kurz nach Erhalt dieses Schreibens (mit dem nicht zu überhörenden Hinweis seiner Mutter: »ein neuer Beweis, wie sehr der Kaiser seine Brüder liebt«) schrieb Maximilian an seinen Bruder Carl Ludwig. Bei der Lektüre dieses Briefes würde man denken, dass er in Triest in der größten Zufriedenheit und Glückseligkeit lebte und kein Wölkchen seinen Himmel trübte. »Ich lerne jetzt Spanisch und mache, ich muß es selbst sagen, wirklich reißende Fortschritte, so daß ich schon etwas spreche und fluently lese ...

(Ich) arbeite noch immer an meinen Reisewerken[50], die aber in 8 bis 14 Tagen vollkommen vollendet sein werden, ein angenehmer Zeitpunkt, denn die Arbeit war sehr lang und manchmal recht sauer. Im Frühjahr bei meinem Aufenthalte in Wien hoffe ich, den Druck einzuleiten ...

Die vergangene Woche präsidirte ich alle Tage bei den Prüfungen in der Marineacademie, es war eine etwas langweilige, aber nicht ganz nutzlose Zeit. Ich suchte etwas Leben in diese Exercicien hineinzubringen, die früher immer nur eine steife Comödie waren. –

Als ich an einem der Prüfungstage von der Academie fortfuhr,

---

50 Maximilian hat über seine Reisen Bücher geschrieben und sie zunächst auf eigene Kosten drucken lassen. Nach seinem Tod sind sie verlegt worden und im Buchhandel erschienen.

gingen meine neuen, schönen, englischen Pferde durch, wir rann-
ten mit aller Gewalt gegen eine steinerne Balustrade, wo die Pferde
stürzten und der Wagen brach, ich nahm die ganze Sache, während
Hadik fluchte ... very cooly (*sic*), stieg ungeschädigt, ruhig aus dem
Wagen heraus, betrachtete mir ... die furchtbaren degats (*Schäden*)
und ging meiner Wege. So furchtbar die Sache ausgesehen, war doch
bald wieder Alles hergestellt, und schon zwei Tage darauf fuhr ich
denselben Weg mit denselben Pferden. Der Wagen ist auch schon
reparirt.« (Villa Lazarovich, 1. 3. 1854)

Um bei der Familie in Wien für gute Stimmung zu sorgen, hat
Maximilian anlässlich der Beförderung seines kleinen Bruders Ludwig Victor ein herzliches Glückwunschschreiben geschickt. Erzherzogin Sophie freute sich darüber und antwortete dankbar mit einen
heiteren Brief. »Ludw: erfreute Deine telegr: Gratulation sehr. Er
hat seine Uniform zum ersten Mal am Donnerst: angehabt, als er
Abends zu mir herüber kam; sie steht ihm wirkl. ganz allerliebst ...
(Da der Kaiser nicht da war ...) so erschien er Freit: abermals in
Uniform beim Frühstück; der Kaiser hatte eine wohlthuende Freude
bei seinem Anblick u. band ihm väterl. die Serviette um den Hals,
damit er sich beim Frühstücken nicht beschmutze, da der Kleine in
beständiger, komischer Angst ist, die schöne Uniform zu verderben,
u. band sie ihm wieder los, als ich Ludw: abrief, um ihm in seinem
Waffenrock dem Bischof Zauner zu präsentiren ...« (Wien/Hofburg,
6. 3. 1854) Und noch ein Brief über den kaiserlichen Familienalltag
in Wien: »(*Ludwig hatte in der vergangenen Nacht Alpträume*) ... Er
erzählte sie Papa u. mir (*Erzherzogin Sophie*) noch ganz unglücklich
gestimmt beim Frühstück. Der Hauptgegenstand derselben waren
einige Selbstmordversuche von meiner Seite, die mir endl. gelangen,
indem ich mich von einem hohem Felsen in einen Fluß stürzte, in
den das gute Kind sich mir nachstürzte u. gleichfalls ertrank! Da
erwachte er in Schweiß gebadet! ...« (Brief an Maximilian, Wien/Hof-
burg, 13. 3. 1854)

In den ersten Märzwochen litt Maximilian an einem bei ihm oft
auftretenden Galle- und Leberleiden. Ärzte und Familie rieten ihm
stets zu leichterem Essen, zu Diäten und zu Kuren, wozu er sich aber
immer nur schwer durchringen konnte. Erzherzogin Sophie war wie
immer verzweifelt, als sie von der Krankheit erfuhr, und auch sofort
bereit, einen Teil des Ärgers, den ihr Maximilian kurz zuvor bereitet
hatte, zu verzeihen und der Krankheit zuzuschreiben. »Gott sei Lob

u. Dank, daß Dein Brief vom 17ten mir gute Nachrichten von Dir, mein geliebtes Kind, giebt u. Du strenge Diät hältst. Mache nur recht viel Bewegung in der reinen Luft der Höhen über Triest, so kannst Du vielleicht mit dem Marienbader Brunnen im Sommer Dich ganz herstellen u. brauchst nicht in die langweilige Schlucht von Carlsbad. Gewiß wirkt auch die geschwollene Leber auf Deine Gemüthsstimmung u. dazu noch Deine mich so drückende Einsamkeit. Wenn man so viel Zeit wie Du zum Brüten hat, mahlt eine lebhafte Phantasie alle Unannehmlichkeiten ... alles in viel schwärzeren Farben, als sie es eigentl. verdienen ...« (Wien/Hofburg, 20. 3. 1854)

Inzwischen rückte die Hochzeit Kaiser Franz Josephs und Elisabeths näher und Maximilian und Carl Ludwig reisten nach Wien. Die Folge war, dass der Briefverkehr jäh abbrach, da nun alle Familienmitglieder vereint waren und jeder Austausch von Informationen und Tratsch mündlich erfolgte. Im Zusammenhag damit heißt es in einem der letzten Schreiben Erzherzogin Sophies, das noch vor der Hochzeit abgeschickt wurde: »Herzlich danke ich Dir (*Maximilian*) für Deinen Brief ... mit der so beglückenden Nachricht Deiner mit Gottes Gnade so baldigen Ankunft, auf die wir uns Alle, vor Allem Franzi u. Papa, <u>so</u> freuen! Carl gedenket, so Gott will, den 11ten früh hier einzutreffen. Dann habe ich Euch alle vier wieder u. bald ein fünftes liebes Kind (*die Schwiegertochter Elisabeth*) dazu! ...« (Wien/Hofburg, 2. 4. 1854)

Vom Eheglück Franz Josephs und von der zunehmenden Unzufriedenheit des »Nur-Corvetten-Capitäns«

━━━━━━━━━ ◆ ━━━━━━━━━

Nach der Hochzeit Franz Josephs und Elisabeths verbrachte Erzherzogin Sophie viele Monate (nein, nicht in Schloss Laxenburg, um ihre Schwiegertochter zur Kaiserin zu erziehen) sondern auf Reisen[51], und – Korrektur des historischen Irrtums Nummer Vier – Elisabeths Eltern noch einige Zeit bei dem jungen Paar blieben. Sie haben mit den beiden sogar immer gemeinsam das Frühstück genommen. Das bedeutet wiederum, daß das oft zitierte, lange Warten auf die Entjungferung der nunmehrigen Ehefrau in Anwesenheit ihrer Eltern – und nicht in Anwesenheit der Familie Franz Josephs oder gar der Hofgesellschaft – stattfand.

Carl Ludwig kehrte wieder nach Lemberg zurück, nur Maximilian blieb noch längere Zeit in Schönbrunn, um dort unter ärztlicher Anleitung die früher erwähnte Carlsbader Kur (Diät und Wassertrinken) zu machen. Und selbst dort, wo er zwar in kleiner, aber angenehmer Gesellschaft[52] lebte, geriet er bald wieder ins Grübeln. Er philosophierte über (lebens)stilgerechte Residenzen. Sei es, dass er Schloss Schönbrunn für sich passender fand als sein nebenan liegendes Alpenhaus oder sei es, weil er Geld brauchte, um weitreichendere Architekturpläne zu verwirklichen: feststeht, dass er während dieses Aufenthalts den Auftrag gab, die »Herrschaft Maxing« zu verkaufen. Carl Ludwig reagierte in einem Brief darauf und bringt uns auch in der (Wohn)Geschichte des Kaiserpaares ein Stück weiter. »Hoffentlich wird Dir (*Maximilian*) die Cur, in Ruhe gebraucht, gut thun. In der guten Luft in Schönbrunn ist das desto angenehmer. Ich hoffe,

---

51 Zunächst fuhr sie zu ihrem Schwager Kaiser Ferdinand I. nach Reichstadt, später nach Sachsen, da der Mann ihrer Zwillingsschwester Marie, König Friedrich August II., tödlich verunglückt war.
52 Erzherzogin Sophie legte im Juni einen Kurzaufenthalt in Schönbrunn ein, um Maximilian während der Kur zu unterhalten. Das Kaiserpaar befand sich damals auf Reisen.

Deine Geschäfte wegen Maxing gehen günstig von statten, daß Du bald Dein Ziel erreichst ...

Die beiden Majestäten werden wohl heute oder morgen Prag verlassen, weil ich in den Zeitungen las, daß Sie fünf Tag in Prag bleiben werden. Sie gehen vermuthlich wieder nach Laxenburg zurück. Der Kaiser hat es so lieb gewonnen; es ist ländlicher als Schönbrunn, und Er hat da mehr Ruhe. Nach dieser ermüdenden Reise nach Brünn und Prag werden sich beide nach Erholung sehnen; doch der arme Kaiser kann sie jetzt nicht finden; die (politischen) Zeiten sind zu schwer.« (Lemberg, 9. 6. 1854)

Ob es noch jemanden wundert, dass Maximilian plötzlich Heimweh nach seinem Haushalt im sonst »bösen« Triest verspürte? Genau dieses Gefühl überkam ihn, als sein Bruders Carl Ludwig wieder in Lemberg eintraf: »... wie bin ich (*Maximilian*) froh, Dich in Deiner lieben Wohnung ... zu wissen, Du wirst jetzt gelernt haben, wie wohl es thut, das wieder zu finden, was man selbst geschaffen, was man sein Eigen nennen kann, es ist ein eigenes befriedigendes Gefühl; man freut sich wieder, von seiner Küche zu essen, mit seinen Pferden zu fahren, sich von seinen Leuten bedienen zu lassen, mit einem Worte, man fühlt sich Herr im Hause, und das will etwas sagen ...

Den 15t. Die Fronleichnamsprocession ist heute glänzend vorübergegangen; leider konnte ich wegen meiner Cur nicht mit ... ich benützte die Zeit und fuhr nach Laxenburg ... einige alte Portraits (zu studieren), die ich copiren will lassen[53], anzusehen, unter letzteren das famose Portrait Philipp II. (*König von Spanien*) und Don Carlos (*Sohn Philipps II.*), die beide eine so richtige Idee von den Originalen geben ...

Mein Geschäft mit Maxing geht nicht so brillant, der Hof kauft es leider nicht, dafür habe ich aber noch Hoffnung, es gut bei einem Privaten, der sich gemeldet hat, anzubringen ...« (Schönbrunn, 14. 6. 1854)

Carl Ludwig war über die Entwicklung inbezug auf die Veräußerung von Maximilians Alpenhaus sehr bestürzt: »... mit großem Leidwesen gewahre ich, daß Du Maxing, nicht wie Du gehofft, an den Hof anbringst. Das ist ein allgemeiner Schacher; denn das wäre eine so

---

53 Die Portraitkopien der Habsburger Herrscher sollten später in der Ahnengalerie von Schloss Miramar aufgehängt werden.

schöne, zweckmäßige Erweiterung vom Schönbrunn=Garten gewesen. Es thut mir sehr leid, das liebliche Maxing, woran sich so viele schöne und heitere Erinnerungen knüpfen, in fremde Hände übergehen zu sehen! Doch ist es von Dir ganz natürlich; es wegzugeben, da Du es kaum genießest ...« (Lemberg, 18. 6. 1854)

Nach zwei Monaten Aufenthalts in Schönbrunn hatte Maximilian endlich eine Beschäftigung erhalten, die ihm viel Spaß bereitete und die er neben seiner Kur machen durfte. »Lieber bester Carl! Tausend und tausendmahl bitte ich (*Maximilian*) Dich um Verzeihung, daß ich dir so furchtbar spät auf Deinen lieben, freundlichen Brief antworte; aber vergangene Woche hatte ich lästige Zahnschmerzen und da ist man zu nichts aufgelegt, und dann erhielt ich zu meiner nicht zu beschreibenden Überraschung von Auer, nachdem ich ihm 6 bis 7 Tage vorher erst das dicke Manuscript (der Reisebeschreibungen) gegeben hatte, den ganzen ersten Band meines Werkes fix und fertig gedruckt, es war einer der glücklichsten Abende meines Lebens und eines der unglaublichsten Druckexperimente, das vielleicht je in der Welt gemacht wurde; Auer wollte sich in seiner ganzen Größe produciren und hat auch wirklich ein Wunder gewirkt. Nun gab es aber die vergangenen Tag vollauf mit der correction dieses Bandes zu thun und das füllte mit der lustigen Carlsbader Cur meine Zeit. – Das Glück, das ich bei der Ansicht meiner Gedanken in Druck empfing, ist unbeschreiblich, es ist der angenehmste Lohn nach einer Arbeit von 4 Jahren; und mit Freude nahm ich wahr, daß die Sache, wenn auch nicht gut, doch des Druckes werth ist ...

Meine Carlsbader Cur habe ich gestern mit 11 Gläsern vollendet, muß aber nun die Marienbadernachcur noch brauchen. Diese Wässer sind sehr langweilig, Gott gebe, daß sie gut thun ...

Wenn man gewohnt ist an ein reges Leben wie ich, so ist Schönbrunn, wo man nur studirt, wie man seinen Tag langweilig und unpractisch einrichten kann, gräßlich, man vegetirt, aber lebt hier nicht, es ist ein geistestödtendes Zeitvertreiben. Wo sind die schönen Zeiten meiner lehrreichen, Caracter und Geist bildenden Reisen!!« (Schönbrunn, 5. 7. 1854)

Die Klagen Maximilian (er hatte herausgefunden, dass nicht nur das Leben in Triest abwechslungslos war, sondern dass man auch in Schönbrunn »langweilig und unpraktisch dahinvegetierte«) werden durch eine einzige Frohbotschaft unterbrochen: »Den Majestäten geht es sehr gut, sie sind seit einiger Zeit aus hoffnungsvollen Grün-

<u>den</u> sehr glücklich, und wir alle mit ihnen!! Gott gebe seinen Segen ...« (ebenda)

Carl Ludwig, der seinen Geschwistern der liebevollste Bruder war, freute sich aus ganzem Herzen über diese Mitteilung: »Lieber Maxi! Ich erhielt gestern Morgens Deinen lieben, für mich so höchst erfreulichen Brief, der mir vom Glück der beiden Majestäten erzählte, vom Augenblick, dem wir alle mit freudiger Erwartung entgegen sehen. – Jetzt kömmt aber die schwere Periode des Schonens, und das wird bei der Kaiserin sehr schwierig sein, da Sie auch in dem, wo wie in manchem Anderen Ähnlichkeiten mit Ihrem Herren Gemahl hat, nehmlich in der zu geringen Aufmerksamkeit auf Ihre werthe Gesundheit; doch rechne ich da auf den Kaiser, daß Er, wie ich schon jetzt bemerkte, ängstlich auf Sie sein wird. Ich war bei dieser glücklichen Nachricht so voll des Jubels und der wohlthuenden Freude. Gottes Segen ist über diesem Bund wieder so offenbar, wie er sich stets über Österreich bewährt ...« (Lemberg, 9. 7. 1854)

Aus einem späteren Brief Carl Ludwigs erfahren wir auch zum ersten Mal vom zeitweise starken Hustenreiz Kaiserin Elisabeths, der früher oft als »nervöser Husten« bezeichnet wurde. Es lässt sich denken, dass es ein allergischer Husten war, da sein Auftreten an bestimmte Orte gebunden war. Mit solchen Feinheiten hat man sich damals allerdings noch nicht beschäftigt, da sich das Wissen der Medizin im 19. Jahrhundert auf einem sehr niedrigen Stand befand. Auch Maximilians Galle- und Leberleiden wurden ausschließlich mit der Mineralwasserkur behandelt, als ergänzende Maßnahme hat man Spaziergänge verordnet. »Mit großer Freude und Beruhigung höre ich (*Carl Ludwig*) durch Dich, daß Dir die Cur gut anschlägt, und es Dir gut geht, und Du nun wieder heiter bist. Ist die Gesundheit wieder da, so kann man auch wieder Gehöriges leisten, und das ist ein beseeligendes Gefühl ...

Die Kaiserin hat oft Üblichkeiten, das ist natürlich, und ist nicht absonderlich; aber, was mich beunruhigt, ist dieser Husten, der nicht aufhören will; das ist schwierig in diesem Zustand, in dem zarten Alter! Ich hoffe immer auf das, was Mama in ihren Brief an den Kaiser sagt, daß die Ischler Luft der Kaiserin wohl thun wird und der Husten dann aufhört ...« (Lemberg, 20. 7. 1854)

Wenn man die Korrespondenz der vorangegangenen Wochen zwischen Maximilian und Carl Ludwig kurz bewerten möchte, so kann man sie – ganz allgemein gesprochen – als heiter und unbelastet bezeichnen. Es wäre allerdings nicht Maximilian, wenn ihn nicht irgendwann wieder die Gereiztheit ergriffen hätte und er dem sanftesten seiner Brüder einen verärgerten Brief schickte. Anlass zur Missstimmung gab die Bitte, häufiger Nachrichten zu senden. Bei Maximilians Antwort ist der wichtigtuerische Ton, in dem er seine weltumspannenden Aktivitäten schildert, sehr auffällig. »Lieber bester Carl! Herzlich danke ich Dir Deinen lieben Brief vom 16.d.M. und sende Dir hier wieder ein Schreiben der guten Mama an mich. Du machst mir Vorwürfe, daß ich Dir nicht genügend schreibe, wüßtest Du, wie viele und lange Briefe ich in der letzten Zeit nach allen Weltgegenden abzusenden hatte; Du würdest anders und nicht im Ton des Vorwurfs sprechen. Du bist in Lemberg Herr Deiner Zeit, kannst also Deine Correspondenzen nach Belieben eintheilen, das ist man aber in Schönbrunn nicht, besonders wenn man noch seine Gesundheit pflegen und durch Luftbäder kräftigen muß. Außerdem muß man nach Reichstadt schreiben (*an Kaiser Ferdinand I.*), gibt es wieder Kirchenbausitzungen (*die nun tatsächlich Maximilian leitete*), und jetzt in den letzten Tagen insbesondere, großartige persönliche Finanzoperativen. Ich betheiligte mich als warmer Patriot an den neuen Anlagen (*wohl zur Stadterweiterung*) mit 100,000 Gulden, und das gibt, wie Du begreifst, viel zum Nachdenken, besonders, wenn man andere große Ausgaben hat. – Doch für das Vaterland kann man sich schon anstrengen. – Ich schickte die schriftliche Versicherung meiner Gabe an Graf Buol, also unseren Hausminister, und eröffnete so den Reigen der kaiserlichen Familie; die in wenigen Tagen durch ein eigenes Handbillet des Kaisers zur Betheiligung aufgefordert wird. Ich zahle die Summe vierteljährig mit je 5,000 Gulden. – Auf eine schon vor Ihrer Abreise ge.... (*getätigte?*) Frage der Mama, ob wir zwei jeder jährlich vom Papa 10,000 fl. haben wollten, oder ob es uns lieber sei, daß dieses Geld von Papa auch angelegt würde, antwortete ich jetzt der Mama, ich ließe den Papa wenigstens für die fünf Ratenjahre, in welchen die Abzahlung für das Anleihen geschehen muß, dringend um diese Unterstützung bitten. Avis au lecteur!!! (*Benachrichtigung des Lesers*) Du siehst, daß ich ziemlich immer den Weg bahne und fleißig an den Lemberger Vergessenen denke. – Wenn Du sagst, daß Dein éclat (*Ärger*) geschwunden sei, was hätte ich dann erst immer sagen müssen, ich, der stets eine herbe Schule der Demüthigungen durchmachen und so manchen bitteren Tropfen von tiefstehenden Mitmenschen kosten mußte, Du hast ein leichteres Spiel mein Bester,

Dir werden die Wege gebahnt; ich will deswegen nicht gesagt haben, daß ich mit Dir tauschen möchte, oh nein, bewahre! mein Weg hat Dornen, ich bin bloß Corvetten-Capitän, der letzte im Rang von allen aktiven Erzherzogen, den brillanten Joseph nicht ausgenommen, ich stehe aber auf eigenen Füßen, und hoffe wirklich meinem angebetheten Kaiser zu dienen, wenn auch nur, indem ich Ihm ein Paar Matrosen tüchtig abrichte, und ein Seemann tauscht mit nichts auf der Welt. Aber klagen solltest Du vor allen Anderen nicht, denn brillanter in die Welt hinausgeschickt zu werden als Du, kann man in der jetzigen Zeit nicht. Ich fürchte nur, daß man Dir es zu brillant macht und Dich zuletzt hinter das Licht führt. Du siehst zum Beispiel immer nur Anstalten an, wenn man Dich darum bittet, und wenn sie dafür vorbereitet sind, es wäre vielleicht gut, manchmahl i... (unangesagt) Visite zu machen; da sieht man dann den wahren Thatbestand und verbreitet einen heilsamen Schrecken, der weithin dauernden Nutzen hat. Du verzeihst solche Bemerkungen, sie kommen von einem Herzen, das Dich innig liebt. Noch ein's, Du mußt nicht glauben, daß Alle, die Dir den Hof machen, es immer ehrlich mit Dir meinen, man blendet oft die Eitelkeit, und die Augen werden trüber.

Ich speise heute wieder in Laxenburg (*bei Kaiserin Elisabeth*), wo ich nun stets heitere und glückliche Stunden zubringe. – Lebe wohl, Dich herzlich umarmend, verbleibe ich Dein ewig treuer Bruder FM« (Schönbrunn, 20. 7. 1854)

Die letzte Bemerkung über die häufigen Besuche in Schloss Laxenburg waren als Gipfel der Bosheit gemeint: Maximilian traf sich oft mit Kaiserin Elisabeth, mit der er stets »heitere und glückliche Stunden zubrachte«. Er war also ganz nahe »bei den Majestäten«. Das sollte Carl Ludwig treffen, der das Kaiserpaar innig liebte und fernab in Lemberg saß.

Der wohlerzogene Bruder hat die Botschaft des Schreibens verstanden. Er, Carl Ludwig, hatte unrecht gehandelt. Eine so bedeutende Persönlichkeit wie Maximilian durfte man nicht derart belästigen. Er war sich seines schlimmen Fehlers bewusst und hat sich in aller Form dafür entschuldigt: »Wenn ich da auch ein scharfes Wort Dir gegenüber fallen ließ, so war es nicht übel gemeint, und nicht in dem Ernste, wie Du es aufzufassen scheinst. Daß ich stets, als Dich herzlich liebender Bruder, in Deinen Gefühlen mit Dir fühlte, kannst Du Dir wohl denken; wie oft drückte mich Deine Lage, wenn ich es auch nicht stets mit Worten auszudrücken vermochte. Du hast viel mehr auszustehen gehabt, als ich je in meiner Lage empfinden werde; ich weiß es ...

Wie Du richtig sagst: ›Glaube nicht, daß Alle, die Dir den Hof machen, es immer ehrlich mit Dir meinen, die Eitelkeit wird oft geblendet und die Augen werden trüber‹. Das ist sehr wahr; ich weiß es nur zu gut ... so viel habe ich in meiner kurzen Erfahrung schon gelernt ... wir sind da, um im Kaiserlichen Sinn nach Kräften zu wirken und dadurch dem Kaiser zu nützen ... (*Es folgen noch 16 – von insgesamt 20 geschriebenen – Seiten Entschuldigung. Sie stellen in ihrer Höflichkeit und in ihrer Verzweiflung ein gutes Dokument des Charakters von Carl Ludwig dar.*)«. (Lemberg, 26. 7. 1854)

Obwohl Maximilian dieses Entschuldigungsschreiben noch nicht erhalten hatte, ließ er sich aus Anlass des bevorstehenden Geburtstags seines Bruders doch wieder herab, ihm in freundlichen Worten zu gratulieren. »Lieber, bester Carl! In der Absicht, daß Dir dieser Brief am 30.d.M. zukommt, ergreife ich schon heute die Feder, um Dir, geliebtem Bruder, alles erdenkliche Glück und den besten Segen zu Deinem Geburtstagsfeste aus ganzem Herzen zu wünschen. Möge Gott Dich auf Deiner schönen Bahn stärken, und Dir fernerhin Dein treffliches Herz, und Deine gute Gesundheit erhalten ...

Gegen Abend erwarten wir Mama von Prag; Mama bleibt bis zum 2. August in der Frühe, an welchem Tag sie mit dem ... Dampfschiff nach Ischl[54] reist. Auch die Kaiserin, welche, glaube ich, mit dem Kaiser schon übermorgen nach Ischl geht, benützt ob ihres hoffnungsvollen Zustandes das Dampfschiff. Zum Glück geht auch Seeburger (*Arzt*) mit.

Sonntag speisten wir (*Maximilian und Ludwig Victor*) in Laxenburg, fuhren auf dem Teich und nahmen noch mit den Majestäten den Thee, nach welchem wir das Wetter...spiel spielten, um erst um 11 h bei der herrlichsten Nacht nach Haus zu kommen. – Montag Abends brannte das ganze Dach im Schottenhofe ab, ich betrachtete die gigantische Feuersäule noch um 11 h auf dem Glorietteberge.

---

54 Die folgende Sommerfrische verbrachte der Großteil der kaiserlichen Familie in Ischl, wo aber alle in verschiedenen Häusern wohnten: Erzherzogin Sophie mit ihrem Mann in ihrer Villa, das junge Kaiserpaar im Hotel Esplanade. Die Kaiservilla, die Erzherzogin Sophie ihrem Sohn Franz Joseph und ihrer Schwiegertochter Elisabeth zur Hochzeit geschenkt hatte, war zu diesem Zeitpunkt noch nicht bewohnbar.

– Dienstag feierten wir den Nahmenstag des guten Mislin, wir speisten in Maxing, nach Tisch war kleine Jagd, ohne Treiber, nur mit Hunden, die den König des Festes sehr unterhielt, und Abends diner wieder in Maxing, zu dem noch Bolza und Walter (*Gefolgsleute*) kamen ...« (Schönbrunn, 27. 7. 1854)

Maximilian war angesichts seiner Wichtigkeit als Gesellschafter des kaiserlichen Paares wieder zu voller Stärke aufgelaufen. Im Auftrag Franz Josephs übernahm er einige Amtsgeschäfte und besuchte Kaiser Ferdinand I. in Reichstadt. Von dort erstattete er Carl Ludwig abermals Bericht von seinem regen und tätigen Leben. Besondere Aufmerksamkeit sollte man dem letzten Absatz schenken, in dem Maximilian seine und seiner zwei Brüder Bedeutung in der Welt hervorhebt. »In Wien warte ich auf die Ankunft des Königs v. Portugal (*um ihn als Gastgeber zu begleiten*) ... und hoffe, dann noch des Kaisers Geburtsfest im Kreise der österreichischen und baierischen Familie, denn mit Tante Luise kömmt mit Gackel (*Carl Theodor*), Helene, Marie und Spatz (*Mathilde – Mutter und vier Geschwister Kaiserin Elisabeths*) nach Ischl, daselbst zuzubringen. Dann drängt mich es aber unaufhaltsam zu meinem schöne Berufe zurück, denn länger halte ich es ohne Meer nicht mehr aus; der Kaiser will es dann, glaube ich, auch so einrichten, daß ich endlich glücklich und mit Freude meinem Beruf dienen kann ... (*die Aufschlüsselung zu dieser Bemerkung findet sich auf S. 159*)

Was ist seit dem 25. September 1848 nicht alles geschehen, 6 Jahre herrscht schon der eine glorreiche Bruder, der nun bald Papa sein wird, der andere schiffte schon in 3 Weltheilen herum, und schrieb 5 Bände über seine Reisen, die nun langsam unter Druck kommen, der dritte regiert und feiert in Podolien's[55] Schnee ...« (Reichstadt, 8. 8. 1854)

Vom selben Tag, dem 8. August 1854, stammt ein Brief von Erzherzogin Sophie an Maximilian, der uns in der Beziehung zwischen ihr und Elisabeth wieder einen Schritt weiterbringt. Sie befand sich mit ihrer Schwiegertochter in Ischl und der Kaiser, der eigentlich auch mit dabei sein hätte sollen, wurde wegen politischer Entwicklungen in Wien zurückgehalten. Erzherzogin Sophie bangte, dass er

---

55 Historische Landschaft in der Ukraine. Im 15. Jahrhundert kamen zunächst der West-, später der Ostteil Podoliens zu Polen. Bei den Polnischen Teilungen fiel das Gebiet um Tarnokopol 1772 an Österreich, der Hauptteil kam an Russland.

rechtzeitig zur Familienfeier am 18. August eintreffen würde: »(*Es wäre*) doch zu traurig ... wenn Franzi nicht seinen Geburtstag mit seiner Frau u. uns zubringen könnte; schon den 16ten, an dem er Sisi im vorigen Jahr zum ersten Mal sah, möchte ich sie vereinigt wissen, u. auch meine gute Sisi würde es beglücken. Sie ist beinahe noch hübscher u. lieblicher hier u. oft so heiter, daß sie recht herzlich lacht, theils wenn ich oder T.(*ante*) Elise ihr etwas Komisches erzählen, theils auch mit den Hofdamen auf dem Spaziergang, wenn ich ihr die Con... (*Vorschlag*) mache, sie hinter T. Elise u. mir in den Thälern gehen zu lassen, was sie so beglückt, daß, als ich sie neul. frug: ›nicht wahr, Du genießest recht das Nachgehen‹, sie mir mit inniger Freude u. ihr eigenen Lieblichkeit sagte: ›ja freilich‹. Ich veranlaßte dann die Hofdamen, sich ihr während des Spaziergangs zu nähern, u. so lachen u. freuen sie sich zusammen, daß es mich erquickt ... Heute haben wir das Ehepaar Sickingen u. Sophie Scharnhorst beim Thee, u. ich werde Sisi an einem eigenen Tisch mit den Hofdamen etablieren, damit sie nicht immer mit uns alten Leuten sitzen muß ... Ich vergaß zu sagen, daß, als ich den 3ten (aus Wien) hieher kam, T. Elise u. Sisi mir zwischen hier und Ebensee entgegenkamen mit Sophie Esterházy u. Amelie Döhnhof zu meiner großen, großen Freude ...« (Ischl, 8. 8. 1854) Selbst bei kritischster Betrachtung der Sophienbriefe kann man aus ihren Zeilen nichts anderes als aufmerksame Liebe und Bewunderung für die Schwiegertochter herauslesen. Stets überlegte sie, wie sie die junge Frau unterhalten könnte, ja sogar, sie aus der eigenen – für Elisabeth als unpassend empfundenen »alten« – Gesellschaft zu befreien.

Carl Ludwig, der als einziges der Geschwister nicht an dem Familientreffen in Ischl teilnehmen konnte, erinnerte sich – gerührt wie seine Mutter – der Ereignisse vom Jahr zuvor: »Gestern Abends dachte ich gar lebhaft des 16. im vorigen Jahr, wo in einem Augenblick wirklich mit einem Blick das Glück des Kaisers entschieden wurde. Da sah er die Kaiserin zum ersten Mal, und heute Abend vor einem Jahr war der Ball bei der Mama in Ischl, wo die famose Geschichte geschah, daß der Kaiser beim Cotillon der Kaiserin das bouquet übergab, worauf die Anwesenden zu dem weiteren Gedanken veranlaßt wurden, der ja sehr nahe lag ...« (Brief an Maximilian, Lemberg, 17.8.1854) Wenn ein Bruder des Kaisers an dessen Geburtstag nicht bei ihm war und mit ihm feierte, dann veranstaltete er an dem Ort, an dem er sich befand, einen Empfang zu seinen Ehren. So tat es Carl Ludwig in Lemberg und Maximilian, der offensichtlich am 18. August doch nicht in Ischl war, nahm in Wien eine Parade ab. Oder richtiger: Er hätte sie abnehmen sollen, denn wie so oft in Mitteleuropa hatte das Wetter der Parade einen üblen Streich gespielt: »Du (*Carl Ludwig*) schreibst mir von den Vorbereitungen zu des Kaisers Tag, ich hoffe, das Wetter war bei Euch nicht so grundlos wie bei uns in Wien, wo man gar nicht die Parade abhalten konnte. – Heute vor 8 Tagen bin ich (*Maximilian*) mit den Portugiesen in Ischl angekommen (die er schon in Wien als Gastgeber betreut hatte), und zwar wie natürlich mit Regen. Abends war gleich Thee mit der Unzahl Verwandten, die hier versammelt sind, zu denen Albert v. Sachsen den Tag zuvor noch als Zuwachs gekommen ist. Nach dem Thee spielte der größte Theil der jungen Gesellschaft schwarzen Peter, was jetzt sehr en vogue ist, ich aber nicht ganz an seinem Platze finde, der König v. Portugal (*Pedro V., 17 Jahre*), der noch sehr kindisch sein kann, war bei dieser Gelegenheit zu meiner großen Desperation (*Verzweiflung*) außerordentlich ausgelassen ...« (Ischl, 30. 8. 1854)

Da nun Carl Ludwig das einsamste seiner Geschwister war und auch ständig unter Heimweh litt, schickte seine Mutter diesmal ihm den so beliebten Abbé Mislin als Gesellschafter nach. Er erhielt im Haus in Lemberg das »beste Zimmer unten, weil es im Vergleich mit den Zimmern gegen die Gartenseite, die sehr feucht sind, doch viel trockener ist, und, was die Hauptsache ist, recht gut zu heizen. Darüber war Mislin besonders erfreut bei diesem kalten und regnerischen Wetter, das wir jetzt schon seit einiger Zeit hier genießen müssen. Er war ganz erfroren, als er hier ankam; seine Reise bis hierher war äußerst mühsam; fast bei jeder Station mußte er Wagen wechseln; öfters auch in offenen Wagen fahren bei diesem rauhen, regnerischem Wetter. Die Fahrt von Krakau nach Lemberg, die ohnehin so langweilig ist, noch durch solche Umstände verschlimmert, muß furchtbar gewesen sein ... Leider, daß jetzt gerade so gar schlechtes, grimmig kaltes Wetter ist; ich schreibe Dir bei tüchtig geheiztem Ofen ...« (Lemberg, 11. 9. 1854)

»Ober-Commandant der Marine« und neuerliche Ehegedanken

———————— ◆ ————————

Wieder zurück zu Maximilian, zu seiner weiteren beruflichen Laufbahn und – im Zusammenhang damit – zur Aufschlüsselung der Bemerkung aus dem Brief vom 8. August: »... der Kaiser will es dann, glaube ich, auch so einrichten, daß ich endlich glücklich und mit Freude meinem Beruf dienen kann«. Franz Joseph hat es – nach bestem Wissen und Gewissen – eingerichtet und Maximilian am 9. September 1854 zum »Conter-Admiral« und »Ober-Commandanten der Marine« ernannt. Das war eine große Ehre, ein gewaltiger Aufstieg für Maximilian, bedeutete eine umfangreichere, eigenverantwortliche Tätigkeit, aber natürlich auch ein Mehr an Arbeit. Neben aller Freude, die der bisherige »Nur-Corvetten-Capitän« über das Vertrauen des Kaisers und über die neue Aufgabe, die ihm übertragen wurde, empfand, begann er aber auch gleich wieder zu zetern, welche Belastung ihm damit aufgebürdet wurde. »Verzeihe, daß ich Dir (*Carl Ludwig*) erst heute auf zwei liebe freundliche Briefe antworte; ich habe aber jetzt so vollauf zu thun, so viel in meinem neuen Wirkungsbereiche zu bestimmen, daß das meine beste Entschuldigung ist. Den 9t. d.M. unterschrieb der Kaiser meine Ernennung zum Marine-Obercommandanten; statt Glückwünschen erflehe ich Gottes Segen zu meiner <u>schweren</u> Stellung, zur Durchführung meiner <u>herben</u> Arbeit. Der Wunsch meiner seemännischen Leidenschaft wäre gewesen, noch wenigstens 5 bis 6 Jahre in weiten Meeren, auf stürmisch bewegten Fluthen navigiren zu können und so zugleich mit der interessanten Führung eines Schiffscommando's in die Welt gehen können und so das Leben von der bewegten Seite zu beobachten und kennen zu lernen. Doch jedem Erzherzog soll der Zweck des Staates die Hauptsache sein, des Kaisers Wunsch und Wille soll ihn leiten.

Der Kaiser hat gewünscht, und ich bringe das Opfer, mich für viele und viele Zeit hinter den Schreibtisch zu setzen; die Pflicht ruft, und bald wird diese Pflicht zur Freude. Aber der erste Anfang ist schwer; denn einerseits darf man sich, durch die Jugend nur zu leicht hingerissen, nicht überstürzen, andererseits muß man in Manchem gleich putzen und fegen, und seiner unumstößlichen Überzeugung mit Muth und Ausdauer folgen. – Man stößt auf viele Hindernisse und auf manche schmerzliche Erfahrung, doch ersteres kräftigt, letzteres läutert.

Ich ließ mir gleich den Linienschiffs-Capitän Bourgignon, einen sehr braven und erfahrenen Mann, der sich immer fern von allen traurigen Parteiungen hielt, und den Kriegs-Commissär Kotzer, einen der wenigen fähigen Beamten, die wir in der Marine haben, kommen, und nun sti... (erarbeiten) wir hier die Hauptgrundzüge der zukünftigen Marineführung, sozusagen unser Antrittsprogramm, so bald dieses dem Kaiser übergeben ist, und die wichtigsten Bestimmungen im Verordnungsblatte erschienen sind, werde ich von hier nach Triest abgehen, dort fängt der schwere Tanz für den Beginn von neuem an ...« (Schönbrunn, 17. 9. 1854)

Eine sonderbare Fügung will es, dass mit der erstmals in diesem Band abgedruckten Familienkorrespondez so viele Meinungen, Mutmaßungen und Vorurteile über bestimmte Personen, die man als sicher erachtet hatte, mit einem Mal ins völlige Gegenteil gekehrt werden. Denn der oft als genial beschriebene Erzherzog Maximilian, den viele Historiker als den besseren Kaiser feier(te)n, war ein unzufriedener, kleingeistiger Nörgler, der hauptsächlich eine Begabung hatte – über alles, was ihn betraf, zu jammern. Im Unterschied dazu kann mit den Briefen Erzherzogin Sophies das Bild einer Frau gezeichnet werden, die sich nicht nur als liebevolle Mutter, sondern auch als liebevolle Schwiegermutter präsentierte. Jedes freundliche Wort, jede Geste Elisabeths hat sie festgehalten und sie freute sich auch, beobachten zu können, wie stark sich die Liebe des jungen Kaiserpaares nach der Hochzeit entwickelte. »... (ich vergaß) dem Kaiser zu schreiben, daß seine Schwiegermama mir gesagt, sie hätte mit großer Freude bemerkt, wie leicht sich Sisi, trotz ihres Schmerzes, Mutter u. Geschwister zu verlassen, von ihnen allen in Ebensee getrennt, um ihrem geliebten Mann zu folgen, u. wie sie immer nur wirklich heiter u. zufrieden ist, wenn er bei ihr ist, sie hätte auch bei seiner letzten Wiederkehr einen auffallend anderen Ausdruck von Glück gehabt, sobald sie ihn wieder hatte. Auch erzählte mir die gute selbstlose Schwiegermama mit einiger Freude, wie sie deutl. bemerkt, daß Franzi trotz all seiner Freundlichkeit u. Zuvorkommenheit für sie u. ihre Kinder, doch recht froh war, Sisi wieder allein für sich zu haben u. mit sich fort zu nehmen.« (Brief an Maximilian, Ischl, 29. 9. 1854)

Maximilian kehrte Anfang Oktober nach Triest zurück, um dort den Posten als Oberkommandant der Marine anzutreten. Die Tätigkeit war zwar mit vielen Vorteilen verbunden, allerdings war auch Büroarbeit zu erledigen, eine Beschäftigung, die Maximilian gar nicht mochte. Andererseits diente sie ihm als guter Vorwand, seiner Familie seltener Briefe schreiben zu müssen. »... meine (*Maximilians*) mir selbst so peinlich Säumnis (*er schuldete Carl Ludwig einen Brief*) erklärt sich in den massenhaften Geschäften, die ich jetzt hier im Anfange meines Bureaulebens habe; es ist so viel zu ordnen, so viel zu lernen, daß mir kaum die Zeit bleibt, die für meine arme Leber so nothwendige Bewegung zu machen. Auch der Mama konnte ich erst kürzlich von hier meinen ersten Brief senden; von Zeitungen lesen oder anderer Lectüre oder von eigenen Privatarbeiten ist so kaum mehr die Rede ... Den 12t begann das Bureauleben; nach 8 Uhr gehe ich gewöhnlich in das Amt, bleibe daselbst bis nach 12 Uhr, laufe dann in meine Villa zum Frühstück, gehe um 1 Uhr wieder ins Amt, und kehre von dort erst nach 3 Uhr zurück; dann sehe ich entweder Anstalten an, oder gehe spatziren, um ½ 6 h speise ich und besuche dann öfters das Theater ... Ich fahre jetzt schon öfters mit 4 Pferden, 2 Postillons und battistrada[56] ...« (Villa Lazarovich, 21. 10. 1854)

Ende Oktober wurde Carl Ludwig von Lemberg nach Wien gerufen. Der Anlass dürfte ein offizieller Besuch des belgischen Thronfolgerpaares gewesen sein: Der Herzog von Brabant, das war sein Titel als Kronprinz, kam mit seiner habsburgischen Frau Marie Henriette. Im Zusammenhang mit diesem Besuch gibt es eine komische Geschichte, wie überkorrekt sich der belgische Prinz anlässlich seines Aufenthalts in Wien benahm. Er war nun zwar mit den Habsburgern verschwägert, wagte aber nicht, sich ihnen familiär zu nähern. »Lieber Maxi! Ich (*Carl Ludwig*) beeile mich, Dir bald von mir Nachrichten zu geben und Dir zu sagen, daß ich gestern nach 8 Uhr Abends glücklich hier angekommen bin (*in Wien*). Wie groß war die Freude, die theuren Eltern und Geschwister wiederzusehen, die ich alle, Gott Lob, sehr wohl aussehend fand. Die Kaiserin sehr stark (*weil*

---

56 Wenn Maximilian das Büroleben auch nicht sehr behagte, so nutzte er aber gleich alle Vorteile, die ihm als Oberkommandierendem der Marine zustanden: Er besaß nun ein Staatsgefährt, vor das – um der neuen Würde zu entsprechen – mehrere Pferde gespannt waren. Außerdem wurde der Wagen von zwei Postillons und einem Vorreiter begleitet. Das entsprach ganz seinem Geschmack.

schwanger), aber sehr embellirt (*schöner geworden*) und die Mama, Gott sei Dank, jetzt wohl ...

(*Weiter am 23.10. 8 Uhr abends*) Vor einer Stunde sind die Brabanten (*das belgische Thronfolgerpaar*) angekommen. Er ist fürchterlich mager und sehr gewachsen, seit ich ihn das letzte Mal sah; sie ist, wie Du sagtest, charmant, so artig und liebenswürdig geworden, sieht sehr gut aus, nicht mehr so stark und sehr embellirt. Er war gar förmlich ... das ist einstudirt; immer ... Monseigneur (*französische Titulierung für Mitglieder von Regentenfamilien*), Votre Altesse Impériale (*Ihre Kaiserliche Hoheit*), und ich sagte ihm immer Tu (*Du*); er wollte es aber nicht verstehen ... – Das alles sind Eindrücke von einem Augenblick. Ich war jetzt bei ihm unten, Ludwig mit mir. Sie speisen in dem Augenblick, und werden wohl dann den Majestäten aufwarten; um ½ 9 Uhr ist bei der Kaiserin Thé.« (Wien, 22. /23. 10. 1854)

Wohl unter dem Einfluss der kurz zuvor stattgefundenen Hochzeit seines ältesten Bruders entwickelte nun auch Maximilian die Idee, sich bald zu verehelichen. In diesem Zusammenhang gibt es eine Bemerkung seiner Mutter, die er gebeten hatte, bei Franz Joseph vorzufühlen.»Ich (*Erzherzogin Sophie*) trug auch gestern im Th: (*Theater*) dem Kaiser Deine Heirathsabsichten vor, die er gar nicht verwarf, nur begriff er nicht, warum gerade in England u. Spanien die Betreffenden zu suchen u. zu finden seien?!« (Wien, 10. 12. 1854) Der letzte Satz klingt in doppelter Hinsicht interessant: Erstens, weil nicht ganz verständlich ist, warum Prinzessinnen aus England und Spanien unerwünscht waren (erstere waren anglikanisch, das hätte im Hinblick auf das habsburgische Heiratsgesetz einen Grund gegeben, Zweitere waren aber katholisch und seit Jahrhunderten mehrfach mit den Habsburgern verbunden). Und zweitens, weil Maximilian offensichtlich keine Idee hatte, wen er heiraten wollte. Sein hauptsächlicher Wunsch war, dass seine zukünftige Ehefrau einer möglichst bedeutenden Herrscherdynastie entstammte. An eine Prinzessin aus dem belgischen Königshaus hat er damals noch nicht gedacht. Diese Idee wird ihm aber nur ein paar Tage später gekommen sein, als ihn der belgische Thronfolger in Triest besuchte. »Ich (*Maximilian*) konnte in letzterer Zeit unmöglich schreiben, da die dringenden Geschäfte wechselten mit Unwohlsein, und außerdem war ich noch r... (*rasend?*) mit Gästen beschäftigt, und letzteres ist keine Kleinigkeit, besonders in einem Orte, der so wenig Interesse bietet wie Triest, wo man daher die Artigkeiten verdoppeln muß, um den Freunden den Aufenthalt doch einigermaßen angenehm zu machen. – In letzterer Zeit fêtirte (*feierte*) ich den Brabant in Venedig, führte ihn dann nach Pola hinüber und von dort nach Triest, wo er in meiner Villa wohnte und mich erst gestern verließ, um zu seiner deliciösen Frau (= *Marizi*) nach Venedig zurückzukehren. Anfangs waren wir etwas steif zusammen und von gegenseitigen Phrasen und uns mit Etiquetten überschüttend; in Triest, wo aber Brabant uns mit einem Adjutanten besuchte und nicht mit seinem ceremoniosen Hofstaate war, thauten wir auf, und brachten die letzte Zeit recht heiter und angenehm zu und erkannten uns gegenseitig in ziemlich gleichen Principien und Ideen ...« (Brief an Carl Ludwig, Villa Lazarovich, 15. 12. 1854) – Die Charakterbeschreibung Maximilians vom Herzog von Brabant ist sehr aufschlussreich. Hatte er ihn zunächst wie sein Bruder Carl als steif und zeremoniell eingeschätzt, kam er ihm im privaten Kreis bald näher. Man darf mit Sicherheit annehmen, dass der belgische Kronprinz Maximilian damals nach Brüssel einlud und ihm vielleicht sogar schon damals seine Schwester Charlotte als mögliche Braut vorschlug.

Doch weg von Triest und wieder zurück nach Wien, um wieder einen Blick auf das kaiserliche Familienleben zu werfen. Seien Sie nicht überrascht, wenn Erzherzogin Sophie auch zwei Jahre nach der Verlobung noch immer von ihrer Schwiegertochter hingerissen war. Und das, obwohl sie damals bereits ihr erstes Kind – »nur« eine Tochter[57] – geboren hatte. »Die Kaiserin wurde vorgestern im Burgth:(*eater*) mit großem Enthusiasmus empfangen u. war leider ganz allein mit Paula! (*mit einer Hofdame; das bedeutet, niemand von der Familie war dabei, um ihren Triumph mitzuerleben*) Papa u. ich waren in der Oper ›il Barbiere di Seviglia‹ ... u. Ludwig (*mittlerweile 13-jährig und zum Cicisbeo gereift*), den ich Sisi zur Begleitung, wie neul. zur Oper, vorschlagen wollte, war in der P... übrigens wußte ich auch nicht sicher, ob Sisi in's Theater gehe, denn da hätte ich O: Ludw: angestiftet, sich dort ein zu finden. Dieser, der ganz ordentl: in Sisi <u>verliebt</u> ist, verschmerzte es schwer, die Gelegenheit eines tête à tête versäumt zu haben u. nimmt es seinen Leuten übel, die sonst aus purer Neugierde die Burgwache befragen nach allen in das Theater

---

57 Auf diese – hier selbstverständlich nur spöttisch und in Bezug auf die einschlägige Literatur gemünzte – Bemerkung wird später noch genauer eingegangen.

an O: Ludw:'s Thür vorübergehende Familienmitglieder, u. es gerade dieses Mal versäumten.

Um 3/4tel auf 2 Uhr. Franzi hat doch einen Hahn (*von der Jagd*) mitgebracht, den er in der gestrigen Nacht schoß ... Franzi kam während Ludwig's Geschichtslektion hinüber, um mich dort auf zu suchen. Gestern waren Papa, Sisi, O: Ludw: u. Wilh:(*helm*) in einem neuen Ballet mit neuen Tänzerinnen ...« (Brief an Maximilian, Wien/ Hofburg, 27. 4. 1855)

Von Maximilian gibt es aus dieser Epoche nur ein paar kurze und wenig spannende Schreiben, in denen er sich für erhaltene Briefe bedankt und über das Wetter in Triest schreibt. Er hatte wenig Zeit für die Korrespondenz mit der Familie – allerdings nicht, weil ihn seine Tätigkeit als Marinekommandant so hernahm, sondern weil er wieder ein Buch (über Spanien) schrieb. »Lieber bester Carl! Wieder nur in aller Eile kann ich Dir herzlich für Deinen lieben Brief danken ... Zugleich schicke ich Dir mein nunmehr vollendetes Spanien, und zwar ein Exemplar für Dich, besten Bruder, und eines für Hornstein (*Gefolgsmann*); ich muß auch wieder bei diesem Versuche um Nachsicht bitten, es ist ein Jugendwerk pr... Laune.« (Villa Lazarovich, 1. 5. 1855)

Und auch aus Wien erfährt man um diese Zeit nur sommerlich Alltägliches: »Vorgestern nach ... einem herrlichen Abend, den ich im Prater in der Calesche u. zu Fuß in den hübschen Gehölzen u. Wiesen neben der Gehallee u. dann auf unserer lieben Terrasse (*an der Hofburg*) mit Emma u. meiner Arbeit zu brachte, wohin auch Ludw: u. Franzi Merv:(*eldt*) vom Kaisergarten kamen u. dort Ball spielten u. aus einer Blumenspritze :/ die auch Franzi u. Sisi nach dem Sonntagsfrühstücken viel Spaß macht /: auf die Wiese unter der Bell'aria Wasser spritzten ...« (Wien/Hofburg, 7. 5. 1855) – Die Bemerkung von der Blumenspritze, »die auch Franzi u. Sisi nach dem Sonntagsfrühstücken viel Spaß macht« als nettes Apropos zum fröhlichen Leben der Jugend am Wiener Hof.

Und noch ein Brief vom kaiserlichen Familienalltag in Wien. Hauptsächlich handelt er von Erzherzog Ludwig oder »Onkel Ludwig«, korrekt war er ein Großonkel des Kaisers, damals 71 Jahre alt, ein rechter Charmeur und glühender Anbeter Elisabeths. »Donnerstag Abend hatte ich (*Erzherzogin Sophie*) O.(*nkel*) Car:(*l*), Sisi, O.(*nkel*) Ludw:(*ig*), Elisab:(*eth – Ehefrau Erzherzog Carl Ferdinands*), Jos:(*eph*) u. Ludw:(*ig*) beim Thee u. ein recht angenehmes

Gespräch. Sisi war besonders deliciös an jenem Abend und sehr heiter. Als wir uns trennten, sah sie sich bei der Thür der verhängsnisvollen kleinen Treppe (welche ihr bangen macht, wenn sie abends allein hinab gehen muß), nach Onkel Ludw: um. Meine Bitte, sie zu begleiten, ließ er sich nicht zwei Mal sagen, dann kam er wieder herauf u. sagte mir, Sisi hatte ihn gebeten, voran zu gehen, kaum aber hätte er es gethan, so hätte sie sich zwischen ihn u. die Wand gedrückt, was den alten Herrn sehr beglückte.« (Brief an Maximilian, Wien/Hofburg, 21. 5. 1855) Wie üblich galt das Hauptinteresse Erzherzogin Sophies ihrer Schwiegertochter. Als sie Elisabeths offensichtlich wiederholte Angst vor einer kleinen Treppe bemerkte, hatte sie sofort einen für ihre diskrete und zuvorkommende Art typischen Lösungsvorschlag bereit. Onkel Ludwig sollte die junge Kaiserin begleiten, und der war – wie sie ahnte – damit sehr zufrieden.

Noch immer nicht genug der Schwärmereien über Elisabeth, von denen Erzherzogin Sophie nicht genug erzählen konnte: »(Im Prater sahen wir) Franzi u. Sisi zu Pferde steigen zu Ludwig's großem Entzücken, denn wir ahnten nicht, daß wir dort die Pferde finden würden u. unser junges Paar hinkommen würde. Sisi sieht allerliebst zu Pferde aus u. reißt Alles zu freudiger Aufregung u. Bewunderung hin. Die <u>Physiognomie</u> des Praters ist wirkl. merkwürdig (*bemerkenswert*), wenn Sisi zu Pferde erscheint. Alles läuft durcheinander der Reiter Allee zu, u. auf allen Gesichtern, der Fahrenden, Reiter u. Gehenden, ist der Ausdruck des Entzückens. Doch lange bleiben Franzi u. Sisi nicht in der Allee, sondern wenden sich bald auf die Wiesen um ungestört zu seyn.« (Brief an Maximilian, Wien/Hofburg, 29. 5. 1855)

Wenig ist aus dieser Zeit aus der Feder Maximilians erhalten. Er befand sich abermals auf einer Seereise und schrieb – da er auch diplomatische Aufgaben im Auftrag Kaiser Franz Josephs zu erledigen hatte – nur sehr selten: »In aller Eile bei der rüttelndsten, schüttelndsten Bewegung einige wohlgemeinte, aber schrecklich geschriebene Zeilen an Dich, besten Bruder (*Carl Ludwig*); verzeihe, daß ich Dir bis jetzt nicht schrieb; aber ich fliege durch die Welt und habe eine Escadre zu commandiren ... ich hoffe, meine Schuld halbwegs dadurch gut gemacht zu haben, daß ich die liebe Mama bat, Dir immer die langen Episteln, die ich Ihr schickte, zu übersenden, so weißt Du wenigstens so ziemlich, was mit mir ... geschehen ist ... Mir ward das Glück zu Theil, in letzterer Zeit ziemlich viel für Österreichs

Interessen wirken zu können, so in Rom (*anläßlich eines Papstbesuchs*) annähernd und überzeugend, so in Athen (*beim Königspaar*) hebend und beruhigend. Jetzt ziehe ich als Hadje (*Pilger*) im Fluge nach Jerusalem, und dort ist Vieles und Wichtiges zu wirken, zumahl, da nie ein Erzherzog auf dem heiligen Stätten war, und der jetzige Zeitpunkt ein sehr günstiger ist. –

Ich verwende nur zwei Tage für die Excursion, werde aber dennoch die Zeit finden, am heiligen Grabe zu communiciren, so wird mir das Glück zu Theil, in einem Monath meine Andacht in Rom und Jerusalem zu verrichten. – Wie dachte ich in Athen Dein, lieber Bruder, auf all diesen interessanten Punkten, die wir vor 5 Jahren zusammen in so heiterem Kreise besuchten, das war eine glückliche Zeit, wie sie <u>nie</u> wieder kömmt, so wohlthuend fröhlich ... alle diese Punkte habe ich nun wieder gesehen, aber allein, und die fröhliche Heiterkeit war weg; mit der ist es nun bei mir so ziemlich vorüber; und die wirklich frohen Tage werden immer, immer seltener zu halten für mein Alter ... Meinen Geburtstag will ich auf der Spitze der Pyramiden zubringen, gewiß ein interessantes Piedestal (*Sockel einer Statue*), um auf demselben sein 23. Jahr zu beginnen! ...« (S.M. Dampfer Elisabeth, 27. 6. 1855)

Im Zusammenhang mit der weiteren Biographie Kaiserin Elisabeths kann im folgenden eines der interessantesten Schreiben veröffentlicht werden. Erzherzogin Sophie hat es geschrieben und darin eine ewig groß aufgemachte Geschichte, den historischen Irrtum Nr. Fünf, die Flucht der Kaiserin nach der Geburt ihrer Tochter, mit einem Schlag zunichte gemacht. Denn weder war, wie so gerne geschrieben und verfilmt wurde, Elisabeth damals zu ihrer Familie nach Bayern geflohen, weil sie die schrecklichen Zustände in Wien nicht mehr ertrug, noch hat sie sich dort lange Zeit aufgehalten. »Von hier kann ich (*Erzherzogin Sophie*) Dir nicht viel intéressantes melden, außer daß Sisi glücklich am Montag Abend aus Baiern zurück gekehrt, wo sie es nicht über 9 Tage aushielt, fern von ihrer Kleinen, und so weit entfernt vom Kaiser, dessen Briefe so spät nach Possenhofen kamen.« (Brief an Maximilian, Schönbrunn, 6. 7. 1855) – Über diese Mitteilung werden einige Historiker staunen ...

Falls jemand die Geschichte zu Ende lesen und erfahren möchte, wie »boshaft« sich die nunmehrige Großmutter an ihr Enkelkind heranmachte, wie »zeremoniös« die Habsburger miteinander umgingen und wie »ungern« Kaiserin Elisabeth im Kreis der kaiserlichen Familie lebte, der sollte die beiden folgenden Schreiben aufmerksam studieren. »Am Sonntag besuchte ich (*Erzherzogin Sophie*) nach der 9 Uhr Messe u. der Religionsstunde mit Ludwig ... die liebe Kleine (*die Enkelin Sophie*) in Laxenburg; bei einem herrlichen Morgen. Die Luft war unter den Platanen, wo sie in ihrem Wägelchen lag, so leicht u. wohlthuend, ich hatte meine Arbeit mit u. plauderte mit der Welden (*Kindermädchen*). Ludwig, der ab u. zu (weg)ging, kam plötzlich triumphirend mit einer großen Schlange am Stock hängend, die er heroisch auf dem Weg erschlagen und die sich noch bewegte. Nachdem er ihr den letzten Stoß versetzt, verfolgte er mit derselben die arme Emma, die speiend und flehend vor ihm herlief. Unsere liebe Kleine war wieder gar zu lieb und freundlich, hielt mich fest am Finger und gurrte wie eine Täubchen ... Gestern kam Sisi (*von Laxenburg nach Schönbrunn*) herüber, fand aber leider niemand zu Hause; da Papa auf der Pirsch im Thiergarten war, u. ich doch am Lainzerthor bei Sasshofer war mit ... Ludwig und Königsbrunn. Sonntag kömmt sie entweder zu Tisch oder zum Thé, in Hetzendorf mit Musik und den Vettern ...« (ebenda)

Und ein paar Sommertage später: »Franzi u. Sisi hatten hier allein mit Papa und Ludwig u. mir gegessen, und dann mit uns vom Balcon meines Salon's aus die vortreffliche Musik des regiments Großh: v: Hessen angehört, die Papa im kleinen geschlossenen Garten spielen ließ, wo er sie auch schon den Sonntag vorher :/ den 8ten /: spielen ließ, an welchem Tag Sisi und die Vettern Wilhelm und Rainer bei uns en famille aßen ... Montag den 9ten kam Franzi um 7 Uhr Abend aus Galicien an. Sisi erwartete ihn seit <u>anderthalb</u> <u>Stunden</u> auf dem Bahnhof, obgleich sie wußte, daß er nicht um 7 Uhr kommen könne. Ludwig, den ich auf den Bahnhof geschickt, sagte mir, daß Sisi's ganzer Körper vor Freude bebte, als sie den Zug, der den Kaiser brachte, kommen sah. Sie kamen dann noch zu uns heraus. Franzi braun wie ein F... aber sehr wohl und frisch u. Sisi schöner noch wie gewöhnlich, durch den Ausdruck strahlenden Glückes auf ihrem lieblichen Gesicht ...« (Schönbrunn, 17. 7. 1855)

Während sich der Großteil der Familie im Sommer dieses Jahres wie üblich in Ischl aufhielt, war Maximilian auf einer längeren Schiffsreise unterwegs. Als er wieder in Triest eintraf, erwartete ihn dort eine große Neuigkeit. Diesmal betraf sie die berufliche Laufbahn seines Bruders Carl Ludwig, der nach seinem »Lehrjahr« als Verwalter von Galizien nun zum Statthalter von Tirol ernannt worden war. Maximilian beglückwünschte ihn, vergaß aber nicht, eine eifersüchtige Bemerkung und eigene aufregendere Erlebnisse beizufügen. »Jetzt von allen Anderen lasse mich Dir zu Deiner neuen Berufsstellung gratuliren, Dich in Tirol im Lande der Treue zu wissen, freut mich unendlich ... Du bist ein frommer Christ und dem Kaiser treu, also wirst Du viel des Guten wirken können, zu dem lacht Dir das Glück von allen Seiten ...

Mein letzter Brief war aus Sorrent aus der ganzen Üppigkeit des schönen Südens, aus dem herrlichen Golfe brachte mich bald und rasch der Dampf nach Frankreich in den bewegten Kriegshafen von Toulon. – Zwei Tage hielt ich mich auf, es gab für einen Seemann viel Interessantes zu sehen; die Gallier waren voll ... fanfaronade (*Großsprecherei*), aber dabei erdrückend artig; man bombardirte mich mit Phrasen, als mir das Aufschneiden der Imperialisten zu arg wurde, erzählte ich auch blaue Wunder von Österreich, so daß sie bouche b... (*vermutlich: mit offenem Mund*) stehen blieben ...« (Villa Lazarovich, 9. 9. 1855)

Als die meisten Verwandten und Sommergäste Ischl verlassen hatten, besuchte Maximilian seine Familie für ein paar Tage. Kaum war er abgereist, schrieb ihm auch schon seine Mutter einen Brief. »Das Wetter ist himmlisch, die Luft so weich u. mild, daß man sich in Italien wähnen könnte, u. hoffentl. wird es so bleiben, da der Mond im Wachsen begriffen ist u. gestern silberhell in mein (*Erzherzogin Sophies*) Zimmer u. in die Traun schien. Nach dem wehmüthigen Abschied von Dir, mein Kind, konnte ich nur mit Mühe meine Thränen beim Thé schlucken, u. T: Luise (*Mutter Kaiserin Elisabeths*) u. Rottenhan sahen mich mitleidig an. Fritzi konnte mich gar nicht ansehen, denn ihr kamen gleich die Thränen. Sonntag aß alles nach 5 Uhr bei uns, u. Alle kamen Abends wieder zu einem Ball, leider ohne Dich ... Der Kaiser war so heiter, so en train (*gut aufgelegt*), sah so blühend u. elegant u. schön in seiner Uhlanenuniform aus, daß meine Blicke ihm stets folgten u., er u. seine Kaiserin waren ein überragend schönes Paar ... Carola aus F... war auch sehr heiter; ihr sonst so liebes, hübsches Äußeres wurde aber durch Sisi verdunkelt ...« (Ischl, 19. 10. 1855)

Maximilian traf allerdings erst zwei Wochen später in Triest ein. Er hat die Zeit seiner Ankunft so lange wie möglich hinausgezögert, da er gar keine Lust hatte, wieder seine Arbeit aufzunehmen: »Nun sitze ich wieder seit dem 27t v.M. in den Akten und schleppe in Triest mein Da-

Im Unterschied zu Kaiserin Elisabeth ließ sich Kaiser Franz Joseph sehr oft mit seinen Kindern, später auch mit seinen Enkeln, photographieren. Die Aufnahme mit den Kindern Gisela und Rudolph entstand ebenfalls im Atelier des Hofphotographen Ludwig Angerer.

Erzherzog Maximilian mit seiner Ehefrau Charlotte – die Photographie entstand in einem Brüsseler Atelier und wurde um die Zeit der Hochzeit (1857) aufgenommen.

Miramar bei Triest: Erzherzog Maximilian hatte mit dem Bau des nahe Triest liegenden Schlosses 1855 begonnen. Im Jahr 1860 war erst das Erdgeschoß bewohnbar. Selbst als Maximilian als Kaiser in Mexiko regierte, war Miramar noch nicht fertig gestellt.

Gartenterrasse von Schloss Miramar mit Blick zum Meer. Nach
dem Tod Maximilians verblieb die Anlage im Familienbesitz. Vor
allem Kaiserin Elisabeth hat das Schloss während ihrer Reisen
gerne als Stützpunkt genutzt.

Erzherzog Maximilian in Marineuniform – er war der einzige
Habsburger dieser Epoche, der sich für die Seeschifffahrt interessierte. Während seines Aufenthalts in Triest hat er als General-
kommandant mit viel Erfolg das Marinewesen reformiert.

Erzherzogin Charlotte in einer prachtvollen Robe (aufgenommen
im Herbst 1863 in Venedig). Das Bild entstand um die Zeit, als
ihrem Ehemann Maximilian die mexikanische Kaiserkrone angeboten wurde.

Auch diese beiden Photos wurden kurz vor der Abreise Maximilians nach Mexiko (1864) im Wiener Atelier von Ludwig Angerer aufgenommen: Sie zeigen das künftige Kaiserpaar von Mexiko und Kaiserin Elisabeth (unten), die sich – wie so oft – als Einzige nur alleine aufnehmen ließ.

Maximilian im Zivilanzug. Im Gegensatz zu seinen Brüdern, allen voran Kaiser Franz Joseph, wurde er häufig ohne Uniform aufgenommen. – Darunter: eine zeitgenössische Darstellung „Die letzten Augenblicke des Kaisers Max in Mexiko" – vor der Hinrichtung am 19. Juni 1867 in Querétaro. Die beiden Männer rechts außen, Márquez und Miramón, Generäle Maximilians, wurden gemeinsam mit ihm erschossen.

Zur selben Zeit, als Maximilian in Mexiko hingerichtet wurde (das erfuhr man in Österreich erst etwa zwei Wochen später), erlebten Kaiser Franz Joseph und Kaiserin Elisabeth einen ihrer größten gemeinsamen Triumphe. Aus Anlass des Geschichte gewordenen Ausgleichs wurden sie im Juni 1867 zu Königen von Ungarn gekrönt: Elisabeth ist auf dem Photo im ungarischen Krönungsornat dargestellt.

sein mühsam dahin, ohne Freude, ohne Schimmer, aber so Gott will Nutzen stiftend. Die Marine wächst pian piano (*sehr langsam*) und gedeiht, und der Kaiser ist mit mir zufrieden; könnte ich ad personam (*persönlich*) nur auch gedeihen, aber ich bin bis in das Tiefste des Herzens verstimmt und müde ... In Triest ist das Leben sehr schwer, man ist so ganz verlassen, so kalt und allein; ohne Frohsinn und Trost und so hübsch meine Villa, so fühle ich mich in ihr doch fast immer unwohl ...« (Brief an Carl Ludwig, Villa Lazarovich, 2. 11. 1855)

Dem Trübsalsbrief folgte nur wenig später ein fröhliches Schreiben. Der Stimmungsumschwung Maximilians mag mit dem nunmehr herrschenden Schönwetter zusammengehangen haben, das Carl Ludwig an seinem neuen Standort in Tirol »leider« nicht hatte. »Wie bedaure ich Dich in Schnee und Kälte, wir haben hier das herrlichste Wetter, machen große Excursionen und leben unter dem italienischen Himmel äußerst angenehm ...« (Strà/nahe Padua, 10.12.1855) Strà mag auch noch andere Reize geboten haben, denn selbst, als das Wetter ins Arge wechselte, war Maximilian dort noch immer gut gelaunt: »Wir hatten die letzte Zeit auch hier heftige Kälte und tüchtigen Schnee, etwas ganz Außergewöhnliches für die hiesige, milde Gegend, und während Du von Deinem fürstlichen Sitze von Ambras (*Schloss bei Innsbruck*) herunterrutschst, bauten wir mit Höchsteigenen Händen im königlichen Strà eine Samojadenhütte ganz aus Schnee, in der wir ob dem Contraste Tschibuk (*lange türkische Tabakspfeife aus Ton*) rauchten und uns vom Kammermohren[58] türkischen Caffee credenzen ließen ...« (Strà, 26. 12. 1855)

Sogar Erzherzogin Sophie hatte von Maximilian ein fröhliches Schreiben aus Strà erhalten, auf das sie Anfang Januar ebenso fröhlich antwortete. »Deinen letzten Brief vom 5ten ... erhielt ich heute mit der gewöhnl: Freude, die gesteigert ist durch die Nachricht Deiner gestrigen Abreise von Strà, die mir der sicherste Beweis ist, daß Deine Kopfnerven vollkommen hergestellt sind. Wenn nun Dein Aufenthalt in Venedig u. die dortigen Austern u. Seefische Deiner Leber nicht zusetzen! ...

Bei uns ist die Kälte plötzl. einem Thauwetter gewichen, u. wir haben heute 7° Wärme, welche mich wie eine durch die Kälte zusammengeschrumpfte Pflanze aufleben macht ...

---

58 Maximilian hatte tatsächlich wie ein Barockfürst einen »Kammermohren«.

Der alte Kraft (*Maler*) rief mich vorhin vom Schreibtisch weg; er kam, das lange Ausbleiben Deines Portraits von Einsle, das für Dich copirt wird, zu entschuldigen; er hatte es für 4 Wochen begehrt, u. ich kann es ihm nun nicht mehr lange lassen; erstens will ich Dich im Bilde wenigstens haben u. zweitens lasse ich nun für Carl Ludw: das Bild von Einsle copiren, das er als Weihnachtsgeschenk wünscht und das bis jetzt die Lücke, die Dein Bild gelassen, ausgefüllt hat ...

Heute haben wir seit 17 Tagen zum ersten Mal wieder Sonnenschein u. ich gehe nun auf die Bastei. – Um halb 3 Uhr. Da bin ich wieder. Die Luft war mild u. erquickend u. noch viel erquickender der Anblick unserer lieben Kleinen (*die Enkelin Sophie*), die an mir vorüberfuhr, das dicke, rosige gute Gesichtchen in ein weißes Hütchen gesteckt u. neugierig :/ das ist sie sehr wie ihr Papa u. ihr Onkel /: durch die Fensterscheiben schauend.« (Wien/Hofburg, 8. 1. 1856)

Von der kleinen Enkelin, von einer netten Familienzusammenkunft in Schloss Laxenburg und von einem aufregenden Erlebnis geht es im nächsten Brief an Maximilian weiter: »Nach Tisch fand ich (*Erzherzogin Sophie*) die liebe Kleine an ihrem Fenster, wo sie mit tiefen Entzücken die Militär-Musik im Garten anhörte u. mich gleich einlud mitzuhören. Großm:(*ama Kaiserin Caroline Auguste*), Sisi, Marie (*Ehefrau Erzherzog Rainers*) u. später der Kaiser, der die Kleine herumtrug u. führte, kamen ... zu ihr nach. Nach einer Fahrt im Park, bei welcher mich Marie, die mit mir fuhr, prächtig unterhielt, u. der Kaiser u. die jungen Erzherzoge ritten, sahen wir das liebe Kind noch am Fenster, wo sie uns winkte u. einen Kuß an die Scheibe drückte ...

Donnerstag 15ten war das Familiendiner wieder bei uns, da Papa mir nicht erlaubte, so rasch wieder nach Laxenburg zu dampfen (*Erzherzogin Sophie war verkühlt und litt unter starken Kopfschmerzen*), wo mir die am Mondt: noch so kalten Zimmer zugesetzt hatten ... Sisi ließ ich durch Franzi inständig bitten, am 15ten (*das war ihr Namenstag, der in der kaiserlichen Familie sehr gefeiert wurde*) nicht herein zu kommen (*sie war mit dem zweiten Kind schwanger*), da ihr das Rütteln der Eisenbahn nicht bekömmt. Sie wollte trotzdem kommen, Franzi ließ es aber nicht zu ...

In Laxenburg haben wir gestern einen recht angenehmen Tag zugebracht. Die Kleine kam nach Tisch in den Salon u. war gar lieb, freute sich an der Musik u. an meinen kleinen Geschenken für den 15ten (*zum Namenstag; sie hieß wie die Großmutter Sophie*) u. war dann noch in ihrem Zimmer, wo ich eine kleine Weile von der Fahrt im Park u. auf dem See allein bei ihr war, sehr damit beschäftigt. Sie wird immer hübscher u. lieblicher.

Auf dem See hatte Franzi den Einfall, sich in ein ganz leichtes Schiffchen mit den schweren Rainerschern Vettern u. Wilhelm zu setzen. Als der colossale Heinrich zuletzt sich setzte, war das Schiffchen schon am Ufer dem Versinken nahe u. überragte kaum noch das Wasser. Zum guten Glück gewahrte ich es von unserem Sch... aus u. bat um Gottes Willen, Franzi möge es verlassen, u. glücklicherweise unterstützte mich Königsegg, der am Ufer stand. Sisi war auch in großer Angst, u. wir dankten beide Gott, als Franzi als Erster aus dem Schiffchen stieg ... Sie hätten wohl alle dem Ufer zu schwimmen können, aber nach dem scharfen Ritt durch den Park hätte sie beim Schwimmen der Schlag im kalten Wasser treffen können ...« (Wien/Hofburg, 18. 5. 1856)

Es folgt – wie lange angekündigt – die Korrektur des historischen Irrtums Nummer Sechs: Erzherzogin Sophie hätte Kaiserin Elisabeth unter Druck gesetzt, nach der Geburt der ersten Tochter einen Sohn auf die Welt zu bringen. So war es aber nicht, denn der Wortlaut darüber hat folgendermaßen gelautet: »... ich (*Erzherzogin Sophie*) bat neul. Franzi, als er mir Elisabeths (*Ehefrau Erzherzog Carl Ferdinands*) Niederkunft sagte (*sie hatte eben einen Sohn zu Welt gebracht*), sich auch auf ein Mädchen gefaßt zu machen, u. Sisi, von welcher er mir sagte, daß sie sicher auf einen Sohn rechne, recht darauf vorzubereiten.« (Schönbrunn, 7. 6. 1856)

Es kam tatsächlich wieder ein Mädchen zur Welt, doch war niemand darüber bestürzt oder gar verzweifelt. Das hätte der kaiserlichen Familie auch gar nicht entsprochen, die jedes Baby anhimmelte wie einen kleinen Gott. Wesentlich mehr war man in diesem Sommer mit dem Wetter beschäftigt. »Wir haben eine tropische Hitze, u. so lange der Mond im Wachsen ist, kann man auf keinen Regen hoffen. Die Leute hier pudeln sich, faute de mieux (*in Ermangelung eines Besseren*), in der schmutzigen Wien (*einem Fluss*) in den Badhäuschen in Hacking, Franzi stürzt sich in das klare frische Wasser in Mödling u. Ludw: tägl. hier ins Schwimmbassin, das glückliche Kind, selbst die Finken im Boulingrin[59] pritscheln u. baden sich in den Wasserbecken ...

---

59 Familienjargon für »Bowling Green«, das man französisierte und in »Boulingrin« umbenannte. Damit war ein Teil des Schlossparks von Schönbrunn gemeint, der den jungen Erzherzogen seit ihrer Kindheit zur Verfügung stand.

Der Tag in Laxenburg war wie immer sehr angenehm, die Hitze aber auflösend, zumal bei der Rückfahrt im Waggon, der einige Stunden in der Sonne gestanden u. gesotten hatte. – Unsere liebe Kleine ißt nun mit Passion biscotten. Vorletzten Sonntag gab ihr Sisi ein Stückchen, das sie gleich in den Mund nahm, rasch wandte sie sich aber wieder zu ihrer Mutter zurück u. gab ihr mit dem Ausdruck innigster Zärtlichkeit einen Kuß u. ebenso ihrem Vater, als er, sie auf dem Arm haltend, ihr ein zweites Stückchen gab; dann lockte sie mit ... Gesten Ludwig (*ihren 14-jährigen Onkel*) aus dem anderen Zimmer herein u. gab ihm einen Kuß nach dem anderen, worüber wie Welden behauptete, er ganz verlegen war. Letzten Sonntag verspeiste sie eine ganze biscotte, deren eines Ende sie fest an ihre rechte Wange hielt, während sie das andere behaglich in den Mund stopfte ...« (Brief an Maximilian, Schönbrunn, 18. 6. 1856)

Wie jedes Jahr besuchte Herzogin Ludovika in Bayern (»Tante Luise«), Schwester Erzherzogin Sophies und Mutter von Kaiserin Elisabeth, auch in diesem Sommer die Verwandten in Ischl. Ende September hat sie Ischl aber verlassen, um gemeinsam mit ihrer Tochter Helene und ein paar Gefolgsleuten einen längeren Aufenthalt in Wien anzuhängen. »T: Luise ist seit ungefähr 10 Tagen mit Lenga (*Helene*) u. Carla (*Hofdame*) in Schönbrunn u. ganz entzückt von dem rez de chaussé (*Erdgeschoß*), das sie bewohnt ... sie scheint sich viel wohler wie in Possi (*Possenhofen*) zu fühlen, da Landpartien in der Umgegend gemacht werden, was mich innig für die gute Tante u. ihre alte, lebenslustige wißbegierige Rottenhan (*ehemalige Erzieherin Kaiserin Elisabeths*) freut, die sie, gewiß zu ihrer unaussprechlichen Wonne, so wie mir Franzi schreibt, in ihrer nächsten Nähe hat, nehml. in O: Ludwigs Zimmer. Die gute Rotenh: wird ohne Zweifel in vollen Zügen den Aufenthalt in Schönbr: genießen u. wohl öfters der strengen Aufsicht ihrer Herrin entlaufen um sich am Burgtheater, von jeher ihre Passion, zu ergötzen ...« (Brief an Maximilian, Ischl, 27. 9. 1856) – Für alle, die denken, Schloss Schönbrunn sei tatsächlich ein zweites Versailles geworden, ein Hinweis, wie viel Raumnot dort im 19. Jahrhundert herrschte. Offensichtlich gab es nicht einmal genug Gästezimmer, da die Wittelsbacher Verwandten und ihre Gefolgsleute die Appartements der Habsburger bewohnten: Herzogin Ludovika in Bayern scheint in Maximilians Zimmern untergebracht gewesen zu sein und ihre Hofdame in einem Raum, den Erzherzog Ludwig üblicherweise bewohnte.

Obwohl in den Briefen dieser Epoche nie darüber geschrieben wurde, hatten sich in der Zwischenzeit die zwei jüngeren Brüder Kaiser Franz Josephs verlobt: Maximilian war – wie anlässlich des Besuchs des belgischen Thronfolgers schon angedeutet – bald stolzer Bräutigam von dessen Schwester Charlotte, Carl Ludwig hat wie sein ältester Bruder Franz Joseph mit dem Herzen gewählt: Er hatte sich in eine der sächsischen Cousinen verliebt (die Maximilian – wie wir wissen – nicht leiden mochte). Sie war eine Tochter König Johanns, hieß Margarete und Carl Ludwig sollte sie sogar noch früher heiraten als Maximilian Charlotte. »(*Carl Ludwig*) sieht ganz vortrefflich aus und ist sehr mit seiner Zukunft beschäftigt, sehr traurig aber, daß er wahrscheinl. auf Deine (*Maximilians*) Gegenwart bei seiner Vermählung (*in Dresden*) verzichten muß. Mir (*Erzherzogin Sophie*) ist es eben so <u>innig</u> leid. Ich hatte <u>so</u> auf diese schöne Gelegenheit gehofft, Dich bald wieder zu sehen ...« (ebenda)

Maximilian befand sich um die Zeit der Hochzeit seines Bruders Carl Ludwig in Laeken (Belgien) bei seiner Braut Charlotte und danach wieder in Triest. Warum er verhindert war, nach Dresden zu kommen, ist aus der Korrespondenz nicht genau erkenntlich. Mag sein, dass er Kaiserin Elisabeths Ehrenkavalier spielte, die sich damals in Venedig aufhielt, um ihren Husten zu kurieren. Auf jeden Fall stand Maximilian in dieser Epoche in innigem Kontakt mit dem Kaiserpaar, was ihn beruflich sehr anspornte. »Daß er (*Kaiser Franz Joseph*) mir (*Erzherzogin Sophie*) schrieb, wie sehr zufrieden er mit den Fortschritten der Marine unter Deiner Leitung ist, hat mich <u>tief</u> gerührt; er wußte, welche Freude er mir mit dieser Nachricht bereitet, die mich schon in Deinem Brief so innig beglückte, so wie, daß der Kaiser Dir seine Zufriedenheit so liebevoll ausdrückte. Sehr leid ist es mir, daß Ihr in Venedig einen so außergewöhnlich strengen Winter habt! Eine milde Luft hätte Sisi so gut gethan, u. ihre Disposition zum Husten ganz überwunden. Auch bis zu uns ist die Bewunderung gedrungen, die Venedig Sisi's schöner Erscheinung zollt ... Der liebe Gott hat mit der Kaiserin Schönheit u. unvergleichlichem Anstand ein Kapital in des Kaisers Hände gelegt, das die reichsten Zeichen trägt u. auf's Neue den Glücksstern des Hauses Österreich bewährt ...

(*Und weiter über die künftige belgische Schwiegertochter*) Hier sende ich Dir die Copie eines gar zu lieben Brief, eines graziösen Zettels Deiner Braut an Sophie Arenberg, aus deren Briefe ich Dir wieder einen Auszug machen will. Sie schreibt: ›... Princesse Charlotte hat ein unglaubliches Tactgefühl, das sie nie irre leitete, das geht bis in die tiefsten Schichten der Gesellschaft, das man ihr das beste Zeugnis giebt ... Sie ist voll Liebe, voll Anerkennung für ihre Umgebung, adorirt (*bewundert*) von Allen ... Sie hat nur <u>einen</u> Gedanken, würdig zu sein ihres großen Glückes, erwartet aber die Ankunft des jungen Erzherzogs mit der jugendlichen Befangenheit, die einer so einsamen Existenz eigen sein muß!‹« (Wien/Hofburg, 7. 12. 1856) Dass die Braut Maximilians ein so einsames Leben führte und auch ihr Bruder so isoliert und weltfern gehalten worden war (wie man schon anlässlich der Hochzeit mit Marizi im Jahr 1853 erfuhr), hängt damit zusammen, dass die Mutter der beiden im Jahr 1850 gestorben war. Die Kinder – Leopold, damals 15, und Charlotte, 10 Jahre alt – lebten ab ihrem Tod beinahe ausschließlich in Gesellschaft ihrer Erzieher.

Bei Maximilian herrschte in dieser Zeit eitel Wonne. Er war Bräutigam einer Prinzessin, die aus einer der vermögendsten Dynastien Europas stammte, und auch beruflich lief alles zu seiner und zu Kaiser Franz Josephs Zufriedenheit. Das wurde – auch das ist typisch für Maximilian – in überschwenglichen Worten betont. »Liebe, beste Mama! Kaum nach Triest zurück gekehrt, beeile ich mich (*Maximilian*), Ihnen, beste Mutter, noch einige Zeilen als Vorläufer meiner baldigen Ankunft zu senden. Das treffliche Bruderherz meines Kaisers hat mich mit Gnade überschüttet; die ich nicht verdient, die mich aber als Ausdruck Seiner Liebe und Seiner wohlwollenden Zufriedenheit <u>tief</u> und <u>innig</u> (*beides ist 2-mal unterstrichen*) gerührt haben. Der 9te Decb: war vielleicht der schönste Tag meines jungen Lebens; der Kaiser kam mit der Kaiserin nach Pola, den Grundstein zum Arsenal zu legen; vor der Feier, die der schönste Frühlingsmorgen begünstigte, avancirte (*erhöhte*) mich der Kaiser zum Vice=Admiral, und nach der Feier und der Inspection der Etablissements und Schiffe rief mich der Kaiser in seine Cabine und <u>überraschte</u> (*2x unterstr.*) mich mit dem Großkreutz des Stephansordens, die unvergeßlichen Worte, die Er dabei sprach, drangen mir mächtig in's Herz. Solche Augenblicke thun einem unbeschreiblich wohl, und man kann sie Gott nicht genug danken! ...« (ohne Ortsangabe, 11. 12. 1856)

Aufstieg und Fall des General-Gouverneurs von Lombardo-Venetien

—————— ◆ ——————

Doch noch immer nicht genug der Ehrungen und Auszeichnungen, die größte Überraschung sollte Maximilian noch bevorstehen. Kaiser Franz Joseph ernannte ihn im Winter des Jahres 1857 – wohl aus Anlass der bevorstehenden Hochzeit mit Prinzessin Charlotte von Belgien und auch, um in den damals unruhigen Zeiten den Standpunkt Mailand zu sichern – zum General-Gouverneur von Lombardo-Venetien. Maximilian hatte mit 25 Jahren einen ersten Gipfel seiner beruflichen Laufbahn erreicht. Um sich auf die neue und umfangreiche Aufgabe gut vorbereiten zu können, bezog er zu Beginn des Jahres seinen neuen Amtssitz in Mailand. Dort besuchte ihn bald sein Bruder Carl Ludwig, der als Statthalter von Tirol aus dem nahen Innsbruck anreiste. Die beiden Brüder scheinen sich in dieser Zeit wie in ihrer Kindheit wieder sehr nahe gewesen zu sein und frohe Tage miteinander verbracht zu haben. »Der Aufenthalt in Mailand ist für mich (*Carl Ludwig*) zur angenehmen Erinnerung geworden und wird es mir bleiben für's Leben. So etwas kömmt nicht wieder, wir so vereinigt, und das schöne Mailand zum ersten Mal in solch einem Augenblick gesehen; das entzückte mich und dadurch machte auch die Stadt auf mich einen so gl... Eindruck. Ich war so glücklich mit Dir, Du lieber Maxi, doch einige Zeit (mit Dir) gewesen zu sein ... Es waren aber auch so schöne, erhabene Momente und Ereignisse während dieser Zeit, daß es zudem dem Kaiser treuen Herzen wohl thun mußte, das mitzufühlen ... und zu beobachten ...« (Brief an Maximilian, Innsbruck, 28. 1. 1857)

Und Maximilian? War nun – beruflich und privat so wohlgebettet – glücklich und zufrieden ...? Er war es selbstverständlich nicht. Oder zumindest nicht anhaltend und nicht oft, denn auch die Arbeit in Mailand sollte ihm wieder Ärger und Kümmernisse bereiten. »Du (*Carl Ludwig*) bist nun wieder glücklich und zufrieden in Deiner angenehmen Häuslichkeit und kannst das rasch Erlebte friedlich, wohlig verdauen. Ich dagegen lebe in der sauer, schaurigsten Gegenwart, an trockenen Brosamen mühsam zehrend. – Mit einer Zehenfluxion, die mich am Ausgehen hindert, arbeite ich an meiner zukünftigen, dornenreichen Position und lese allerhand Vorschläge und unnützes Gewäsch, die die Stellung, statt zu erleichtern nur erschweren ...

Neulich war wieder großer Anarchiejubel (*von den Italienern gegen die österreichische Herrschaft*), endloses Gebrülle, das mich unangenehm an vergangene Tage (*an die Revolution des Jahres 1848*) erinnerte et qui donnait grandement sur les nerfs (*und das mir ordentlich auf die Nerven ging*). –

Die piemontesischen Zeitungen begrüßen mich als Mazza-Milano (*Mailands Hammer*), statt Massimiliano[60]; nicht schlecht!« (Mailand, 3. 2. 1857)

In einem späteren Brief bedankte sich Maximilian bei seinem Bruder Carl Ludwig sogar für die schöne, gemeinsam verlebte Zeit in Mailand und auch für die freundliche Kontaktaufnahme mit seiner künftigen Ehefrau. »In Eile sende ich Dir (*Carl Ludwig*) das Album mit Mailänder Ansichten, und erlaube mir, es Dir, bestem Bruder, zum Geschenke zu machen; es sei Dir ein kleines Andenken an unser frohes, unvergeßliches Zusammensein im Orte meines zukünftigen Strebens, im Centrum meiner neuen Dornenbahn ...

Wenn Margarethe (*Ehefrau Carl Ludwigs*) die freundliche Absicht hat, Charlotten zu schreiben, was letztere hoch beglücken wird, soll sie es nur ja in <u>deutscher</u> Sprache thun; auch ich schreibe meiner lieben Braut deutsch; nur müßte Margarethe in ihrem Briefe Charlotte die Erlaubnis geben, ihr französisch zu antworten. Charlotte spricht recht gut deutsch, aber mit dem Schreiben geht es noch nicht ganz gut ...« (Mailand, 14. 2. 1857)

Wer wie Maximilian in dieser Epoche so viel »Unangenehmes« erlebt hatte, musste darüber zwangsläufig schwermütig werden. »Meine (*Maximilians*) Ernennung (*zum General-Gouverneur von Lombardo-Venetien*) ist nun leider definitiv von Stapel gegangen, und ich bin an das neue Land gebunden, und aus meinen lieben ... ruhigen (moralisch zwar nur!) Verhältnissen herausgerissen, und so zu sagen auf die Weltbühne geschleudert, mir wird dabei ganz gräulich zu Muthe, und mehr denn je sehne ich mich nach Ruhe und Einsamkeit ...

Am 2t.d.M. verließ ich mit den Majestäten Mailand und eilte nach

---

60 Ein Wortspiel mit dem Gleichlaut von »Mazza-Milano« und der italienischen Form von Maximilians Vornamen – Massimiliano.

Triest, um dort zu ordnen und zu arbeiten; heute in aller Frühe brach ich hieher nach Görz auf, um noch die Majestäten zu sehen, und sie morgen bis Obtschien (*Opčin*) zu begleiten. –

Ein Tedeum singe ich, daß der italienische Triumph bis zu Ende gelungen ist, und die Majestäten wohl und heiter zurückgekehrt sind ...« (Görz, 9. 3. 1857) So scheint – unter den zahlreichen Irrtümern der Geschichte Kaiser Franz Josephs und Kaiserin Elisabeth – sogar die Italien-Reise eher ein Triumph als ein Desaster gewesen zu sein. Es sei denn, Maximilian hat sie so glorreich beschrieben, weil er die Verantwortung dafür getragen hat.

Die Beförderung Maximilians hat im Briefverkehr zwischen Carl Ludwig und Maximilian übrigens einen interessanten, formbezogenen Niederschlag gefunden. Denn der neu ernannte General-Gouverneur von Lombardo-Venetien muss seinen Bruder gebeten haben, ihn künftig nicht mehr »Maxi«, sondern »Max« zu nennen. Schon im nächsten Brief ist als Anrede das erste Mal »Lieber Max!« zu lesen. »Schön früher wollte ich (*Carl Ludwig*) Dir meine herzlichsten Glückwünsche zu Deiner neuen so wichtigen Bestimmung darbringen; doch es war mir schwer, indem es vieles zu thun gab ... Wie begreife ich und kann ich es mir gut denken, daß der jetzige Augenblick, wo Deine Ernennung erfolgt ist und damit die Begründung einer neuen Zukunft Dir schwer sein muß. Von Deinem lieben Triest weg und nicht mehr als alleinige Beschäftigung, als Hauptzweck die Dir so werthe Marine[61] ...« (Innsbruck, 13. 3. 1857)

Es muss ein warmer Sonnentag gewesen sein, als Maximilian das folgende Schreiben verfasste und an seinen Bruder Carl Ludwig schickte. Denn es war in freundlichem Ton gehalten und enthielt kaum Klagen, Tadel oder Krittelei. »Daß es (*das Zurückschreiben*) so spät geschieht, findet seine Entschuldigung in einem mehrtägigen Unwohlsein, in den endlosen, erdrückenden Geschäften und Pflichten, und in den langwierigen Ceremonien der Charwoche ... (*die eigentlich ganz nach seinem Geschmack waren*) Die Charwoche ging brillant, sehr würdevoll und ganz vieille cour (*nach alter Hofsitte*), und war sehr besucht. Die neue große Capelle im Palais, die ich herrichten ließ, gefiel außer ordentlich, so auch die Ceremonie

---

61 Maximilian behielt aber auch seine Stellung als Oberkommandant der Marine, die er aber nunmehr von Mailand aus tätigte.

der Fußwaschung[62] im großen Ceremoniensaale, ganz nach Wiener Art eingerichtet. Das cortège (*die Schlange der Anstehenden*) war so lang als der Markusplatz und wurde durch meinen neuen Kammerherren Gf. Bembo, der als Ceremonienmeister fungirte, sehr in Ordnung gehalten ...« (Venedig, 15. 4. 1857)

Zum Vergleich der Bericht über die Fußwaschungs-Zeremonie in Wien, die alljährlich am Gründonnerstag in der Wiener Hofburg stattfand. Der Kaiser und die Kaiserin wuschen zwölf auserwählten älteren Männern und Frauen die Füße, womit die Habsburger – das Vorbild des Gottessohnes kopierend – ihre christliche Demut bekundeten. »Bei uns war die Charwoche sehr schön; Sisi hinreißend anmuthig bei der Fußwaschung, ihre Haltung u. ihr Ausdruck waren so, ich möchte sagen, jungfräul: bescheiden u. rührend demüthig u. graciös, daß Alles entzückt war. Auch bei der Procession am Charsamstag war sie wunderschön; nie sah ich diese Procession so ungeheuer zahlreich u. <u>so</u> schön ...

Als wir hinab kamen, fanden wir Sophiechen allein, da ihre Eltern auf einen Augenblick zu Gisela (*der zweiten Tochter*) gegangen waren; sie war wie immer gar zu lieb u. freundl. und anmuthig mit uns u. mit dem großen Hund; es ist ein so erquickend liebliches Kind, das sehr vortheilhaft auf den wohl zu ausgeprägten Ernst u. die Zurückhaltung Sisi's wirkt. Ich sah es deutl:, als sie u. Franzi wieder kamen, wie der Kleinen Freundlichkeit u. Heiterkeit auch sie freundl: stimmten. Gisela ist ebenso heiter wie Sophiechen u. frisch wie ein Röschen. In einem kleinen flachen Knabenstrohhut, der neul. zufällig im Kind'szimmer war u. den ich ihr aufsetzte, sah sie zu spaßig aus, wie ein frischer dickbackiger Bauernjunge ...« (Erzherzogin Sophie an Maximilian, Wien/Hofburg, 16. 4. 1857)

Der folgende Brief mit einer Anfrage wegen der bevorstehenden Hochzeit Maximilians in Brüssel ist ein typisches Beispiel für die gewissenhafte Persönlichkeit Carl Ludwigs, der in seinem ganzen Leben immer alles richtig machen und niemanden verletzen wollte. »Margareth (*sic; seine Frau*) wird Charlotten dann auch schreiben, um wegen der Toiletten zu wissen, wie man bei den Festen dort erscheint,

---

62 Die Einführung der »Fußwaschungs-Zeremonie« in Venedig, die bis dahin nur in Wien und nur vom Kaiser und der Kaiserin ausgeführt worden war, ist einer der vielen Hinweise darauf, wie Maximilian stets mit der Kaiserwürde liebäugelte.

ob man dort Schleppe[63] oder nur manteau (*Mantel, Umhang*) trägt, oder ob beides und dann, wie sich da überhaupt angezogen wird. Später werde ich Dich auch einmal bitten, mir bekannt zu geben, was für Festlichkeiten sein werden, wie lange man allenfalls in Brüssel verweilen wird können, um nicht zu lange à charge (*eine Belastung*) zu sein ...« (Innsbruck, 21. 4. 1857)

Maximilian verbrachte die Zeit vor seiner Hochzeit auf einer langen Schiffsreise – es ging an der Küste Italiens entlang über Frankreich nach Portugal, England, um zuletzt Belgien anzusteuern. »Den 28t Mai verließ ich mein geliebtes Monza (*Schloss außerhalb von Mailand*), bis dahin ewige unausstehliche Hetze mit den Bureaucraten und ... Geschäften; den ersten Tag ging die Reise bis nach Mantua, wo ich in dem herrlichen alten kaiserlichen Palaste übernachtete. Tag's darauf besuchte ich die Modena's (*die Herzogsfamilie*) in Reggio, die mich unendlich herzlich empfingen. Über Modena, wo ich mir, bis dahin vom Herzog begleitet, das schöne Schloß ansah, und Bologna, eilte ich dann in einem Zuge nach Pesaro zum Papste, in dessen Gesellschaft ich viele, durch seine Herablassung äußerst angenehme Stunden zubrachte. Er überschüttete mich mit Freundlichkeiten und Liebenswürdigkeiten, schien über meinen abermaligen Besuch höchst geschmeichelt, und war, besonders bei dem diner, das wir zusammen einnahmen, des besten Humor's. –

Von Pesaro ging es dann wieder in einem bis Florenz. Unterwegs erhielt ich in Bologna, durch welche Stadt ich wieder kommen mußte, die <u>erschütternde</u> Nachricht von Sophiechen's Tod; in wenig Augenblicken fühlte ich in meinem Leben mein Herz so zerrissen, wie bei diesem Unglück; ich hatte seit dem Winter in Mailand das Kind wie mein eigenes geliebt!« (Brief an Carl Ludwig, S.M. Dampfer Elisabeth, 5. 6. 1857)

An dieser Stelle halten wir ein, um kurz die aktuellen Geschehnisse dieser Tage einzublenden. Kaiser Franz Joseph und Kaiserin Elisabeth hatten ihre beiden kleinen Töchter auf eine Ungarnreise mitgenommen, bei der beide an Ruhr erkrankten. Während die jüngere der beiden, Gisela, bald wieder gesund wurde, starb Sophie an den Folgen dieser Krankheit. Maximilian war in Bologna, als er von

---

63 Am österreichischen Hof gab es für hohe Anlässe bestimmte Kleiderordnungen. Bei einer Hochzeit trugen die Damen Diadem, »rundes Kleid« (mit rundem Ausschnitt) und Schleppe.

dem Unglück erfuhr. Er hat zwar eine rührende Bemerkung über den Verlust des Kindes geschrieben, das er »wie sein eigenes geliebt hatte«, ist aber nur einen Satz später wieder zu seinen fröhlichen Erlebnissen in Italien zurückgekehrt: »In Florenz waren die Verwandten (*Habsburger aus der Linie der Großherzoge von Toskana*) sehr lieb für mich, leider war ich auch da nur im Fluge, doch konnte ich einen Theil meiner lieben Kunstschätze wieder einen Augenblick bewundern, der paradiesischen Gegend vom Belvedere aus einen Blick schenken. Der gute Leopold (*Großherzog Leopold II., eigentlich ein Onkel dritten Grades*) begleitete mich bis Livorno, wo ich mich den 2t.d.M. Abends einschiffte ...

Den 8t.d.M. hoffe ich, in Lissabon bei meiner guten Kaiserin (*von Brasilien, Mutter seiner verstorbenen Braut*) einzutreffen und den 13t. bei (*Königin*) Victoria in Buckingham zu sein ...« (ebenda) – Was für ein bedeutender Mann, der da von Fürstenhof zu Fürstenhof eilte, und über dessen Besuch sogar der Papst »höchst geschmeichelt« war.

Carl Ludwig wird sich über die ausführlichen Reisebeschreibungen seines Bruders sehr gefreut haben, er wurde aber zunehmend unruhiger, da er nun, einen Monat vor der Hochzeit Maximilians, noch immer nichts Genaues darüber wusste. Man kannte um diese Zeit noch nicht einmal den Termin der Trauung. Also fragte Carl Ludwig diesmal noch eindringlicher bei seinem Bruder nach. »Vielleicht kannst Du die Güte haben, den (österreichischen) Gesandten (in Brüssel) zu bewegen, daß er mir bald ... Auskünfte gebe; denn wir sind hier noch immer in der Ungewißheit ... Ich bitte Dich also, die Güte zu haben, mir entweder selbst wissen zu lassen, wann der Hochzeitstag sein soll, wie lange Du ungefähr in Brüssel zu bleiben gedenkst, damit wir uns darnach richten können ...« (Ambras, 26.6.1857) Außerdem wollte Carl Ludwig wissen, was man den Hofleuten mitzubringen habe. Maximilian, der mittlerweile in Brüssel eingetroffen war, wusste nun endlich die nötigen Einzelheiten und konnte sogar die Anfrage nach den richtigen Mitbringseln beantworten: »Was die Geschenke betrifft, so wäre nur dem Hofmarschall Gf. Marnie (?) eine Dose[64] zu geben, die Herren, die Dir zugetheilt werden, bekämen, wie gewöhn-

---

64 Unter den »Dosen« verstand man mit Edelsteinen besetzte Schmuckbehältnisse, die der österreichische Hof bei offiziellen Anlässen an hoch stehende Persönlichkeiten verschenkte.

lich Orden; der Dienerschaft wird eine Summe gegeben, die ich Dir in Brüssel sagen werde ...« (Brüssel, 2. 7. 1857)

Im Juli fand tatsächlich die Hochzeit in Brüssel statt und Carl Ludwig und seine Frau Margarete nahmen als Einzige der Kaiserfamilie daran teil. Sowohl das Kaiserpaar als auch die Eltern des Kaisers waren wegen der Trauer um das geliebte, verstorbene Kind und Enkelkind in Wien geblieben. Erzherzogin Sophie holte das Kennenlernen der neuen Schwiegertochter aber bald nach. Sie verbrachte im Herbst einige Zeit mit dem jungen Ehepaar in Italien. Maximilian berichtete darüber in einem kurzen Brief an Carl Ludwig, der von Meldungen über Schönwetter und Hofhaltung geprägt ist: »Sogar zur Meeresüberfahrt hatten wir wunderbares Wetter, und ich konnte Miramar[65] zum erstenmahl zu seinem Vortheile, mit einem gewissen Stolze und Selbstgefühl zeigen. –

Nun wandern wir in die Stadt, in unsere traurige Burg, mit der lästigen Pflicht, Hof zu halten ...« (Venedig, 1. 12. 1857)

Erzherzogin Sophie hat den Aufenthalt mit dem jungen Paar in Italien sehr genossen, freute sich zuletzt aber wie immer auf die Heimreise nach Wien zu ihrer Familie. Nebenbei war sie nun aber recht zufrieden darüber, dass sie Maximilian nicht mehr in die Einsamkeit verabschieden musste. Nach ihrer Rückkunft »im hohen Norden« schickte sie Maximilian einen Brief mit den neuesten Familienereignissen. »Den raschen Wechsel des Lebens habe ich gleich am Abend meiner Trennung von Euch empfunden. Denn bei der bittersten Kälte kamen wir in Laibach um halb 11 Uhr an, nachdem uns in Miramar, Deinem warmen lieblichen Nest, die milde Luft als Abschiedsgruß so angenehm erwärmt hatte. Ich glaube, es muß ein Unterschied von 20° zwischen dem schönen Mittag u. dem eisigen Abend gewesen sein ... In Gloggnitz (*am Fuß des Semmering*) stürzte plötzlich zu meiner immensen Freude Ludw: in den Waggon u. in meine Arme u. gleich nach ihm der gute Papa. Du kannst Dir denken, wie froh wir unseres Wiedersehens waren. Ebenso Franzi u. ich am hiesigen Bahnhof ... Sisi fand ich bei meiner Wohnung mit rasendem Zahnweh, das arme Kind, doch ist es nun vorüber ... Franzi u. Sisi frühstückten bei uns den Tag nach meiner Ankunft u. begleiteten mich dann zu der lieben Kleinen (*Gisela*), die ein deliciöses kleines Wesen ist, so hei-

---

65 Das seit 1855 im Bau befindliche Schloss Miramar war zu diesem Zeitpunkt aber noch nicht fertig gestellt.

ter, freundlich u. verbindl: u. sehr intelligent u. entwickelt; sie sucht alles zu nennen u. ist sehr erfreut, wenn man mit ihr spielt, kann aber auch stundenlang ganz allein spielen. Sie geht sehr gut allein, bringt aber selbst, wenn sie müde ist, Welden oder Leopoldine (*Nischer; den beiden Kinderfrauen*) den Gürtel, um sich führen zu lassen; so brachte sie ihn neul: Leopold (*einem der ›Rainerischen Vettern‹*), als Sisi u. ich in Weldens Zimmer gingen, die parkettirt sind u. wo sie (*wegen der Rutschgefahr*) unsicher geht u. doch hinein wollte ...

Inständig bitte ich Euch, mit Feuer u. Licht vorsichtig zu sein. Sisi sagte mir, daß während ihrem Aufenthalt in Mailand eine überhitzte Röhre der Luftheizung gebrannt habe. Seitdem bin ich um so mehr in Angst, da auch in Monza die Wände manchmal so heiß waren ...« (Wien, 30. 11. 1857)

Auch Carl Ludwig plante wieder einmal eine Reise nach Italien. Er wollte es im Sommer des folgenden Jahres gemeinsam mit seiner Frau Margarete bereisen. Die genaue Route und die richtige Ausstattung erfragte er bei seinem Bruder, der ein Italienkenner und ein geübter Reisender war. »Deine (*Carl Ludwigs*) mir zugesandte Reiseliste ist, wie ich Dir schon telegraphirt, vortrefflich ... Deine Garderobe wird <u>sehr elegant</u> (2-mal unterstr.), aber gar nicht zu reich; nur das Nothwendige. Ich habe Mehreres auch gleich hier machen lassen und hoffe, Alles in weniger als 8 Tagen fix und fertig senden zu können. Ich habe einen Panama (*Hut*), einen Herrensonnenschirm, einen Herrenfächer, einen Chimborasso (?) und Parfums beigefügt. Du wirst in Florenz, einer sehr eleganten Stadt, ganz <u>old fashion</u> auftreten können ...« (Schönbrunn, 9. 7. 1858)

Die so gut vorbereite Reise von Carl Ludwig und Margarete sollte bald und katastrophal zu Ende gehen. Denn Margarete erkrankte während eines kurzen Aufenthalts in der Habsburger-Residenz in Monza und starb binnen weniger Stunden. Maximilian konnte seinem Bruder in dieser schweren Zeit nicht beistehen, da er sich auf einer Schiffsreise befand. Schriftlich wies er seine Bediensteten an, alle nötige Hilfe zu leisten und ließ sich von ihnen über die Aufbahrung berichten. »Ich (*Maximilian*) habe in letzter Zeit noch recht viele und tröstliche Details von Monza bekommen, alle Ceremonien sind mit der größten Würde vor sich gegangen –, und überaus anständig und andächtig war das zahllose Publicum. Die Leiche ist sehr gut einbalsamirt worden, und soll, wie mir der Haushofmeister sagt, wieder sehr gut ausgesehen haben. Bei der Ausstellung war der Sarg in einem

Meere von frischen Blumen, die Blume unter Blumen ...« (ohne Ortsangabe, kurz nach dem Tod Margaretes im September 1858)

Um Carl Ludwig in seinem Schmerz beizustehen, schrieb Maximilian ihm in der folgenden Zeit häufiger als gewöhnlich Briefe. Der folgende wurde auf einer der nächsten Stationen seiner Schiffsreise verfasst und enthält eine liebenswerte Geschichte über die Verstorbene:
»Wenn Du reinen Trost bei solchem Schlage haben kannst, so kann
er nur in der unendlichen (2-mal unterstr.) Theilnahme sein, die,
man kann sagen, in der ganzen Welt herrscht. Alle Tage erlebe ich
rührende Scenen erschütterter Herzen, so wohlthuende Beispiele. In
Italien war der Eindruck ein unendlich tiefer, noch jetzt spricht man
noch von Nichts anderem, und alle Zeitungen haben die rührendsten
Artikel gegeben, Worte, die uns häufig Thränen entrissen. Auch vom
Adel bekamen wir schöne Zeichen aufkeimender Herzlichkeit ... Sehr
ergriffen war ich auch vorgestern, als Sir Young, der Gouverneur von
Corfù, der in Venedig neben Margarethe bei Tische saß, bei uns en
petit comité (*in kleiner Gesellschaft*) frühstückte, und die dicken
Thränen (2-mal unterstr.) immer in den Augen hatte, wenn er mit
uns vom Engel sprach; er war den Abend in Venedig von Margarethen
so ganz entzückt gewesen, daß er seiner Frau befahl, des anderen
Morgens in der Frühe, sich auf unseren Weg zu stellen, nur um sie zu
sehen ...« (S.M. Yacht Phantasie, 27. 9. 1858)

Im Winter 1858/59, der durch Probleme mit den sich von Österreich abspaltenden Italienern geprägt war, verfiel Maximilian wieder
in Kritisierlaune. Sein Geläster richtete sich wie üblich gegen Kaiser
Franz Joseph und dessen zu schwache Politik. Da er sich mit seinen
Kritteleien nie zurückhalten konnte, schrieb er sich alle Unzufriedenheit in einem langen Brief an seine Mutter von der Seele. Sie ersch-
rak darüber und reagierte mit einem beunruhigten Schreiben.

»Die Abreise des guten Stadits (?) ist mir (*Erzherzogin Sophie*)
eine willkommene Gelegenheit, Deinen Brief vom 24ten Jänner, mein
geliebtes Kind, zu beantworten. Alles, was mir der treue Stadits von
Dir u. Deinem Wirken mit seiner gewohnten Wärme u. Lebhaftigkeit
erzählte, hat mich erfreut u. erquickt, zumal Manches in Deinem
letzten Brief mir weh gethan u. mich erschreckt hat, da mich stets
die peinigenden Angst wie ein böser Geist verfolgt, daß Du nach und
nach zum chef d'opposition (*Oppositionschef*) u. frondeur (*Kritiker
am Kaiser*) heranreifst u. dadurch unbewußt Dich weit vom dem
Stadtpunkt entfernst, den Du mit 16 Jahren bei der Thronbesteigung

Deines Bruders mit so männlicher Entschlossenheit u. so klarem, festem Bewußtsein einnahmst u. an dem Du lange Jahre treu festhieltest, was hoffen ließ, daß Du in dieser Richtung früh gereift, bald zum tüchtigen, besonnenem Staatsmann her wachsen würdest, der auch im schwersten Beruf im Gleichgewicht bleiben würde. Das ist nun Gottlob der Hauptsache nach der Fall, Du hast, wie der Kaiser selbst Dir freudig das Zeugnis giebt, in kurzer Zeit große Resultate erzielt, in den schwersten Momenten, was mir Stadits sagt; stets Besonnenheit, Ruhe u. Deine gewohnte Geistesgegenwart bewahrt; selbst als durch Fehlgriffe, die man nicht leugnen kann, Deine Lage sehr erschwert wurde. Wie das alles mein Mutterherz erfreut, kannst Du Dir leicht denken, aber Du kannst mir auch nicht verargen, daß der Inhalt Deiner Briefe u. die, Dir vielleicht unbewußte Neigung, immer nur die Schattenseite der jetzigen Verhältnisse hervorzuheben, mich erschrickt, denn niemand kann es treuer mit Dir meinen wie ich u. mehr dazu berufen sein, Dir aufrichtig u. unumwunden die Wahrheit zu sagen, die Dir, mein geliebtes Kind, nothtut, da Deine einnehmende Persönlichkeit u. Eigenschaften eine Huldigung um Dich verbreiten, die Dich nach u. nach zu einer arglosen Selbstüberschätzung verleiten könnten. Hüte Dich inständigst, bitte ich Dich darum, vor dieser Huldigung vor, wenn auch tief in den Falten des Gemüthes sich verbergen Eitelkeit u. Eigenliebe u. vor einem Gefühl Deines Bruders gegenüber, das leicht in Bitterkeit übergehen könnte. Sollte die Einigkeit zwischen meinen Kindern gestört werden, meine Ruhe wäre dahin! Sie ist ohnedem durch so viele Sorgen getrübt!! Während jedes patriotische Herz höher schlug bei dem raschen Entschluß des Kaisers, dem gottlosen Getriebe der piemontesischen Regierung durch das plötzliche Vorschieben der Truppen würdig zu antworten, u. ganz Deutschland sich endlich immer wieder in einem Gefühl vereinte, in jenem tiefer Entrüstung u. des Anschließens an das gute Recht des Kaisers, war in Deinem Brief kein Wörtchen der Anerkennung der raschen Beweglichkeit unserer Armee (zu hören), die alle Gutgesinnten nach dem verzagten Muth u. Sicherheit bringen muß u. sie nur anspornen kann, in ihrer guten Gesinnung zu beharren u. sich zu stärken, da sie in jedem kritischen Augenblick auf rasche, sichere Hülfe zählen können. Daß Du mir in diesem Augenblick schreiben konntest, Du wolltest nach überstandenen schweren Zeiten den Karren der Mittelmäßigkeit nicht mitziehen helfen, das hat mir weh gethan u. meine Angst u. Unruhe für Dich sehr gesteigert. Gottlob hat niemand, vom Kaiser angefangen, eine Ahnung von diesen Worten, die so leicht Andere wie mich zur Besorgnis veranlassen könnten, daß Du auf dem Wege bist, das schöne Vorrecht eines Erzherzogs v: Österreich u. der <u>erste</u>, <u>treueste</u> Unterthan des <u>Kaisers</u> zu sein, für gering zu achten. Aber wie leicht hätte Dein Brief in der jetzigen aufgeregten Zeit durch irgend einen bestochenen Postbeamten geöffnet werden können, u. wer steht uns dafür, daß von Piemont aus nicht Einer dazu gewonnen wurde! Wie würden sich die Schlachtgesinnten die Hände reiben, wenn sie hoffen dürften, daß Du zu der Rolle eines frondeurs herabsteigen könntest, die man von jeher <u>gewöhnlich</u> den nächsten Brüdern des Monarchen zumuthet, dessen aber die Gutgesinnten Dich gewiß nicht fähig glauben, da sie in Dir einen angehenden Staatsmann sehen, der seinen Standpunkt hoch über solchen gewöhnlichen Wegen sieht, selbst in den schwersten Augenblicken, erschwert selbst durch Mißgriffe, die ja nirgends fehlen, in unerschütterlicher Treue u. Hingebung zu seinem Herren u. seinem Vaterland, wie Du es gewiß bist, bleibst, u. wie ich es an so vielen auch in der Familie erlebt u. bewundert habe. – Sehr lieb ist es mir, wenn Du mir :/ besser wie jeder Andere /: Dein Herz ausschüttest, aber nur um Gottes Willen nicht durch die Post, denn das ist ein gewagtes Spiel. Nun am Schluß meiner Epistel laß mich Dir wiederholen, daß ich <u>tief</u> Dein Schalten u. Walten in Italien anerkenne u. gerade deswegen vor der Möglichkeit zittere, daß Du durch das in diesem langen Brief von mir Ausgedrückte dasselbe stören könntest. Sei überzeugt, daß meine Aufrichtigkeit aus dem treuesten Mutterherzen kam, das Dich innigst liebt u. stets sich für Dich sorgt u. bangt. – Du bist wohl wie wir Alle niedergeschmettert durch das tiefe Unglück meiner armen Geschwister in Sachsen[66], welche nach fünf Monaten zum zweiten Mal das tiefste Weh durchleben, das ein Vater- u. Mutterherz treffen kann. Ich kann nicht begreifen, wie ein einziges Herz so viel Jammer fassen kann; zwei schöne, blühende Töchter, zugleich verlobt,

---

66 Erzherzogin Sophie hatte zwei Schwestern in Sachsen, die mit Mitgliedern der sächsischen Königsfamilie verheiratet gewesen waren: ihre eineiige Zwillingsschwester Marie mit dem verstorbenen König Friedrich August II., die ältere Schwester Amalie (übrigens auch ein eineiiger Zwilling mit Königin Elise von Preußen) war die Frau des damals regierenden Königs Johann I. – Zwei Töchter von Amalie waren innerhalb von fünf Monaten gestorben: eine von ihnen war Margarete, die mit Erzherzog Carl Ludwig verheiratet gewesen war.

fast zugleich vermählt im selben guten ehrbaren Haus u. so glückl:, hingeben zu müssen, das ist hart! Da kann nur Gottes Barmherzigkeit durch außergewöhnliche Gnade helfen tragen u. ausharren ...«
(Wien/Hofburg, 14. 2. 1854)

Die Situation in Italien spitzte sich weiter zu, und Maximilian lästerte – diesmal in einem Brief an seinen Bruder Carl Ludwig – über die unzulängliche Führungskraft und Strategien Kaiser Franz Josephs weiter. Unter dem Eindruck der Unruhen in Italien und des bevorstehenden Kriegs (für den er vor allem seinen ältesten Bruder und dessen Berater verantwortlich machte), verfiel er in den für ihn üblichen besserwisserischen Ton. »Lieber bester Carl! Endlich finde ich in den schweren, bewegten Zeiten einen freien Augenblick, um Dir, bester Bruder, herzlichst für Deine Briefe zu danken, und Dir beiliegend meinen alten Brief der Mama an Dich zurückzusenden. So traurig Dein Los im Privatleben ist, so bist Du doch jetzt im ruhigen Tirol in politicis (*im politischen Leben*) vor allen anderen zu beneiden. Wie angenehm Ruhe und Frieden sind, kann man wohl vollkommen beurtheilen, wenn man, wie ich, im Sturm, das empörte Meer unter sich und gegen die ...ischen Orkane von Ob... steuern muß. – Ich habe den Sturm Punkt für Punkt vorhergesagt und mußte protestierend zusehen, wie ihn die weisen Männer durch eine Reihe falscher Maßregeln künstlich heraufbeschworen haben. –

Kömmt es zu einem Kriege, der so leicht zu rechter Zeit hätte ...itirt (*vermieden*) werden können, so werde ich an Deine Freundschaft apelliren, und Charlotte mit Haus und Hof nach Innsbruck, dem einzigen sicheren Ort, senden. Das Schloß (*in dem Carl Ludwig wohnte*) ist groß, und Charlotte und ihre Leute machen ... wenig Präventionen; sie brauchen nur die bloße Hoffnung; für Küche, Equipagen, jedwede Dienerschaft etc. etc. sorgen wir natürlich. – Der Aufenthalt ist nur so lange die Kriegsgefahr ... (droht) und das Wohnen in so sehr ausgesetzter Weise unmöglich machen. – Die ganze Karawane würde von Mol... wo wir jetzt beim herrlichen Frühjahr weilen, über Verona mit der Eisenbahn nach Bo... ziehen und von dort mit unserem Reisewagen nach Innsbruck sollen. Verzeihe den embarras (*die Belästigung*), den wir Dir vielleicht machen werden, aber ich weiß kein anderes Mittel; es wäre nur noch Salzburg, das ist aber zu nahe von Ischl (*wo sich Kaiserin Elisabeth und mitunter auch Kaiser Franz Joseph aufhielt, dem er nicht begegnen wollte*), Du verstehst mich. Wien ist unmöglich wegen der hohen Regionen (*ebenfalls wegen Kaiser Franz Joseph und seiner Vertrauensleute*) und wegen dem gefährlichen Gesindel, das jeden Augenblick losschlagen kann. –

Ich vertraue in diesem schweren Falle ganz auf Deine bewährte Güte und Bruderliebe und bin in den Stürmen zufrieden und ruhig, sobald ich Charlotte unter Deiner Direktion weiß. – Charlotte grüßt Dich aus ganzem Herzen und dankt sehr für die nun so wertvolle Sendung von Briefen. – So sehr wir das schöne Monza lieben, so stimmt es uns doch immer wehmüthig, und wir halten die Innenseite gegen den Garten immer noch festgeschlossen. Wie gräßlich hat der Tod Anna's (*mittlerweile war noch eine Schwester Margaretes gestorben*) wieder an unser tiefes Unglück in Monza erinnert ...« (Monza, 10. 3. 1859)

Dass Maximilian mit seinem ältesten Bruder nicht mehr zusammentreffen wollte, hatte mehrere Gründe. Wie früher erwähnt, hatte er in der Zwischenzeit geheim mit Mittelsmännern verhandelt, um sich zum König eines von Österreich unabhängigen Italien ausrufen zu lassen. Seine Pläne wurden aber entdeckt und vereitelt, und Kaiser Franz Joseph reagierte auf diesen Treuebruch mit einer scharfen Maßnahme: Er enthob seinen Bruder im Frühjahr 1859 seines Postens als General-Gouverneur von Lombardo-Venetien und versetzte ihn in einem niedrigen Rang zurück zur Marine. In dieser für Maximilian unangenehmen Zeit wandte er sich wieder besonders seinem Bruder Carl Ludwig zu, dem er – wie es scheint – nicht die ganze Wahrheit über seine Machenschaften in Italien erzählt hatte.

»Lieber bester Carl! Herzinnigen Dank für Deinen lieben, freundlichen Brief, der mich unendlich freute und rührte und mir sichere Stunden von Deinem Wohlsein brachte. – Verzeihe, wenn ich unanständig lange nicht schrieb, aber die Zeit war für uns alle und besonders für mich so bewegt, daß man nicht einen Augenblick Ruhe und Frieden fand. – Erst jetzt im Angesicht des Friedens kann ich Zeit finden, um meinen Privat-Geschäften und Wünschen etwas mehr nach zu gehen; gibt mir auch mein schlichtes Leben als Admiral ... fern vom Lande und allen Zerstreuungen doch einmal (teure) Stunden der wohlthuenden Ruhe und Sammlung. – Ich nenne den jetzigen bewegten Zeitabschnitt, wo wir alle Augenblickes allarmirt werden, dennoch meine Ferien, im Vergleiche mit dem mühseligen, kummervollen Leben, das ich als General-Gouverneuer unter Gefahren und Dornen gezwungen, führen mußte. Meine Leiden waren so groß, das weiß Gott, und für viele ehrliche Mühen war das Ende traurig. – Doch bin ich von Italien mit dem tröstenden Gesichte geschieden, trotz Sturm und Drangsal keine Unzer...igkeit begangen zu haben, und stets war mein unermüdetes Streben, dem Kaiser und dem Lande redlich zu dienen. Dieses Gefühl ist mir genug; nicht jeder hätte es unter so unendlich schweren Umständen rein und makellos erhalten können. – Recht wird erst die Zukunft, aber die nahe Zukunft geben. Ich habe vieles, freilich manchmal Unangenehmes vorausgesagt, man wollte nicht hören, und jetzt muß man Millionen opfern. Doch genug von dem, das gehört Alles, Gott sie Dank, schon der Vergangenheit an, und die Vorsehung hat mir geholfen, mein Joch abzuschütteln. Einen Lohn fand ich in dem Abschied von den Italienern – meiner Umgebung, es schnitt mir durch's Herz, aber es rührte mich tief; und wie hier Alle schluchzend auf meine Hand stürzten, um sie mit Küssen, ohne ein Wort zu reden, zu bedecken; da ließ mir Gottes Gnade klar werden, daß ich wenigstens von einer Seite Dankbarkeit gefunden hatte. Außer bei Margarethen's Tode und jetzt beim Abschiede von meiner Charlotte, war ich nie in meinem Leben so schmerzbewegt gewesen. – Der Empfang von meiner Marine, als ich wieder als vollkommener Seemann unter ihnen war, war freudig und that meinem wunden Herzen sehr wohl. – Leider ist meine Stellung und die der ganzen Marine eine sehr demüthigende; ich muß im Lande, wo ich der Stellvertreter des Kaisers war, unter dem ausschließlichen Commando des jüngeren und im Range niedrigeren Feldmarschallieutenant Allemann, Festungscommandanten von Venedig, stehen; und die arme Marine sieht sich vis à vis eines viel stärkeren Feindes, und muß ... in Geduld ausharren. – Es ist schon sehr hart, aber diesmal will ich noch zeigen, daß ich mich in Alles füge. – Ich bin immer an Bord, und auf meinem Schiffe selbst bin ich eigentlich zufrieden, ich lebe wie ein Eremit, von Büchern und Schriften umgeben, und wäre nicht die schwere, herzzerreißende Trennung von meiner Charlotte, ich könnte in dieser stillen Einsamkeit, fern von aller Welt, sehr glücklich sein. Ich schreibe jetzt unter Anderem einen sechsten Band zu meinen Werken. – Charlotte kann noch in Triest bleiben, bis jetzt erlauben es die Umstände, und so ist sie mir wenigstens ganz nahe. Gerührt und beruhigt bin ich aber, daß Du, guter (3-mal unterstr.) Bruder, sie so freundlich aufnehmen willst; Gott wird Dir es lohnen! – Dich an mein Herz drückend, verbleibe ich Dein ewig treuer Bruder Max.« (S.M. Yacht Phantasie, 22. 5. 1859)

Und weiter im Redefluss, weiter mit Beschuldigungen und Klagen, von denen die meisten wohl nicht gerechtfertigt waren. »Deine Zeilen (*Carl Ludwigs*) erhielt ich in Venedig, als ich gerade für einen Tag von Verona in die Lagunenstadt kam, um meine Marine-Geschäfte aufzunehmen. – Leider bin ich gleich wieder ins Hauptquartier zurückgekehrt und habe so der demüthigenden, gräßlichen Niederlage von C... beiwohnen müssen und einen Anblick und Einblick erlangt, der mich mein ganzes Leben in der Erinnerung rühren wird. – Es war ein schwerer ... Tag, durch Muth= und That=losigkeit herbeigeführt, der immer neuen Folgen nach sich zieht. – Das theure Österreich, wie tief ist es gesunken, und wie rasch sind meine Prophezeiungen eingetroffen. – Der Kaiser wird jetzt von hier weggehen, wie, wann und wohin, weiß man noch nicht. – Mit ihm verlasse ich auch die Armee, und da kein Erzherzog mehr nach Venedig begreiflicherweise gehen darf, werde ich in Triest privatisiren und mich abhärmen. Der größte Schmerz für mich kömmt erst, wenn jetzt meine Marine und die so geliebten Küstenländer zerstört und vernichtet werden. Alles, was ich liebe und an was ich hänge, geht zu Grunde. – 68 feindliche Schiffe ... alle erdenkligen (*sic*) Zerstörungsmittel sind schon im adriatischen Meere und im vollen Anzuge. – Charlotte gründet jetzt ein Militärspital, was sie mit ihren Damen, und Monsignore N... und Doctor Zilek selbst dirigiren wird; das sind die einzigen Mittel, um Gott zu versöhnen. – Auch Du, bester Bruder, wirst bald in schwerem Drangsale sein; Gott schütze Dich! ...« (Verona, 1. 7. 1859)

Franz Joseph scheint von aller Kritik nichts gewusst und sich sogar bald mit Maximilian versöhnt zu haben. Denn nur wenige Zeit später erwähnte der leidenschaftliche Lästerer in einem Brief ein bevorstehendes Treffen mit dem Kaiser in Laxenburg oder Ischl. »Mit innigem Danke erhielt ich Dein (*Carl Ludwigs*) liebes, freundliches Schreiben ... – Ich bekam es, als ich gerade mit einer Escadre von 16 Schiffen die stolze und glückliche Novara nach Triest hineinführte. Es war ein schöner und erhebender Tag, der meinem düsteren Gemüthe unendlich wohl that und mich wieder belebte. Ich bin mit Charlotten, die nun schon ganz Seefrau ist, der Novara bis Ragusa entgegengefahren. Die Weltumseglerin, der einzige Triumph Österreichs in den letzten, schwachen Jahren, wurde überall an unseren Küsten mit Entusiasmus (*sic*), ja mit wahrer Begeisterung empfangen. Was unsere Reise zu den Verwandten betrifft, kann ich leider noch nichts ganz Bestimmtes sagen; für den Augenblick habe ich sehr wichtige, durch die Kriegszeit bedingte Marinesitzungen, deren Resultat ich dem Kaiser persönlich vortragen werde. Ich denke daher vielleicht, wenn ich mit Allem zu Ende komme, in 14 Tagen nach Laxenburg zu gehen und dann gegen Ende des Monaths für einige Tage nach Ischl zu kommen, von dort einen Ausflug nach Salzburg (*zur Großmutter Kaiserin Caroline Auguste*) zu machen und dann noch den Kaiser Ferdinand zu besuchen. – Für jetzt sind wir meiner Gefühle halber von Miramar in die Stadt gezogen, und ich wohne wieder in meiner lieben, heimlichen Villa, die wir mit unseren geretteten Gegenständen recht angenehm und hübsch eingerichtet haben. – Charlotte trägt mir tausend viel Schönes an Dich, bester Bruder, auf, und wir beide freuen uns unendlich, Dich bald wiederzusehen. Am 15. werden <u>unsere Gedanken</u> ganz bei Dir und mit Dir sein (*am ersten Todestag von Carl Ludwigs Frau Margarete*), und unsere Gebethe sich mit Deinigen vereinen.« (Villa Lazarovich, 2. 9. 1859)

Das Treffen mit Kaiser Franz Joseph muss ruhig und harmonisch verlaufen sein, denn Maximilian aalte sich bald wieder zufrieden im Nahbereich des Kaiserpaares. »Lieber bester Carl! Die Kaiserin trägt mir auf, Dir beiliegendes Schreiben der guten Mama zum Durchlesen zu übersenden. Wir sind vorgestern Nachmittag von unserem lieben Triest weg, und sind gestern in aller Frühe in Schönbrunn glücklich angekommen. – Übermorgen ziehen wir nach Ischl, und hoffen, Dich, bester Bruder, dort wiederzusehen. – Dann gehen wir nach Salzburg und Prag, um hierauf wieder einen séjour (*Aufenthalt*) in Wien zu machen. Deinen Schwiegereltern (*König und Königin von Sachsen*) und Tante Marie (*die verwitwete Königin von Sachsen*) küsse ich die Hände, und grüße Deine Schwäger und Schwägerinnen. – Dich herzlichst umarmend, verbleibe ich Dein Dir ewig, treuer Bruder FM.« (Schönbrunn, 3. 10. 1859)

Lange hat der Familienfrieden aber nicht gewährt, denn Maximilian verließ bald wieder Wien und begab sich mit seiner Frau Charlotte auf Schiffsreisen. Eine der ersten führte entlang der dalmatinischen Küste, wo der Architektur- und Naturliebhaber ganz der Schönheit der Insel Lacroma verfiel. Um ihrem Mann eine Freude zu bereiten, erwarb Charlotte die Insel mit einem darauf befindlichen mittelalterlichen Kloster und schenkte sie ihm. Um die Zeit, als der folgende Brief entstand, war der Kauf schon abgeschlossen und das junge Paar schritt bereits zur Übernahme des Besitzes: »Morgen in aller Frühe dampfen wir (*Maximilian und Charlotte*) mit der ›Phantasie‹ nach

Pola ab, wo selbst ich noch einige Geschäfte habe; dann geht es nach La Croma, wo wir von der Insel feierlich Besitz nehmen, und am 15.d.M. endlich beginnen wir eigentlich die große, interessante Reise, auf die wir uns Alle kindisch freuen. In weniger als 3 Wochen haben wir wieder Frühling und in 6 Wochen, so Gott will, den warmen, wohlthuenden Sommer.« (Brief an Carl Ludwig, Miramar, 9. 11. 1859)

Zu Weihnachten waren Maximilian und Charlotte in Teneriffa, von wo ein Brief, der die augenblickliche große Zufriedenheit ausdrücken sollte, seinen Weg zu Carl Ludwig fand. »Endlich kann ich eine sichere Gelegenheit benützen, um Dir, geliebter Bruder, in Eile einige Zeilen zu schreiben, und Dir meine besten, innigsten Glückwünsche zum neuen Jahr in meinem und Charlottens Nahmen aus ganzem Herzen darzubringen. Wie lange diese Zeilen wandern werden und ob sie je in Deine Hände kommen werden, weiß ich nicht; wir sind schon in Regionen, wo es keine sicheren Posten mehr gibt, und wo Alles von Laune, Wollen und Wind abhängt. Wir zum Beispiel haben seit unserer Abreise aus österreichischen Gewässern nicht einen Brief bekommen. Briefe vermißt man; aber keine Zeitungen zu lesen und keine telegraphischen Depeschen zu erhalten, ist, in der jetzigen Zeit, eine nicht zu beschreibende Wonne. Es tritt wieder Ruhe und Frieden in das bewegte Gemüth, und es eröffnet sich wieder der Sinn für Natur und Kunst, und man kann sich seiner Existenz erfreuen. – Seit 6 Wochen wandern wir jetzt herum, und haben schon Manches mir Teures gesehen, das interessante Malaga, das imposante Gibraltar und das paradiesische Madeira. Von letzterem Orte an bin ich in einer mir neuen Welt gewesen. Was mir am wohlsten thut, ist die moralische Ruhe in der Bewegung und das hiesige Clima; wir haben vollkommenen Sommer, mit der köstlichsten Luft, den herrlichsten Blumen und den besten tropischen Früchten ...« (St. Cruz auf Teneriffa, 24. 12. 1859)

Während Maximilian Europa umsegelte, übten seine Brüder mit dem ihnen eigenen Eifer ihre hohen Ämter in Wien und in Innsbruck aus. Carl Ludwig, der in Tirol weit weg von den nächsten Verwandten lebte, war dabei viel einsamer und darauf angewiesen, dass ihn seine Familie manchmal besuchte. Im Zusammenhang damit gibt es eine interessante Bemerkung in einem Brief, wie viele Vorbereitungen für den Empfang und die Installierung der Hofgesellschaft nötig waren. Eigentlich erwartete Carl Ludwig im September 1860 nur seine El-

tern und seinen jüngsten Bruder Ludwig Victor, in Summe ergab das
eine recht stattliche Anzahl von Menschen: »Jetzt habe ich in der
Stadt (*in der Innsbrucker Hofburg*) auch einige Arbeit gehabt, um die
verschiedenen Wohnungen für Papa, Mama, Ludwig und Gefolge vorzubereiten. Es kommen (3)4 oder 36 Personen. Übermorgen werden
sie hier eintreffen: Papa von Salzburg und Mama von Oberammergau,
Ludwig mit ihr. Sie bleiben hier nicht lange, am 14. reisen sie wieder
ab. Ich bringe gerade den für mich wehmütigen 15. (*den zweiten
Todestag von Margarete*) zurückgezogen zu. Die Anwesenheit der
Eltern und Ludwigs würden mich an dem Tage nicht genieren; aber
die Herren und Damen dazu. Man wird gerade an solchen Tagen so
genau beobachtet in seinen Mienen. Ich werde den Tag in der Stille
im geliebten Ambras zubringen ...« (Brief an Maximilian, Innsbruck,
8. 9. 1860) Es dauerte noch einmal ein halbes Jahr, bis sich der
leidenschaftliche Tänzer Carl Ludwig, der den Tod seiner geliebten
Frau nicht verwinden konnte, wieder in fröhliche Gesellschaft wagte.
»Ich gedenke, einmahl dem Fasching Rechnung zu tragen, am 6. will
ich einen größeren Ball geben. Es kostet mir viel Überwindung; ich
bin dessen jetzt schon etwas entwöhnt; denn in diesen trüben Zeitver-
hältnissen und das erste Mahl wieder seit dem Tod der Margarethe,
welche da durch ihre angeborene Heiterkeit und die Freude zum Tanzen den Mittelpunkt bildete; alles freute sich an ihrem Vergnügen ...«
(Brief an Maximilian, Innsbruck, 27./28. 1. 1861)

Inzwischen plante Maximilian neuerlich eine Reise nach Wien.
Carl Ludwig, der sich kurz zuvor dort aufgehalten hatte, versorgte ihn
mit dem neuesten Familientratsch und mit brandheißen Neuigkeiten
vom Theater. »Aus einem Schreiben des Ludwig habe ich neulich
erfahren, daß Du Anfangs des nächsten Monats nach Wien kommst
und Charlotte mit Dir. Wie wird das die gute Mama freuen; denn es ist
ihr, die so tief an den jetzigen Ereignissen leidet, ein sichtlicher Trost,
wenn sie doch wenigstens von einem Theil ihrer Kinder umgeben ist.
Sie bedarf jetzt besonders auch so sehr der vertraulichen Mittheilung
und des freundlichen Entgegenkommens; es ist ihr Bedürfnis zur Mil-
derung ihrer Sorgen. Ich war, seit ich Dir das letzte Mal schrieb, wie
Du wohl wissen wirst, wieder in Wien, auf Befehl des Kaisers in Angelegenheiten des Tiroler Landesstatus ...

Im übrigen hat es mich sehr gefreut, Eltern, Geschwister, die lieben Kinder und die übrigen Verwandten wiederzusehen ... Rudolph
(*mittlerweile war dem Kaiserpaar der ersehnte Thronfolger geboren*

worden; er war damals 2 ½ Jahre alt) hat eine besondere Liebe zu mir gefaßt, so daß der Kaiser behauptet hat, er sehe mich als ein übernatürliches Wesen an. Auch die gute, so innige Gisella (*5 Jahre*) war sehr freundlich mit mir. Ich war auch sehr froh, die Großmama, Amie und die anderen alten Bekannten wiederzusehen und alle wohl zu finden ...

Im Hermanntheater (?) war ich zweimahl und sah zum ersten Mal die 17 Mädchen in Uniform mit Nestroy als Sousquartier. Das ist zu amüsant; ich habe so gelacht. Der Kaiser, Ludwig und ich waren zusammen. Das zweite Mahl war eine neue Operette, ›Daphnis und Chloe‹, worin Nestroy den Gott Pan vorstellt, auch unglaublich komisch ... Auch war ich im Ballett: ›Die Cu... von Paris‹ aus Neugierde, weil ich so viel davon früher gehört hatte, als sei es so sehr unanständig. Ich fand es gar nicht so arg; ich finde kein Ballett als solches anständig; aber daß gerade dieses etwas so besonderes sein soll, konnte ich nicht finden. Die Musik ist sehr hübsch; sehr animiert; es wird gut getanzt, nur die eine Tänzerin, die Roll, fand ich sehr hoch (*gut*) im Tanzen. Der Kaiser und besonders Ludwig waren befriedigt, daß ich als strenger Sittenmeister, das so fand ...« (Innsbruck, 22. 3. 1861)

Und hier wieder einmal die Möglichkeit, mit einem Vorurteil – dem historischen Irrtum Nummer Sieben – aufzuräumen. Dem Leser wird sicherlich aufgefallen sein, dass Kaiser Franz Joseph in dieser Zeit mit seinen Brüdern Carl Ludwig und Ludwig Victor mehrere unterhaltsame Abende im Theater zubrachte. Letzterer war damals 19 Jahre alt, homosexuell[67] und zwei Jahre zuvor in den bekannten Skandal im Schwulenmilieu einer Wiener Badeanstalt verwickelt gewesen. Dennoch lebte Ludwig Victor – wie aus dem Brief hervorgeht – im trauten Schoß seiner Familie in Wien! Alle Behauptungen darüber, dass der Kaiser ihn für alle Zeit nach Salzburg strafversetzt hatte, sind also genauso unrichtig wie die früheren Bemerkungen über das Verhältnis zwischen Kaiserin Elisabeth und Erzherzogin Sophie. Als Ludwig Victor ein paar Monate später tatsächlich nach Salzburg geschickt wurde, hatte das einen ganz anderen Grund: nämlich denselben, demzufolge seine Brüder Maximilian und Carl Ludwig im

---

67 Ich habe anlässlich einer Arbeit über Erzherzog Ludwig Victor herausgefunden, dass er bisexuell war. Balletttänzerinnen haben es ihm nämlich zu aller Zeit angetan. Er hatte in späterer Zeit zumindest ein Liebesverhältnis mit einer Tänzerin.

selben Alter ihre Posten in Triest und Lemberg angetreten hatten. Der jüngste der Brüder war 19 Jahre alt geworden und sollte nun Stellvertreter Kaiser Franz Josephs im Land Salzburg werden. »Gestern ist Ludwig mit schwerem Herzen fort; das elterliche Haus zum ersten Mal verlassen, ist doch immer ein Abschnitt im Leben, und ihm ist es noch empfindlicher geworden, weil er sehr gerne in Wien war und die vielen Vergnügungen hier mitmachte, die Entfernung nach Salzburg ist nicht so groß. Da habe ich es schlimmer gehabt, nach dem so entfernten Lemberg, in das kalte Galizien, in ganz fremde Verhältnisse ...« (Wien, 20. 11. 1861)

In der Zwischenzeit war Carl Ludwig von seinem Posten in Tirol nach Wien zurückberufen und zum Mitglied des Reichsrats ernannt worden. Als Privatresidenz stellt ihm Kaiser Franz Joseph das Augarten-Palais zur Verfügung. In diesem Zusammenhang möchte ich einmal darauf verweisen, wie ungemütlich es damals war, in jahrhundertealten Schlössern zu wohnen. »So sind ... viele noch in immerwährendem Erstaunen, daß ich (*Carl Ludwig*) so weit weg wohnen kann (*von der Burg*), so isoliert, und ich es vor Kälte da aushalte. Nun, das Ruhige habe ich gerne, und was die Kälte betrifft, so ist es wohl in den Zimmern dasselbe hier wie in der Burg ...« (Wien/Hofburg, 20. 12. 1861) In einem früheren Brief kann man lesen, dass sich Ludwig Victor im Sommer eine starke Verkühlung zugezogen hatte, die »durch das Umziehen (*von der Hofburg*) in die kühlen Zimmer von Schönbrunn verursacht wurde ...« Erzherzogin Sophie gehörte zu den häufigsten Erkältungsopfern der Familie: Sie erkrankte im Herbst oft in den ungeheizten Räumen von Schloss Schönbrunn und – wie wir in einem Brief erfahren haben – nach einem Besuch im Frühling in Schloss Laxenburg. Dass es im Schloss Schönbrunn so kalt war, hing damit zusammen, dass man in die wertvollen historischen Räumen keine Heizungen einbauen durfte. In der Hofburg war das größte Problem die Zugluft, die offensichtlich durch alle Fenster- und Türritzen fegte. So klagten dort die meisten Familienmitglieder im Winter über rheumatische Kopfschmerzen. Und auch bei Kaiser Franz Joseph verursachte der Luftzug in der Hofburg immer wieder Erkältungen und rheumatische Beschwerden.

Wesentlich interessanter als der Exkurs über das Raumklima in den Schlössern der Habsburger ist eine Bemerkung im selben Brief, aus der hervorgeht, dass die Beziehung zwischen den beiden älteren Brüdern neuerdings getrübt war. Diesmal war Maximilian so verstimmt, dass er nicht einmal bereit war, von Triest aus der in Venedig weilenden Kaiserin Elisabeth einen Höflichkeitsbesuch abzustatten. Carl Ludwig litt unter den Launen Maximilians, wenn sie den Familienfrieden bedrohten, und versuchte immer wieder vermittelnd einzugreifen. »Ende des nächsten Monats hoffe ich (*Carl Ludwig*), Deiner (*Maximilians*) Einladung folgen zu können und nach Miramar zu kommen. Von da werde ich zur Kaiserin gehen (*nach Venedig*) und mich da acht bis zehn Tage aufhalten. Ich bath heute den Kaiser um diese Erlaubnis, und er war sichtlich erfreut, daß ich die Kaiserin besuchen wollte. – Ich begreife sehr, daß es für Dich und Charlotte schwer ist hinzukommen und die Erinnerungen schmerzlich sind, und Rücksichten, unangenehme Beziehungen da eintreten; aber ich glaube, das ist meine Meinung, daß Du gut daran thätest, doch öfters hin zu kommen, oder Charlotte hin gehen zu lassen. Es ist doch so nahe von Triest, und müßte daher vielleicht unliebsam auffallen, wenn man Dich dort nicht sieht. Du hast nicht gerne, Charlotte allein gehen zu lassen, und das ist natürlich in gewisser Beziehung, aber es wäre dem Kaiser sehr angenehm, wenn Ihr hin kämt. Der Kaiser hat mir jetzt, heute nichts davon gesagt, aber früher davon gesprochen. Es ist ihm darum zu thun, daß die Kaiserin doch Zerstreuung habe, und er ist ja so unglücklich mit dem vielen Kummer und Sorgen, die auf ihm lasten, daß man ja so ein Opfer für ihn bringen kann. Verstehe mich aber recht, ich begreife Deine Gründe. Glaube aber, daß da überwiegende Momente eintreten. Ich will nicht, das weißt Du, ist nicht meine Art, mich mischen in fremde Angelegenheiten; aber da ist es nur ein Rath, den ich Dir gebe ...« (Wien/Hofburg, 20. 12. 1861)

Loslösung von Wien und Vorbereitung auf ein hohes Amt – das des Kaisers von Mexiko

————————— ◆ —————————

Um diese Zeit – genau zwei Monate bevor Carl Ludwig den mahnenden Brief an seinen Bruder schrieb – hatte Kaiser Napoleon III. mit Zustimmung Kaiser Franz Josephs Maximilian die Kaiserkrone von Mexiko angeboten. Und obwohl alle Beteiligten darüber zufrieden schienen, herrschte wieder große Spannung unter den zwei ältesten Habsburger-Brüdern. Kaiser Franz Joseph hatte sie sicherlich nicht verursacht, da er – wie schon oft zu erkennen war – Konflikte mit seinem Bruder lieber vermied, als sie auszufechten. Maximilian hat sich auf jeden Fall wieder einmal zurückgezogen. Vielleicht wollte er sich in Folge des bevorstehenden exklusiven Aufstiegs auch nur interessant machen und kapselte sich deshalb noch mehr von der Familie ab. Was sogar den lammfrommsten seiner Brüder zu einer beinahe kritischen Bemerkung hinriß. »Ich (*Carl Ludwig*) habe schon längere Zeit vor, mich behuf Ankaufs um ein Haus in Wien umzusehen, da ich wohl einsah, daß es nicht gut sei, sich ganz von Wien zurückzuziehen und sich von der Familie zu entfernen, wie das Max seit einiger auf alle Welt auffallende Weise thut ...« (Brief an Erzherzogin Sophie, Artstetten, 12. 9. 1863)

Unter allen Familienmitgliedern litt Erzherzogin Sophie am stärksten unter dem Benehmen und der Trennung ihres Sohnes Maximilian. Vor allem wusste auch sie bald, dass er sich mit der Annahme des mexikanischen Kaiserthrones in ein gewagtes Abenteuer stürzte, das alles andere als eine sichere, geschweige denn eine prachtvolle Zukunft verhieß. Je näher der Termin von Maximilians Abreise nach Mexiko rückte, desto mehr hoffte seine Mutter, dass sich die Pläne zerschlagen würden. Ebenso hoffte sie aber auch das genaue Gegenteil, da sie dem ohnehin immer gekränkten Sohn, dem immer nur Zweiten und vermeintlich immer Benachteiligten, jede Demütigung ersparen wollte. »Max war auf eine kurze Erscheinung Anfang vergangener Woche hier, um so kürzer, da ich (*Erzherzogin Sophie*) natürl. selbst wünschen mußte, daß er nach Salzburg, auf einige Stunden ging, um Großm. zu sehen :/ u. die arme Amie, die so stille Thränen um ihn weint u. nicht die Kraft fühlte, mir neul: von ihm zu sprechen u. ich ebenso wenig, mit ihr von ihm zu reden. Ich war sehr zufrieden mit seiner Stimmung, sie war eher weich wie aufgeregt; es schien sogar, daß das Wiedersehen mit uns das leise Schwanken, das ich an ihm bemerkte, noch vermehrte, denn er sagte zwei Mal, glaube ich: ›Es geschieht ja vielleicht nicht‹, oder, ›es wird ja vielleicht nichts daraus‹. Das wäre wohl das Trostloseste, wenn er den leider so überstürzten Schritt bereuen u. glauben würde, er wäre zu weit gegangen, um ihn rückgängig zu machen!! Die Bangigkeit, die mich überfällt, wenn ich an eine Trennung für's ganze Leben denke, ist nicht auszudrücken. Der liebe Gott weiß mich recht an der schwachen Seite zu treffen, um mich zu prüfen u. für das bessere Leben zu erziehen, indem er mir so stille Sorgen u. Schmerzen für Euch Alle auferlegt! Möge es Euch am Ende nur Allen gut gehen! – Zu Max's Rechtfertigung muß ich aber sagen, was Du auch wohl selbst weißt, daß die Initiative für die unglückliche Geschichte ihm nicht von Außen kam ... Er versicherte mich, daß, wenn dem Kaiser Aegypten zu gefallen wäre, u. er dort Vicekönig hätte sein können, es dieses Amt viel lieber übernommen hätte, wie Kaiser in Mexico zu sein. Du solltest das den Vettern u. Cousinen sagen, um sie milder zu stimmen. – Zu meinem Trost sagte er mir, zu Papa's u. meiner goldenen Hochzeit würde er wiederkommen!! – Ich erwiderte, daß ich dann nicht mehr leben würde, was ihn sichtbar ergriff. Er war überhaupt so weich gestimmt, daß er ganz blaß wurde u. sich seine Augen mit Thränen füllten, als ich vom Schrecken des Kaisers sprach nach dem Sturz des Rudolph's u. eben so, als wir von den traurigen Erinnerungen des vergangenen Herbstes sprachen. – Onkel Ludwig sagte ihm zum schönsten Trost, daß er von Mexico nicht verjagt, aber dort erschlagen werden würde!! – Er :/ O. L.: /: war ganz tiefsinnig, als er entdeckte, daß das unglückliche Projekt viel weiter gediehen sei, als er es ahnte!« (Brief an Carl Ludwig, Ischl, 24. 10. 1863) Übrigens warnten nicht nur die Verwandten vor der Annahme der mexikanischen Kaiserkrone, auch die Zeitschriften konnten dem Projekt nichts Positives abgewinnen. »Die mexican: Nachrichten in den heutigen Zeitungen haben mich (*Erzherzogin Sophie*) wieder weit zurückgeworfen in Angst u. Sorge! Für eine Mutter es ein schweres Kreutz, ihren Sohn unaufhaltsam in einer bodenlosen Existenz rennen u. die schönste Stellung verlassend zu sehen! ...« (Brief an Carl Ludwig, 4. 1. 1864)

Aber auch Carl Ludwig wagte gar nicht daran zu denken, sich von Maximilian für lange Zeit oder sogar für immer verabschieden zu müssen. »Du wirst wohl, bevor Du nach Mexico definitiv abreist, noch einige Zeit zum A... nach Wien kommen. Wenn Du das voraus sagen kannst, so wäre mir daran gelegen, es zu wissen, damit ich Dich doch noch etwas sehen könnte, bis das persönliche Scheiden statt findet. Denn ich würde vielleicht sonst jetzt etwas nach Wien kommen oder noch etwas nach Miramar oder später nach Wien, wenn Zeit zum Abschied ist. Denn in Miramar wünsche ich nicht, Abschied von Dir zu nehmen; auch wäre es Dir wohl nicht lieb, wenn der wehmüthige Augenblick noch ...ssert (*verschlimmert?*) würde.« (Graz[68], 18. 2. 1864)

Neben dem eigenen Kummer um den Abschied von Maximilian sorgte sich Carl Ludwig um das Wohl seiner Mutter, die ab dem Zeitpunkt, als das Mexiko-Projekt sicher war, zu kränkeln begann und sich davon nie wieder erholte. »(Das zu viele Schreiben) könnte Ihnen (*Erzherzogin Sophie*) schaden, nachdem Sie ohnehin so viel beschäftigt und gewiß recht in Sorgen sind wegen der mexicanischen Angelegenheit, die nun ihrem Abschluß nahe geht. Gerade heute erhielt ich einen Brief des Max aus Brüssel (*dort hatte er sich der politischen Unterstützung seines Schwiegervaters König Leopolds I. versichert*) ... Nun schreibt er mir, daß er zwischen 12. und 15. März in Wien zurück zu sein hoffe. Mit der Erlaubnis des Kaisers würde ich dann kommen. Es wird wohl eine gar wehmüthige Vereinigung sein, und doch thut es wohl, diese Zeit noch zusammenzubringen zu können. Ich finde, es ist nicht möglich, sich mit dem Gedanken an diese Trennung auf diese unsichere Zukunft hin (anzufreunden) ... aber man ist genug lange darauf vorbereitet. Nach den Zeitungen wird Flandern (*Graf von Flandern, ein Schwager Maximilians*) sie begleiten, und wohl auch sich die brasilianische Kronprinzessin[69] ansehen. Es schien mir schon lange sonderbar, daß mit dieser nicht auch Pläne sein sollten!« (Graz, 29. 2. 1864)

Je näher Maximilians Abreisetermin rückte, desto unruhiger wur-

---

68 Erzherzog Carl Ludwig hatte inzwischen zum zweiten Mal geheiratet und lebte damals mit seiner Frau Annunziata, einer geborenen Prinzessin von Bourbon-Sizilien, im Palais Khuenburg in Graz.
69 Da der Kaiser von Brasilien, Pedro II., keine Söhne hatte, war seine damals 16-jährige Tochter Prinzessin Isabella zu seiner Nachfolgerin bestimmt.

de Erzherzogin Sophie. »In Eile zwei Worte, mein lieber Carl, Dir für Deinen lieben langen Brief zu danken u. zu sagen, daß es uns Allen gut geht, mir wohl nicht ganz, da mir Max's Aufenthalt in Paris (*er besprach sich noch einmal mit Kaiser Napoleon III.*) das Herz bricht!, war auch wieder recht unwohl vorgestern durch einen Schüttelkrampf ... Nun heißt es wieder in den Zeitungen, daß Max ... noch nach England geht, was ich als ein gutes Zeichen, nehml. für ein Hinausschieben der Reise annehme, da er nun doch unmögl: noch vor dem Auftreten des gelben Fiebers in Mexico ankommen kann. Ich liege auf dem Kreutz für Euch Alle, aber in diesem Augenblick hauptsächlich für Maxi, möge Alles, was ich leide, Euch Allen u. Euer Seelenheil sichern u. mir Armseligen auch ...« (Wien/Hofburg, 9. 3. 1864)

Um sich in ihrer Trauer abzulenken – Erzherzogin Sophie hatte sich inzwischen von Maximilian verabschiedet –, reiste sie für ein paar Tage zu ihrer Schwester Kaiserin Caroline Auguste nach Salzburg. »Rasch einige Worte, lieber Carl, um Dir zu sagen, daß es uns Allen recht gut hier geht; mir wenigstens körperl: gut, aber auch die gedrückte Seele stärkt u. hebt die reine vortreffliche Gebirgsluft u. die wohlthuende Ruhe, die man hier findet. Von der schmerzl. Trennungsstunde spreche ich Dir nicht, ihr Nachhall bleibt fest in meinem Herzen mit allem Leid, das die ferne, unsichere Krone gebracht u. noch bringen wird. Beunruhigend ist mir der Gedanke, daß Max noch wenigstens 14 Tage in Lacroma u. Miramar bleibt, u. ich ihn nicht mehr sehen soll, andererseits ist jedoch die verlängernde Agonie des Abschieds auch fürchterl: ...« (Salzburg, 28. 3. 1864)

Carl Ludwig war – obwohl er das eigentlich vermeiden wollte – zuletzt doch nach Miramar gereist, um mit Maximilian noch die Tage vor seiner Abreise zuzubringen. Er wäre sicherlich nicht nach Triest gefahren, wenn er gewusst hätte, was ihn dort erwartete. Denn Maximilian brach angesichts des bevorstehenden Abschieds psychisch völlig zusammen. Er ahnte mittlerweile, in welch unsichere Zukunft er aufbrach. Sein Bruder fühlte sich der Situation in Miramar nicht mehr gewachsen und reiste vorzeitig ab. »Ich (*Carl Ludwig*) bin noch zu sehr angegriffen vom Schmerz des Abschieds in Miramar und von dem traurigen Vormittag des 9. Es war gar viel auf einmahl. Max ist wohl auch daran krank geworden; ich fand ihn schon Abends recht unwohl, mit Fieber und Halsschmerzen; er war recht erschöpft ... Ich bin früher fort, als seine Abreise erfolgen sollte, denn diesen Abschied mit anzusehen, wäre mir zu schmerzlich gewesen, und den Tag vorher war ja Max so sehr in Anspruch genommen durch den Empfang der deputation, diner u.s.w., daß ich doch nichts von ihm gehabt hätte. Die Reise zurück war so sehr gräulich für mich, es dauerte so lange, und noch dazu ein sehr heftiges Kopfweh, bis ich dann zu Hause war, da war mir wieder wohl in meiner richtigen Existenz, bei meiner geliebten Annunziata ...« (Brief an Erzherzogin Sophie, Graz, 12. 4. 1864)

Carl Ludwig hielt mit seinem Bruder Maximilian weiterhin regelmäßigen Kontakt, wenn auch die Korrespondenz durch die Dauer des Postwegs wesentlich erschwert wurde. Denn auf die Antwort eines Briefes musste man drei Monate warten. Er versorgte den Bruder in der Ferne mit Neuigkeiten vom Familienalltag, am allerliebsten plauderte er über Kinder:»Nachdem die Kaiserin Marianna (*Ehefrau Kaiser Ferdinands I.*) auf ihrer Reise nach G... zwei Tage in Graz gewesen war, wo wir sie sahen, und ihr auch den Kleinen (*inzwischen war der erste Sohn Franz Ferdinand geboren, er war damals ein halbes Jahr alt*) brachten, reisten wir, den lieben Kleinen mit uns, nach Schönbrunn. Dort hielten wir uns bis zum 9. Juli auf. Es war eine sehr frohe und angenehme Zeit. Die Großeltern hatten sehr viel Freude an unserem lieben Franz. Er war auch so heiter da; Heiterkeit ist bis jetzt seine Haupteigenschaft. Gleich, als wir ankamen, und uns die Eltern entgegengingen, lächelte er die Mama an ... (*Bald stieß Kaiserin Caroline Auguste, die Großmutter Carl Ludwigs dazu*) das kannst Du Dir wohl denken, gleich den Tag nach unserer Ankunft aus der Stadt, um den <u>Urenkel</u> zu sehen, und hatte eine große Freude an ihm. Das ist wahr, er ist jetzt sehr nett. Gott erhalte ihn uns so! Man war frappirt, wie kräftig er ist. Er sieht so gut aus, hat die schönsten rothen Farben. Die Kinder des Kaisers, welche sich mit dem Vetter aus Steiermark, wie Rudolph sagte, sehr freuten, waren so herzig mit ihm. Gisella (*8 Jahre*) voll Vorsorge für ihn, sehr zärtlich, umarmte ihn öfters. Rudolph (*6 Jahre*) ärgerte sich, daß er nicht sprach, der Kleine, und ihn nicht verstehe. Als ihn Großmama frug, wie gefällt dir der Kleine? antwortete Rudolph. Er gefällt mir nicht; aber ich habe ihn sehr lieb. Er sagt: ›Ich habe kleine Kinder überhaupt nicht gerne, lieber größere als ich‹ ...

Nicht wahr, Du wirst mir, nachdem Du mir nicht schreiben wirst können, schreiben lassen durch Kujachevich (*Sekretär*), oder anderen Deiner Umgebung, damit ich *directe* von Dir Nachricht erhalte?« (Artstetten, 3. 7. 1864)

Bevor Maximilian nach Mexiko abgereist war, hatte er seinen Bruder Carl Ludwig gebeten, die Verwaltung seines und seiner Ehefrau Vermögen in Europa zu übernehmen. Das sollte sich als ziemlich schwierige Arbeit herausstellen, denn niemand konnte herausfinden, was Maximilian besaß. »Nachdem ich (*Carl Ludwig*) in einigen Tagen eine Reise antrete, so will ich noch vorher Dir (*Maximilian*) schreiben, um eine Frage an Dich zu stellen in der mir von Euch übertragenen Überwachung Eures Vermögen's. Du hast mir hierüber das erste Schreiben unter dem 10. April zukommen lassen. Darauf schrieb ich an Grafen Zichy um ein Verzeichnis des sämtlichen Vermögensstandes. Hierauf erwiderte er unter dem 6. Mai, er sei nicht in der Lage, meiner Aufforderung zu entsprechen, indem er nicht ganz orientirt in derselben Vermögensangelegenheit sei, deshalb vorerst noch mehrere Auskünfte von Dir erbitten müsse. Nachdem ich also von dieser Seite keine zu... (*ausreichende*) Auskunft erhielt, die mich selbst erst in's Klare bringen sollte, so wendete ich mich den 10. Mai an Baron Rothschild in Wien, welcher mir zwei Verzeichnisse der bei ihm und bei L... in London befindlichen Effecten übersandte, die alle auf den Nahmen der Charlotte lauten. Da in Deinem Schreiben vom 10. April an mich auch von Deinem Vermögen die Rede ist, so richtete ich an Rothschild die weitere Anfrage, ob nicht auf Deinen Nahmen lautende Effecten noch vorhanden seien? Darauf antwortet mir derselbe, daß unter den bei ihm für Charlotte erliegenden Werthpapieren sich keine aus Deinem Vermögen befinden und sich überhaupt kein Werthe für Deine Rechnung in seiner Verwahrung befunden haben. – Nun entsteht die Frage, ob Dein Vermögen vielleicht unter dessen Werthpapieren begriffen ist, nehmlich auf Charlotten's Nahmen, was ich zu wissen nöthig halte, um bei Vorkommnissen mich darnach zu halten? Ich mache Dich nur aufmerksam, daß ich vernommen habe, Graf Zichy gehe mit der Absicht um, die bei Rothschild erliegenden Werthpapiere anderswo zu placiren, weil jener mit demselben seit der Contrahirung des Ne... Anlegen's nicht zufrieden sei. Du hast jetzt wohl die Güte, mir über diese Angelegenheit zu schreiben oder schreiben zu lassen. Ich erwarte nun auch die weiteren Mittheilungen des Grafen Zichy, welche er mir, nachdem er Dich befragt hat, in Aussicht gestellt hat ...« (Artstetten, 26. 7. 1864)

Offensichtlich besaß Maximilian schon damals keine Geldmittel mehr. Er hatte seine Barschaft wohl für den Bau der Anlage von Schloss Miramar sowie für den Erhalt der Villa Lazarovich verbraucht.

Nur seine Ehefrau Charlotte besaß ein riesiges Vermögen, das sich aus ihrem Heiratsgut und verschiedenen Erbschaften zusammensetzte. Die Familie Sachsen-Coburg-Gotha, der sie entstammte, zählte im 19. Jahrhundert zu den reichsten Dynastien.

Wenn sich seine Familie damals auch noch keine Gedanken über die Finanzen Maximilians machte, so hat sich ihr Leben nach seiner Abreise einscheidend verändert. Ebenso empfanden das die Angehörigen all jener Leute, die sich gemeinsam mit ihm nach Mexiko begeben hatten. Wenn auch einige Abenteurer diesen Weg freiwillig angetreten hatten, weil sie sich in Südamerika eine neue Existenz schaffen wollten, so gab es doch einige, die nur aus Pflichtbewusstsein mit- oder nachreisten. »Deinen (*Carl Ludwigs*) Brief an Max werde ich (*Erzherzogin Sophie*) Guido Thun nach Salzb: bringen, von wo er in der Nacht vom 24ten zum 25ten nach England reist, wo er sich in Southhampton einschifft. Er war neul. hier u. zieml. lange bei mir, scheint ein guter, gemüthl. Mensch zu sein, der das schwere Opfer bringt, aus Gehorsam für den Kaiser u. weil er einem Erzh: als Kaiser in Mexico findet. Seine arme Mutter findet sich aber schwer in die Trennung von ihrem Sohn u. doch ist sie zu beneiden, da der Kaiser ihm (*Guido Thun*) schon die Erlaubnis zugesagt hat, im Jahr 66 für die goldene Hochzeit seiner Eltern zu ihnen zurückzukehren. Er hängt so sehr am Vaterhaus, daß er mir gestand, obgleich er nun seit 18 Jahren es verlassen, er noch nicht sich daran gewöhnen kann, den Weihnachtsabend allein zuzubringen ...« (ohne Ortsangabe, 17. 10. 1864)

Wie früher erwähnt, war Maximilian der Abschied von der Familie nicht leicht gefallen, und es befiel ihn später in Mexiko – an den Geburtstagen seiner Angehörigen und an hohen Feiertagen – oft das ärgste Heimweh. Außerdem scheint er sich in Südamerika auch körperlich nicht wohl gefühlt zu haben, da er dort ständig kränkelte. Er litt häufig unter Durchfall, an seinem chronischen Galle- und Leberleiden und er erkrankte kurz nach seiner Ankunft in Mexiko an einer starken Angina. Nichtsdestotrotz hielt er weiterhin an seiner Idee fest, ein Weltreich im Sinne Kaiser Karls V. zu errichten. Zur Durchführung seiner hochfliegenden Pläne wollte er sich der Unterstützung des Kaisers von Brasilien versichern (Pedro II. war der Bruder der verstorbenen ersten Braut Maximilians), die er durch engere Familienbündnisse verbessern wollte. Nachdem dessen Tochter, Erbprinzessin Isabella, nicht die Ehefrau des Grafen von Flandern geworden war, wollte er seinen jüngsten Bruder Ludwig Victor mit ihr verheiraten. Die Verwirklichung der Idee hatte nur einen Haken: Dieser nunmehr 22-jährige Erzherzog saß zufrieden in Salzburg, reiste, wann immer es ihm Spaß machte, nach Wien, wo er auch bald einen eigenen Palast erbauen ließ, und genoss das gemütliche Leben in Österreich. Er hatte überhaupt keine politischen Ambitionen. Seine Tätigkeit in Salzburg genügte vollends seinen Ansprüchen. Darüber hinaus interessierte er sich für Kunst und Theater und reiste auch sehr gerne, dann aber sehr bequem. Ein Abenteuerleben in Südamerika befand sich schon wegen des fehlenden Komforts völlig außerhalb seines Vorstellungsvermögens. »Du (*Maximilian*) sprichst von dem Factum der Heirathen in Brasilien. Ich (*Carl Ludwig*) kann es nur bedauern (*dass sich die deutschen Prinzen nicht dafür hergeben*), und sagte es auch früher schon, als nicht ein Erzherzog dahin ging, um diese Allianz zu schließen. Ich glaube nicht, daß Ludwig dazu geeignet gewesen wäre. Ein junger Mensch in seinem Alter soll sich einmal austoben; zum Heirathen ist noch nicht viel Neigung, und zwingen ließe sich das nicht, nachdem er nicht die Lust dazu hatte. Joseph wäre gewiß geeignet dazu gewesen, er hat Schneid, Character und genügend Verstand, mehr als man glaubt. Da gehört wohl, wie gewöhnlich im Leben, mehr ein fester Character dazu als ein besonderer Geist; denn die Opfer wären wohl groß gewesen. Ich sah es wohl voraus, daß von Coburg oder Orléans Prinzen hinkommen würden. Sie haben auch, von ihrem Standpunkt, wohl recht für die Versorgung der Ihrigen eifrig zu handeln, und es glückt ihnen auch viel ...

Den 26. Jänner bin ich zum Geburtstage der Mama nach Wien. Ich dachte, es würde sie freuen, und ihr ein Trost sein, wenn ich komme, nachdem sie ... (*letztes Jahr*) an dem Tag so betrübt war, Dich nicht mehr dabei zu sehen, und den Onkel Ludwig verloren zu haben (*der von allen so geliebte Onkel war am 21. Dezember 1864 gestorben*), der ja als treuer Freund so dazugehörte, und sein Tod überhaupt eine so empfindliche Lücke hinterließ. Mama zeigte mir auch eine innige Freude, mich wiederzusehen, und mein Zweck war erreicht. Der Onkel ging freilich sehr ab, als er sonst so bescheiden herein kam, mit frühstückte, und einige Witze los ließ, so heiter dabei. Mama erinnerte sich auch Deines Sch... wie Du voriges Jahr in Thränen ausbrachst, als Du am 27. zum Frühstück herein kamst. Das bleibt unvergeßlich für ein Mutterherz. Sie sprach mir davon. Eine Freude wurde ihr aber auch durch Dein Portrait von Winterhalter, was so schön, so sehr ähnlich ist, ein superbes Bild ...« (Graz, 9. 3. 1865)

Obwohl Maximilian an seinen zwei jüngeren Brüdern wesentlich mehr hing als an Kaiser Franz Joseph und er sie – zunächst Ludwig Victor und später auch Carl Ludwig – in seine amerikanischen Abenteuer mit hineinziehen wollte, äußerte er sich sogar über sie gerne in einem überheblichen Ton: »Es gibt Leute, die das Leben meiner jüngeren Brüder philosophisch finden; mir wäre solch eine Existenz der Tod bei lebendigem Leibe, und was noch ärger ist, ich finde sie lächerlich. Es gibt nichts Erbärmlicheres als einen apanagirten Prinzen, der eine so genannte sorgenlose Existenz führt.« (Zit. in: Corti, Tragödie, S. 201). Besonders ungerecht ist dieses Urteil seinem Bruder Carl Ludwig gegenüber, der Maximilian sehr liebte und der ein Leben lang für ihn da war und Erledigungen für ihn übernahm. Und auch die Bemerkung über die »sorgenlos lebenden, apanagirten Prinzen« hätte er sich besser gespart. Denn im Unterschied zu Maximilian gingen seine Brüder mit ihrem Geld vorsichtig um, legten es gut an und hinterließen ihren Erben beachtliche Vermögen. Die einzige Person, über die Maximilian niemals lästerte und zu der er das immer gleichbleibende, liebevolle Verhältnis hatte, war seine Mutter. Ihr gestand er all seine Sorgen und seinen Kummer, was ihr das Leben allerdings nicht erleichterte. »Hier sende ich (*Erzherzogin Sophie*) Dir (*Carl Ludwig*) einen interessanten, in mancher Hinsicht recht befriedigenden Brief von Max, der am Ende aber recht wehmüthig ist! Zum Glück, daß seine große Aufgabe, sein im tiefen Herzensgrund stets glimmendes Heimweh nicht oft zum Durchbruch kommen läßt ... Ich bethete (am Morgen im Oratorium) natürl. für Euch Alle: Kinder u. Kindeskinder u. rief den Heil. Geist hauptsächlich auf meine beiden Kaiser herab! ...« (Wien/Hofburg, 4. 6. 1865)

Erzherzogin Sophie verstand Maximilian am besten von allen Familienmitgliedern. Sie war immer bereit, ihm zu verzeihen, zwischen ihren Kinder zu vermitteln und sie beschwichtigte den anderen gegenüber seine Kommentare, wenn sie dachte, dass er einmal zu keck gewesen wäre. »Hier zwei so liebe Briefe v: T: Marie, mein lieber Carl, später kömmt einer von Max nach, in dem Du ihm ›das Kaninchensystem‹ gewiß nicht übel nimmst, das einer seiner nicht böse gemeinten Witze ist? ...« (Schönbrunn, 15. 7. 1865) Mit dem Kaninchensystem hatte sich Maximilian sicher über einige der fruchtbaren Familienzweige der Habsburger lustig gemacht. Er selbst war und blieb kinderlos, während sein Bruder Carl Ludwig insgesamt sechs Kinder bekommen sollte. Damals waren zwar erst zwei Söhne auf der Welt (*im April 1865 folgte Otto seinem Bruder Franz Ferdinand*), Erzherzogin Sophie konnte sich aber ausmalen, dass er noch viele Kinder haben würde, weil er wie Kaiser Franz Joseph ein Familienmensch und ein über alle Maßen verliebter Vater war. Es muss Carl Ludwig ein furchtbarer Schreck in die Glieder gefahren sein, als der kinderlose Maximilian nur wenig später vorschlug, einen der beiden kleinen Söhne seines Bruders adoptieren und zum nächsten Kaiser von Mexiko erziehen zu wollen. Das Angebot hat ihm sicherlich einige schlaflose Nächte gekostet: zum einen, weil er nie in seinem Leben eines seiner Kinder fortgegeben hätte, und zum anderen, weil er nicht wusste, was er Maximilian darauf antworten sollte, ohne ihn zu kränken.

»Lieber Max! Im vorigen Monat erhielt ich durch Charli Bombelles in Wien die von Dir ihm aufgetragene Eröffnung, bezüglich eines unserer Kinder, welche ich hiermit schriftlich erwidere, und hiefür die sichere Gelegenheit, Charli's Rückreise nach Mexico, benütze ...

Sosehr uns schmeichelt und wahrhaft rührt, daß Du so freundlich bist, Dich in dieser wichtigen Frage unser und unserer Kinder zu erinnern, auf einen der zwei Söhne (*Franz Ferdinand, zwei Jahre, und Otto, ein halbes Jahr alt*) Rücksicht nehmen und als Euren Sohn und Erben der mexicanischen Krone annehmen wolltest, so ist es uns nach reiflicher Erwägung und Rücksprache mit dem Kaiser, sowie den Eltern, die ich mit Bestimmung des Charli gegen Versprechen, daß sie das Geheimnis bewahren, zu Mitwissern machte, doch nicht möglich auf Deinen Antrag einzugehen, und zwar aus folgenden Gründen:

Es ist gegen unser Gewissen, in einer so wichtigen Angelegenheit, welche über die Zukunft eines unserer Kinder entscheidet, ohne dem Vorwissen derselben eine Entscheidung über dieselben zu treffen, es (*ein Kind*), ohne dessen Bestimmung seiner angestammten Rechte in unserem Vaterlande verlustig machen zu lassen und einer ihm vielleicht widerstrebenden Existenz anheim zu geben, wodurch es für sein ganzes Leben unglücklich werden könnte.

Wir würden es natürlich immer sehr bedauern, und es würde uns als Eltern sehr weh thun, ein geliebtes Kind von uns zu geben und sich von demselben auf immer zu trennen, es aus unserem Familienverband scheiden zu sehen; aber wäre es aus dessen wohl überlegtem

Entschluß hervorgegangen, würde es seinem neuen Schicksal aus freier Wahl entgegen gehen, so würden wir, wenn wir auch denn nicht einverstanden sein könnten, diesen Schritt schwer verhindern.

Das Hauptgewicht lege ich nebst dem erst erwähnten Umstand auf den politischen Gesichtspunkt. Ich muß es Dir hier wieder sagen, und es soll Dich nicht beleidigen, denn es ist des R... Ansicht, daß die Principien und Grundlagen, auf welchen die mexicanische Monarchie besteht, nicht die unserigen sind. Ich war auch gegen die Annahme dieser Krone, hauptsächlich aus diesem Grund; denn die anderen Einwendungen dagegen scheinen mir im Vergleich untergeordnet; also wäre ich nicht couragirt, da die Entscheidung im Namen des Kindes nach unserer Meinung zu geschehen hat, wenn ich dasselbe nach Mexico bestimmen ließe. Auch finde ich mein Kind dort nicht genug sicher, ich meine nicht so sehr die persönliche Sicherheit für dessen Leben, sondern für seine Existenz im allgemeinen. Die dortigen Zustände sehe ich nicht genug befestigt, wenn es auch möglich ist, daß die Aussichten nun besser sind als dieselben Anfangs waren. Es scheinen mir die Gefahren gegen den Fortbestand einer Monarchie, und bleiben ungeregelte Zustände, zu groß, damit Eltern auf Möglichkeit hin mit Beruhigung ihr Kind weg ziehen lassen, welches dadurch unbewußt seine vererbten Rechte verliert und eine sichere Stellung verliert. Für uns ist hier auch die weitere Rücksicht maßgebend, daß Annunziata und ich unsere größte Freude darin sehen, unsere Kinder in der ihnen angeborenen Stellung und zum Nutzen ihres und unseres Vaterlandes zu erziehen. Wenn wir auch dem Glauben schenken wollen, was bewährte Persönlichkeiten, wie dies bei Charli der Fall ist, aus von Mexico sagen und versichern, so sind uns doch das Land und dessen eigenthümliche Verhältnisse aus eigener Anschauung nicht bekannt. Da wird es doch auch für Eltern doppelt schwer, in diesen aus Fr... Verhältnissen das Schicksal eines Kindes zu begründen.

Ich fände es ganz natürlich, und von dem Gedanken hätte ich nicht gescheut, wenn wir sonst hätten einverstanden sein können, daß das Kind noch im Laufe des nächstes Jahres nach Mexico kommen sollte; denn es muß für Dich und das Land eine Bürgschaft und eine Befestigung des Throns sein, wenn ein Erbe der neuen Dynastie daselbst ist.

Daß das Leben des Kindes durch die Reise, das veränderte Clima gefährdet werden könnte, das finde ich, wenn auch, einiger Vorsichten wegen, zu ermessen, nicht maßgebend; denn darüber waltet die Vorsehung. Ich würde mir keinen Vorwurf machen, das Kind die- ser Gefahr auszusetzen, wenn auch die Möglichkeit eines Nachtheils da entstünde, indem man in der Welt wohl öfters soll etwas Bedeu- tendes ausgeführt werden, sich über solche Eventualitäten hinausset- zen muß.

Wären nicht die vorerwähnten Gründe, welche unserer Überzeu- gung nach, gegen das Project sprechen, so wüßte ich unser Kind in Deinen Händen gut aufgehoben; denn Du würdest, das sind wir si- cher, für sein Wohl auf das beste gewissenhaft sorgen und in Zukunft mit Liebe für ihn Vater sein, in Andenken von dessen Eltern.

Wie ich es nicht anders vor Dir erwarten konnte, so hättest Du auf eine edle Art für die weitere Existenz des Kindes gesorgt, sollte Dir Gott noch Kinder schenken, was ich Dir innigst, von ganzem Herzen wünsche. Darüber wäre ich sicher gewesen, hättest Du es mir auch nicht sagen lassen.

Ich danke Dir schließlich herzlich für die gute Meinung, die Du für unsere Kinder hattest, und ich bin sehr erfreut, daß das Gefühl für Dein früheres Vaterland und unsere Familie Dich an uns denken ließ, und Du wirst die offene Sprache, ohne irgend einen Hinterhalt, die, um ganz klar zu sein, hier maßgebend sein mußte, nicht übel nehmen, sowie auch dadurch keine Trübung zwischen uns sein soll, und kann; denn diese Frage hat ja nichts mit der brüderlichen Liebe zu thun. –

Indem wir Dich, lieber Max, und Charlotte herzlichst grüßen, ver- bleibe ich Dein treuer Bruder Carl.« (Graz, 4./6. 12. 1865)

Zum Zeitpunkt, als Maximilian seinem Bruder diesen Vorschlag unterbreitet hatte, war die Situation in Mexiko schon angespannt und unsicher genug und sie sollte sich in den kommenden Monaten noch wesentlich verschlimmern. Der hauptsächliche Grund lag darin, dass Frankreich keine Hilfscorps mehr schickte, wodurch Maximilian in immer größere Bedrängnis geriet. Um stärkere militärische Hilfe zu erhalten, trat Charlotte eine Reise nach Europa an, wo sie sich vor allem mit Kaiser Napoleon III. treffen wollte, auf dessen Hilfe sie am meisten zählte. Die kaiserliche Familie wusste nichts von diesem Vorhaben und war recht erstaunt, als sie plötzlich von ihrer Ankunft in Frankreich erfuhr. »Zu meinem (*Erzherzogin Sophies*) großen Er- staunen erhielt ich gestern während dem Thée ein Telegr: v: Charlot- te aus St: Nazaire, wo sie eben gelandet war! – Ich frug sie heute um ihre Projekte, erhielt aber noch keine Antwort. Ich denke, sie geht über Paris nach Wien, dann vielleicht hieher. So soll ich abermals sie wiedersehen u. Max nicht, das ist schmerzl:, freue mich aber durch Charlotte genaue Nachrichten v: Max zu erfahren ...« (Brief an Carl Ludwig, Ischl, 9. 8. 1866)

Nachdem Charlotte, wie aus der Geschichte bekannt ist, in Frankreich für Maximilian und Mexiko nichts ausrichten konnte, nahm sie ihren weiteren Weg nach Rom. Sie wollte beim Papst Hilfe erbitten, war aber, wohl im Zug der ergebnislos verlaufenden Gespräche mit Kaiser Napoleon III., um diese Zeit psychisch schon sehr stark angegriffen, so dass sich ihr Verstand bald zu verwirren begann. Davon wusste die Kaiserfamilie aber nichts, die noch immer ihre Ankunft erwartete: »Charlotte ist gestern früh nach Rom abgereist; sie telegraphirte mir (*Erzherzogin Sophie*) um 6 Uhr früh; so kann sie wohl nicht vor 5ten oder 6ten October hieher (*nach Österreich*) kommen ...« (Brief an Carl Ludwig, Ischl, 19. 9. 1866)

Mittlerweile waren die Meldungen über Charlottes beginnende Geistesverwirrung bis Österreich gedrungen. Der einzige Mensch, der von ihrer Krankheit nichts wusste, war Maximilian, der um diese Zeit ein Telegramm nach Ischl schickte (die telegraphische Verbindung zwischen Amerika und Europa bestand erst seit ein paar Monaten), das Glückwunschadressen an seine Familie enthielt. »Hier sende ich (*Erzherzogin Sophie*) Dir, geliebter Carl, ein Telegr: von unserem armen Max zu Papa's und Franzi's Namenstag, den (*damals: ›der Telegraph‹ anstelle von ›das Telegramm‹*) ich vorhin, mit Ludwig von Gisella u. Rud: nach einer Promenade zu Fuß u. Wagen ... zurückkommend in meinem Zimmer fand. Er war nur 12 Tage unterwegs!!! eine große Gnade Gottes, zumal jetzt, wo ich mich so sehr für ihn sorge u. ängstige, u. mein Kummer für ihn noch um vieles gestiegen ist, durch Charlotte's betrübendes <u>Kopfleiden</u>, von dem Du wohl auch gehört haben wirst, da an Mensdorff von Rom einige Telegr: u. ein Bericht für den Kaiser einlangten. Ludw: trug sich dem Kaiser an, nach Rom zu eilen, obgleich es ihm für sein agrément (*Vergnügen*) nun nicht gelegen käme, aber um dem armen Max diese Beruhigung zu gewähren, kam er gestern Mittag wieder hieher, um des Kaisers Befehl, nachdem er zugesagt, einzuholen, fuhr sogleich, nach mit uns eingenommenen Gabelfrühstück zu den Langbathseen (*zu einem kaiserlichen Jagdhaus*), wo er aber weder den Kaiser, der in den Bergen jagte, noch Sisi, die spazieren ging, fand u. einen Brief hinterließ, den der Kaiser abends beantwortete. Ein Telegr:, den Ludw: während dem Thée erhielt, machte seiner Bereitwilligkeit ein Ende, da er die wahrscheinl: Abreise Charlotte's mit ihrem jüngsten Bruder u. Ch: Bombelles, die beide von Brüssel u. O... durch Telegr: gerufen wurden, für gestern nach Miramar ankündigte. Leider war das Unwohlsein in Rom (öffentlich) bekannt, wurde auch von Frankreich nach Wien berichtet ... Fritsch (*ein Arzt*), der mit derlei Kopfleiden viel als junger Arzt zu thun hatte, sagt, daß es wieder zu beheben sei ...

Gegen 9 Uhr abends. Die Nachrichten von Charlotte sind leider noch immer nicht tröstl:! Mein armer, armer Max!« (Ischl, 9. 10. 1866)

Der Zustand Charlottes verschlimmerte sich zusehends, sie musste in Miramar von der Öffentlichkeit abgeschirmt unter ständiger Aufsicht von Ärzten leben. Carl Ludwig reiste im Auftrag der Kaiserfamilie nach Triest, um dort Näheres über die Krankheit zu erfahren und mit den Ärzten über die weitere Behandlung seiner Schwägerin zu beraten. Seine Mutter wollte ihm folgen und sich selbst ein Bild vom Zustand Charlottes machen. »Ich (*Erzherzogin Sophie*) bitte Dich, bei den Ärzten anzufragen, ob u. wann ich nach Triest kommen kann, oder (bereite) wenn es Gott will, den Ärzten den Vorschlag, den ich den Kaiser bat zu thun, Charlotte nach Laibach in die gute u. still gelegene Radetzky Villa zu bringen ... Papa erlaubt mir die Reise, u. wenn ich auch Charlotte gar nicht sehen kann, so ist es doch wohl eine Beruhigung u. ein Trost für meinen armen Max, durch mich zu erfahren, ob sie gut versorgt, umgeben und gepflegt ist u. ihr nichts in ihrer traurigen Existenz abgeht. Mir geht es wie Dir; ich möchte beim armen Max sein, um ... (*mich*) mit ihm aussprechen zu können ... Diesen Mittag bekam ich einen Brief voll interessanter details u. heiterer Stimmung von meinem armen Max vom 3ten Sept. ...« (Brief an Carl Ludwig, Ischl, 14. 10. 1866)

Carl Ludwig berichtete seiner Mutter sofort von den ersten Eindrücken in Miramar, noch bevor er ihren Brief erhalten hatte: »Mit welch trauriger Empfindung kam ich dahin, wo ich oft so glückliche Zeiten verbrachte; schon gestern, als ich vorbeifuhr und die Fenster erleuchtet waren, that es mir so weh, zu dieser traurigen Veranlassung dahin wieder zu kommen. Zuerst sah ich Charli (*Bombelles*), der so ergriffen und übel aussieht; dann den Gfen. v. Flandern (*einen Bruder von Charlotte*), der recht schwermüthig ist. Es ist so schwer, sich mit ihm zu verständigen; denn seine Taubheit hat sehr zugenommen, die Hauptsache war mir, mit Professor Kindel (*oder Riedel*), dem Director der Irrenanstalt in Wien, zu sprechen. Er findet den Fall bei Charlotte sehr bedenklich; doch glaubt er, daß es möglich sein wird, sie zu heilen. Sie ist nicht tobsüchtig; aber wahnsinnig. Die größte Ruhe ist erforderlich ... Ich sah sie natürlich nicht; auch ihr Bruder sah sie nicht mehr seit zwei Tagen. Weil er nichts weiter helfen kann, reist er auch heute Abends ab. Ich gedenke, morgen noch zu bleiben. Sie (*Charlotte*) glaubt jetzt besonders, daß Napoleon sie vergiften lassen wolle, glaubt, daß Kindel mit verschworen sei ... Kindel glaubt auch, daß die Enttäuschungen, nahmentlich seit der Begegnung mit Napoleon, sie so weit brachten ... Sie sprach auch, die Arme, von Ehescheidung, damit der Max eine andere heirathen könne und Kinder habe. Sie wolle gerne zurücktreten, nur leben lassen solle er sie. Es ist zum Erbarmen, die arme Frau! ... Es ist schrecklich, an den armen Max zu denken, so weit weg, ein solches Unglück erfahren zu müssen! Von Rom aus wurde ihm in allgemeinen Ausdrücken telegraphirt; von hier aus aber genauer und bestimmter. Es ist doch besser so; denn er erfährt es sonst von anderer Seite; durch Telegr. in amerikanischen Zeitungen z.B. ... Das ist eine sehr harte Prüfung, nun in diesem Augenblicke, wo wohl sein Reich dem Untergang entgegen geht! ...« (Triest, 15. 10. 1866)

Erzherzogin Sophie wartete in Wien die Berichte der Ärzte ab, die Charlotte in Triest behandelt hatten, und konnte Carl Ludwig Beruhigendes melden. »Sehr danke ich Dir für die interessanten détails v: der armen Charlotte's Zustand, der durch Kindel gegründete Hoffnung giebt, sie ganz herzustellen; so sagte er dem Kaiser, als er nach Wien von Miramar zurückkam u. so schrieb Til... an Fritsch in einem recht interessanten, befriedigenden Brief, der mir die große Beruhigung giebt, daß Charlotte sorgsam gepflegt u. überwacht wird. Er wünscht natürl. nicht, daß ich komme, da stets die erste Bedingung der Ärzte, welche Geisteskranke in Pflege nehmen, ist, daß ihre nächsten Verwandten u. Alle, die Erinnerungen in die Vergangenheit erwecken, ferne bleiben. Ich könnte nicht einmal in der Nähe wohnen, so sehe ich wohl ein, daß es besser ist, auf die Reise nach Miramar, die ohnedem dem guten Papa sehr schwer gewogen wäre, zu verzichten, zumal Max durch den zurückkehrenden Arzt u. schriftl. durch Til... die gewünschten Nachrichten erhält. Die gänzliche Herstellung der jungen Montgelas, welche während einem Jahr ganz verrückt war, von welcher mir T: Marie neul. schrieb, ist mir eine große Beruhigung, die ich ihr innig dankte.« (Ischl, 28. 10. 1866)

Inzwischen hatten sich auch die Meldungen aus Mexiko verschlimmert. Die Kaiserfamilie wusste nun, dass sich Maximilian in arger Bedrängnis befand, konnte aber wegen der langen Postwege (von denen auch die Berichterstatter der Zeitungen betroffen waren) niemals aktuelle Nachrichten erhalten. »Der Kaiser (*Franz Joseph*) wird Dir, geliebter Carl, meine (*Erzherzogin Sophies*) Nachricht von Max mitgetheilt haben. Ich war recht in Angst um ihn u. bin es eigentl. noch! Die Ungewißheit, was mit ihm geschieht u. wie er fortkömmt, ist so peinigend. Die Nachrichten der Zeitungen sind so widersprechend. Mir kam selbst der Gedanke, ob vielleicht der Telegr: vom Max, welches ich beischließe, nicht von ihm ist, sondern geschrieben wurde, um uns irre zu leiten, ihn ganz zu isoliren! Die unerreichbare Entfernung ist niederdrückend! Heute bekam ich einen Brief vom 10ten October von Max aus Chapultepec ge... u. harmlos ...

(*Über den Zustand Charlottes*) M: Auersperg hat Charlotte bald verlassen müssen. Da Jilek (*ein Arzt*) nicht erlaubte, daß sie mit Charl: speiste, überkam sie sogleich wieder ihr Mißtrauen, daß sie wegen ihren vergifteten Speisen nicht ihre Mahlzeit theile u. auch gegen sie complottirte. Damit sie die Ärmste nicht verhungern lassen, mußte M: Auersp: sogleich abreisen, doch hielt sie Charlotte noch einen Tag zurück, da sie, wie sie sagte, sich sonst schämen müßte. Sie hatte anfangs eine rührende Freude, M: Auersp: zu sehen, ließ ihr die Wohnung ober ihr anweisen u. Teppiche legen; sobald sie oben das Hämmern auf die, die Teppiche befestigenden Nägel hörte, überkam sie die Furcht, daß eine Wohnung gerichtet würde, um sie darin einzusperren, denn sie hat stets die Angst, abgefangen u. eingesperrt zu werden! – Neul: ließ sie sich während 4 Stunden beregnen, um das Regenwasser im Mund aufzufangen, da sie kein Wasser, das sie vergiftet glaubt, trinken will; als sie fand, daß der Regen übel schmeckte, sagte sie, also auch vom Himmel fällt Gift! – M: Auersp: fand sie sehr verändert, abgemagert, ihr sonst so warmer teint grau u. den Blick steif! Ich glaube, sie wird schwer zu heilen sein. Es ist sehr traurig.« (Salzburg, 23. 11. 1866)

Unter allen widersprüchlichen Informationen, die die kaiserliche Familie damals über das Leben Maximilians in Mexiko erhielt, besagte eine, dass er zwar gefangen war, aber demnächst das Land verlassen würde. Er sollte Ende Dezember in Lacroma eintreffen. Maximilians

Brüder waren im regen Einsatz, alles über seinen Verbleib herauszufinden und Näheres über sein derzeitiges Schicksal zu erfahren. »Ich (*Carl Ludwig*) habe auch durch De Pont (*einen belgischen Vertrauensmann*) Einsicht genommen in die sehr kräftigen Telegramme, die heute Beust (*österreichischer Politiker*) expedirte nach Washington, London und Paris, namentlich letzteres, welches in treffenden, energischen Ausdrücken von Napoleon verlangt, daß für die Sicherheit des Max gesorgt werde, nachdem jener doch der Urheber der gegenwärtigen Situation sei. De Pont habe ich auch gebethen, gleich zu Beust zu gehen, damit telegraphirt werde um weitere détails und von wem Max gefangen wurde. In der Zeitung steht, daß vor Queretaro Marquez und Miramon (*Gefolgsleute Maximilians*) mit ihm gefangen (worden waren) ...« (Brief an Erzherzogin Sophie, ohne Ortsangabe, zwischen 8. und 27. 6. 1867)

Viel konnten die um Hilfe gebetenen Politiker[70] nicht ausrichten, was vor allem immer mit den unendlich langen Postwegen zusammenhing (Frage und Antwort benötigten selbst per Telegramm 24 Tage). Viel zu viel konnte dazwischen geschehen, wie anhand der Korrespondenz dieser Tage zu erkennen ist. Denn alle Einsätze von europäische Seite kamen ohnehin schon zu spät und waren dadurch auch vergebens: Maximilian wurde auf Befehl von Benito Juarez am 19. Juni 1967 in Querétaro erschossen, was um diese Zeit aber noch niemand in Europa wusste: »Ich (*Carl Ludwig*) bin so froh, daß ich die Gelegenheit hatte, in dieser kummervollen Zeit nach Maria Zell zu kommen und da so recht für die vielen Anliegen zu bethen, die das Herz bekümmern, besonders für Max, daß Gott die Gnade habe, ihn uns glücklich zurückzubringen nach den vielen Leiden, die er ausgestanden hat ... Gott lob, daß nach den Zeitungen wenigstens bessere Nachrichten von Max sind! ...« (Brief an Erzherzogin Sophie, Artstetten, 26. 6. 1867)

Nachdem Erzherzogin Sophie vom Tod ihres Sohnes erfahren hatte, wurde sie schwer krank und war sogar einige Tage gelähmt. Ihre Schrift wurde ganz zittrig und beinahe unleserlich. Dennoch schrieb sie in dieser Zeit einen Brief nach dem anderen an Gefolgsleute und

---

70 In diesem Zusammenhang ist es vielleicht interessant zu erfahren, dass einer, der nicht aufgefordert oder gebeten wurde, Giuseppe Garibaldi – er war einer der größten Staatsfeinde Österreichs –, ganz von alleine tätig geworden war und versuchte, über amerikanische Kontakte das Leben Maximilians zu retten.

Freunde Maximilians in Mexiko, um alles über seine letzten Tage zu erfahren und in den Besitz jedes noch so kleinen Andenkens an ihn zu gelangen. »Der Kaiser oder Ludwig werden Dir (*Carl Ludwig*) die Abschrift eines Schreibens senden, welches ein junger Engländer (*der bei Maximilian in Diensten war*) u. sehr, wie es scheint, entsprochen hat, <u>so</u> warmherzig, an mich in nicht ganz correktem Deutsch (geschrieben hat) ... u. mit einem engl. Brief an M: Hamilton, der ihn Max empfohlen hatte, für mich zu senden. Die so tief rührenden détails, die er über meines Max letzte Stunde giebt, beruhigten mich einiger Maßen nach den so gräßlichen Beschreibung in den kurz vorher eingelangten Zeitungen ...« (Ischl, 19. 8. 1867)

Und zwei Wochen später:»Innigst danke ich Dir, geliebter Carl, für Deinen Brief vom 31ten Aug:, der mir heute zum Frühstück im Garten im tiefen Schatten der Kastanien gebracht wurde u. mich recht weinen machte ... Mit schmerzl. Wehmuth freue ich mich auf Lago u. den Koch, der ... meines Max letztes Andenken bringt. – Wer gab die Nachricht von dem Koch? Ich denke mir, er war wohl Diener u. Koch zugleich, derselbe, dessen Frau ... in Queretaro für Max kochte, die er dann auch nach Mexico (*City*) zurückschickte ... Wie danke ich Dir, daß Du mir unseres lieben Max Photogr: senden willst! ... Eben wird mir Farra angekündigt von Mexiko kommend ...

Der junge Farra hat mir alle détails gegeben, die mein Herz zerrissen, aber auch erheben u. trösten. Max hat sich (*bei der Hinrichtung*) einzig schön, rührend, herrl. benommen! Far: brachte mir ein Stückchen seines Paletots, den ihm sein Diener für den letzten Gang gegeben, eins von dem Tuch, in welches er nach dem Ende gleich gehüllt wurde, u. einen grünen kleinen Zweig vom Platz, wo er erschossen wurde! ...« (Possenhofen, 2. 9. 1867)

Bald sollten noch mehr Augenzeugen aus Mexiko auftauchen: »Gestern sah ich (*Carl Ludwig*) auch Tavera. Es that mir so unbeschreiblich weh, alle die schrecklichen détails zu hören und doch that es mir wohl, einmal etwas mündlich von einem Augenzeugen zu erfahren, wo man gewiß sein kann, daß es wahr ist. Wie vieles mußte er mir von da erzählen, und wie in's Herz ergriffen war ich; doch das erhabene, echt ritterliche, friedliche Ende macht die Angehörigen stolz und gibt, was die Hauptsache ist, die Beruhigung für sein Seelenheil ... Lago wird täglich erwartet. Die Nachricht, daß der bis zuletzt dem Max beigestandene Koch das Sacktuch u. Maxen's Hut Ihnen bringen wird ... habe ich durch einen Brief erfahren ... Sehr froh bin ich durch Tavera erfahren zu haben, den ich eigens deshalb frug, daß Max unter den Briefen, die er noch zuletzt schrieb und welche ein Hamburger oder Berner Consul in Aufbewahrung hat, auch einen an den Kaiser richtete, diese Briefe sollen sicher aufbewahrt sein, u. dieser Mann soll sich ambitioniren, dieselben selbst zu überbringen ...« (Wien/Hofburg, 7. 9. 1867)

Erzherzogin Sophie versuchte nun unter Einsatz all ihrer Kräfte, diese Briefe, die letzten Dokumente ihres Sohnes, zu erhalten. Sie bat Carl Ludwig, sich mit den nötigen Leuten »zu besprechen über die Mittel u. Möglichkeiten meines (*Erzherzogin Sophies*) Max Briefe von dem Kaufm: in San Luis ... zu erhalten. Mir scheint, es ist auch die Erlangung eines Ordens angestrebt, denn das Ordensfieber er- greift ja jetzt die solidarischsten, vernünftigsten Leute, um so mehr einen Kaufm: in Amerika, dem bis jetzt jede Aussicht verschlossen war, einen Orden zu erlangen. Ich glaube, wenn der Kaiser, dem ich Dich bitte, meinen Brief lesen zu lassen, dem Kaufm: einen Orden versprechen ließe, wenn er die Briefe sogleich herausgibt, so könnte ich sie vielleicht bald erhalten; freil. müßte man sich direkt an ihn wenden, damit kein Zwischenmann in dem so verkommenen Land nicht auch einen Profit aus diesen Briefen ziehen u. sie vielleicht gar unterschlagen u. verkaufen könne, wessen Farra den Kaufm:, der ein ernster Mann sein soll, nicht fähig glaubt. Dann müßte man freil. sicher sein, daß die Briefe auf die sicherste Weise an mich befördert würden. Der preuß. Gesandte (aus Mexiko) wird nun bald ankommen ... mit Gottes Gnade bringt er die Briefe, wo nicht, kann er Aufschluß über den Kaufm: geben, zumal er ganz wahr u. zuverlässig sein soll ... Farra gefiel mir auch; ich behielt ihn über anderthalb Stunden; der gute Mensch war ganz ergriffen, wie ich es war, kannst Du Dir den- ken; der Martertod meines armen Max ist eine unvertilgbare Marter für mein ohnedem so tief zerrissenes Herz, innig danke ich jedoch dem lieben Gott, daß er so erhebend schön geendet, treu bis in den Tod seinen Freunden, treu seinem Beruf u. mild vergebend seinen Feinden u. öffentl: allen um Vergebung bittend, die er hätte beleidi- gen können! ...« (Ischl, 9. 9. 1867)

Carl Ludwig war den Briefen seines verstorbenen Bruders tatsäch- lich bald auf der Spur. »Beust wird ... mit Lago, der nähere Kennt- nisse der Verhältnisse u. der Persönlichkeit dieses Amerikaners hat, sprechen; glaubt auch, daß eine Aussicht auf Orden gut sein wird. Übrigens sagte mir heute Lago, er habe gehört, als wenn dieser Consul die Briefe unmittelbar an Beust abgeschickt hätte ... Er (*Lago*) sagt, Max sei oft doch so heiter gewesen im Gefängnis, hat selbst gelacht u. eine bewunderungswerthe Ergebung (gehabt) ...« (Wien/ Hofburg, 11. 9. 1867)

In dieser Epoche schrieb Carl Ludwig seiner Mutter beinahe jeden zweiten Tag einen langen Brief, wenn er nicht selbst bei ihr sein konnte. Denn er und seine zwei Brüder wechselten sich ständig in der Betreuung ihrer Mutter ab und versuchten, sie von ihrem Schmerz abzulenken. »So lange habe ich (*Erzherzogin Sophie*) Dir, geliebter Carl, nicht geschrieben u. Du warst so fleißig u. schriebst so oft. Vergib's der Stimmung meiner armen Seele, was sie alleine verbrach, denn sie macht mir das Schreiben noch so schwer; einem durch tiefen, unaussprechlichem Schmerz niedergedrücktem Gemüth thun gerade die gewöhnlichen Beschäftigungen u. Mittheilungen an, werden leicht zur mühsamen Arbeit. Der Kaiser, mit dem ich mich zwischen den Jagden genügend aussprechen kann, da er stets lange bei mir oder bei mir u. Papa ist, brachte mir die schöne Hoffnung, daß Du bald hieher kommen wirst ...

Ludwig kam den 25ten hieher, erheiterte uns, zumal T: Marie, die er viel lachen machte; was mir wohl that zu sehen, u. fuhr heute wieder nach Salzburg, wo der gute Papa seit gestern 1 Uhr ist u. wohin er den Domh: Columbus rief, um seine Andacht zu verrichten. Als Präses der Landwirtschaft in Salzburg vertheilt er die Preise bei der Viehausstellung morgen u. gedenkt Mondtag zurück zu kommen. Ludwig kömmt den 3ten wieder. Nun werde ich auch wohl bald unseres lieben Max Kammerdiener u. Koch sehen. Ich las nehml. in der Zeitung Grills Ankunft in Prag, der Koch ist wohl mit ihm, so habe ich mir sie dann hieher citirt, um Alles in den kleinsten détails zu erfahren, wenn es auch herzzerreißend ist, so bringt es doch Trost u. erlösende Beruhigung. Lago hat mir auch viel erzählt u. so viel tröstendes Erhabenes!« (Ischl, 28. 9. 1867)

Inzwischen waren einige der angekündigten Briefe aufgetaucht, die nun innerhalb der Familie hin- und hergeschickt wurden. »Mit herzlichem Dank für Deine beiden Briefe, liebster Carl, u. für Einschluß sende ich Dir ... die Copien der Briefe des lieben Max wieder zurück, da Du nun selbst Ludwig, der vergangene Nacht nach Schönbr: ist, den seinigen ankündigen kannst ... Alles das kannst Du auch Kaiser, Sisi u. Ludwig mittheilen. – Ludwig hat jedoch den Brief vom 9ten von T: Marie schon gelesen. Leider habe ich den (Abschieds)Brief von meinem armen Max noch immer nicht erhalten. Die Eurigen sind, wie jener an den Kaiser, Copien, welche Dr. Basch besieht als die Originale, die Max auch dictirt hatte ...« (Salzburg, 16. 10. 1867)

Zu den schlimmsten Qualen, die die kaiserliche Familie damals auszustehen hatte, gehörte die Ungewissheit, was mit dem Leichnam Maximilians geschehen war und ob man ihn nach Österreich ausliefern würde. Ende November – also drei Monate nach der Hinrichtung – erhielt man eine positive Nachricht, und Erzherzogin Sophie war darüber unendlich erleichtert: »Unseren geliebten Max wenigstens todt wieder zu erhalten, ist ein großer Trost; ich werde doch wenigstens seinen Sarg anfassen u. dabei beten können ...« (Brief an Carl Ludwig, Salzburg, 26. 11. 1867) Als die Ankunft des Leichnams von Maximilian knapp bevorstand, bot Carl Ludwig seinen Eltern an, die Zeit des Wartens mit ihnen in Salzburg zu verbringen. Erzherzogin Sophie lehnte den Vorschlag freundlich ab und es ist interessant, zu sehen, wie ruhig sie angesichts des Eintreffens ihres toten Sohnes wurde. Das schreckliche, unfassliche Ereignis hatte für sie einen Abschluss gefunden. »Von Herzen gerührt durch Euren (*Carl Ludwigs und Annunziatas*) liebevollen Antrag, meine lieben Kinder, danken wir ihn Euch herzlst:, Papa u. ich, nehmen ihn aber nicht an, da wir am 10ten nach Wien abreisen. Gerade die Ankunft meines geliebten Max zieht mich hin; ich hoffe, daß nach seiner Deponirung (*Beisetzung*) in der Burg ... die wahrscheinl: wie gewöhnl: spät abends erfolgt, man mich den anderen Tag in den frühen Morgenstunden ganz alleine bei ihm beten läßt, denn Augenzeugen bei dem tiefsten Schmerz sind schwer zu ertragen; dann ziehen mich auch Kinder u. Enkel nach Wien, ebenso den guten Papa ... Auch auf die liebevolle Fstin. Palffy freue ich mich, die Max so sehr gut verstand u. auffaßte, u. auf Paula ...iez, die Max so warm nachweinte u. ihren Schmerz so ganz mit dem Meinigen aus der Ferne vereinigte ...« (Salzburg, 2. 12. 1867)

Am 17. Januar 1868 traf der Leichnam Maximilians in Wien ein und wurde in der Kapuzinergruft beigesetzt. Und wie sie es vorausgesagt hatte, zog sich Erzherzogin Sophie später dorthin zurück und verbrachte viele Stunden betend am Sarg ihres Sohnes.

Personenregister

(Ehefrauen finden sich unter den Namen ihrer Ehemänner)

Monsieur *Allègre*, französischer Schiffskoch S. 61
Allemann, Feldmarschall-Leutnant S. 196
König *Alphons* Libertinus, beigesetzt in Dom von Messina S. 73
Franz *Antoine*, k.k. Hofgärtner S. 66 f., 95
Königin *Antonia*, Ehefrau eines Königs Friedrichs, beigesetzt im Dom
von Messina S. 73
Freifrau Sophie *Arenberg*, eine Vertraute Kaiserin Charlottes von
Mexiko aus ihrer Jugendzeit S. 181
Auer, Drucker in der kaiserlichen Druckerei in Wien S. 151
Fürstin Marie *Auersperg*, k.k. Hofdame Kaiserin Charlottes von Mexiko,
Sternkreuzordensdame S. 219
Dr. Samuel *Basch*, Leibarzt Kaiser Maximilians in Mexiko S. 224
Graf *Bembo*, Kammerherr Erzherzog Maximilians S. 185 f.
Graf Ferdinand *Beust*, österreichischer Außenminister S. 220
»*Blascheck*«, kaiserlicher Türhüter S. 70
Böhm, kaiserlicher Gefolgsmann S. 109

Grafen *Bombelles*:
Carl, »Charley« »Charli«, Sohn Heinrichs, k.k. wirklicher Kämmerer,
zugeteilt Erzherzog Maximilian, Fregatten–Kapitän S. 68, 213 217
Heinrich, kaiserlicher Ajo, leitender Erzieher der jungen Erzherzoge
S. 18, 43, 68
Marco, Sohn Heinrichs S. 68

B(u)onaparte (Kaiser der Franzosen, Prinzen von Frankreich etc.):
Eugénie (1826–1920), Kaiserin der Franzosen, Tochter Graf Manuels
Montijo, Herzog von Peneranda S. 26
Marie Louise (1791–1847), Kaiserin der Franzosen, Herzogin von
Parma, Piacenza und Guastalla, Tochter Kaiser Franz II./I. von
Österreich S. 35, 37
Napoleon I. (1769–1821), Kaiser der Franzosen, Sohn des Karl
Buonaparte S. 35, 37
Napoleon II. (Franz) = Herzog von Reichstadt (1811–1832), König von
Rom, Sohn Kaiser Napoleons I. S. 35

Napoleon III. (1808–1873), Kaiser der Franzosen, Sohn König Ludwigs
von Holland S. 26, 29, 99, 204, 207, 215 f., 218, 220

Pedro IV. = s. Pedro I.

Braun, kaiserlicher Gärtner S. 67, 95
Bruck(s), wohl Bürger von Triest S. 63
Karl Ludwig *Buol-Schauenstein*, österreichischer Außenminister
S. 106, 153
die »*Buscheck*«, wohl eine Bürgerin von Triest S. 63
Cautz, Marine-Kommandant S. 59
M. *Cham*, eigentlich: Amadé Charles Henri de *Noë* (1819–1879),
französischer Zeichner und Karikaturist S. 63, 88
Abbé Joseph *Columbus*, Geistlicher, Domherr, Religionslehrer der
jungen Erzherzoge S. 111, 146, 223
Graf Johann Baptist *Coronini-Cronberg*, Erzieher der jungen
Erzherzoge S. 18
Egon Cäsar Conte *Corti*, Biograph der Habsburger S. 15
Graf Carl *Coudenhove*, Generaladjutant Kaiser Franz Josephs, k.k.
wirklicher Kämmerer S. 51
Graf Franz *Crenneville* (eigentlich *Folliot* de *Crenneville*), Erster
General-Adjutant der Armee, Vorstand der General-Adjutantur
Kaiser Franz Josephs S. 59, 64
Graf *Czernin*, Gefolgsmann Kaiser Franz Josephs S. 133
Demeter, Kaufmann in Wien S. 126
Gräfin Therese *Dietrichstein*, Sternkreuzordensdame, Palastdame
S. 105
Drexler, eigentlich: Philipp Ritter *Dräxler* von *Carin*, k.k. wirklicher
Hofsekretär S. 141
Anton *Einsle* (1801–1871), österreichischer Portraitist, Hofmaler
S. 178
Emma = Gräfin Emma *Emo–Capodilista*, k.k. Hofdame S. 164, 167
Freiherr Joseph *Eötvös* (1813–1871), ungarischer Schriftsteller und
Politiker S. 45
Graf *Farobbo*, Lissabon S. 79
Farra, Gefolgsmann Kaiser Maximilians von Mexiko S. 221 f.
Peter *Fendi* (1796–1842), österreichischer Maler S. 37
Dr. Johann *Fritsch*, k.k. Leibarzt S. 217 f.
Cajetan *Fraschini*, k.k. Kammersänger S. 91
Fritsch, Gefolgsmann Erzherzog Maximilians S. 94
Fritzi = wohl Fürstin Friederike Auersperg, k.k. Hofdame S. 43, 106,
137
Fürstenberg, deutsche fürstliche Familie S. 47

Giuseppe *Garibaldi* (1807–1882), italienischer Freiheitskämpfer und
  Politiker S. 220
Herren *Geiger*, vermutlich Künstler vom Wiener Burgtheater S. 51
Baron Franz *Gorizzutti*, Erzieher der jungen Erzherzoge S. 18
Graf Karl *Grünne*, Oberststallmeister und General-Adjutant Kaiser Franz
  Josephs S. 51, 70, 105, 117

Habsburger (römisch-deutsche Kaiser, Kaiser von Österreich, Könige
  von Böhmen, Könige von Spanien, Könige von Ungarn, Großherzoge
  von Toskana, Herzoge von Modena, Palatine von Ungarn, Erzherzoge
  von Österreich usw.):
Albrecht, »Albert« (1817–1895), Erzherzog von Österreich, Sohn
  Erzherzog Carls S. 51, 105
Beatrix (1792–1840), Herzogin von Modena, Tochter König Victor
  Emanuels I. von Sardinien S. 38
Carl, »Sieger von Aspern« (1771–1847), Erzherzog von Österreich,
  Herzog von Teschen, erster Bezwinger Napoleons, Sohn Kaiser
  Leopolds II. S. 51
Carl Ferdinand (1818–1874), Erzherzog von Österreich, Sohn
  Erzherzog Carls S. 101, 180
Carl Ludwig, »Carl« (1833–1896), Erzherzog von Österreich, Sohn
  Erzherzog Franz Carls und Erzherzogin Sophies: fortlaufend
Caroline Auguste, »Charlotte« (1792–1873), Kaiserin von Österreich,
  Tochter König Maximilians I. von Bayern S. 36 ff., 42, 72, 135, 146, 178,
  198, 201, 204, 207 f.
Charlotte (1840–1927), Erzherzogin von Österreich, Kaiserin von
  Mexiko, Tochter König Leopolds I. der Belgier S. 23 ff., 124, ab 181
  fortlaufend
Elisabeth (1837–1898), Kaiserin von Österreich, Tochter Herzog
  Maximilians in Bayern S. 9 f., 15 ff., 23, 46, 58, ab 130 fortlaufend
Elisabeth (1831–1903), Erzherzogin von Österreich, Tochter Erzherzog
  Josephs d. Ä., des Palatins von Ungarn S. 126, 164, 179
Ferdinand I. (1793–1875), Kaiser von Österreich, Sohn Kaiser Franz'
  II./I. S. 13, 38, 41, 45 ff., 97, 149, 153, 156, 208
Ferdinand Maximilian, »Maxi« (1832–1867), Erzherzog von Österreich,
  Kaiser von Mexiko, Sohn Erzherzog Franz Carls und Erzherzogin
  Sophies: fortlaufend
Franz II./I. (1768–1835), als Franz II. römisch-deutscher Kaiser, als
  Franz I. (1804) Kaiser von Österreich, Sohn Kaiser Leopolds II. S. 35 ff.
Franz IV. (1779–1846), Herzog von Modena, Sohn Herzog Ferdi-
  nands I. von Modena.

Franz V. (1819–1876), Herzog von Modena, Sohn Herzog Franz' IV. von Modena S. 13

Franz Carl (1802–1979), Erzherzog von Österreich, Sohn von Kaiser Franz II./I.: fortlaufend

Franz Ferdinand (1863–1916), Erzherzog-Thronfolger von Österreich, Sohn Erzherzog Carl Ludwigs S. 208, 213

Franz Joseph. »Franzi« (1830–1916), Kaiser von Österreich, Sohn Erzherzog Franz Carls und Erzherzogin Sophies: fortlaufend

Friedrich (1821–1847), Erzherzog von Österreich, Sohn Erzherzog Carls.

Gisela (1856–1932), Erzherzogin von Österreich, Tochter Kaiser Franz Josephs und Kaiserin Elisabeths S. 186 f., 189, 201, 208, 216

Heinrich (1828–1891), Erzherzog von Österreich, Sohn Erzherzog Rainers d. Ä., des Vizekönigs von Lombardo-Venetien S. 179

Johann (1782–1859), Erzherzog von Österreich, Reichsverweser 1848/49, Sohn Kaiser Leopolds II. S. 37, 101

Joseph d. Ä. (1776–1847), Palatin von Ungarn, Sohn Kaiser Leopolds II. S. 13, 124

Joseph d. J. (1833–1905), Erzherzog von Österreich, Sohn des Palatins von Ungarn S. 8, 154, 164, 211

Don Juan d'Austria (1547–1578), natürlicher Sohn Kaiser Karls V. S. 73, 75

Karl V. (1500–1558), als Karl I. König von Spanien, römisch-deutscher Kaiser, Sohn König Philipps (»des Schönen«) von Kastilien S. 10, 20, 27, 73, 75, 210

Ks.CA:FS.: S. 198, 201, 204, 207 f.

Leopold II. (1797–1870), Großherzog von Toskana, Sohn Großherzog Ferdinands III. von Toskana S. 13, 101, 188

Leopold (1823–1898), Erzherzog von Österreich, Sohn Erzherzog Rainers d. Ä., des Vizekönigs von Lombardo-Venetien S. 39, 190

Ludwig, »Onkel Ludwig« (1784–1864), Erzherzog von Österreich, Sohn Kaiser Leopolds II. S. 38, 61, 92, 101, 146, 164 f., 180, 205, 211

Ludwig Victor, »Bubi« (1842–1919), Erzherzog von Österreich, Sohn Erzherzog Franz Carls und Erzherzogin Sophies: fortlaufend

Margarete (1840–1858), Erzherzogin von Österreich, Tochter König Johanns I. von Sachsen S. 181, 184, 189 ff.

Maria Anna, »Marianna« (1803–1884), Kaiserin von Österreich, Tochter König Viktor Emanuels I. von Sardinien S. 38, 47, 97, 208

Maria Annunziata (1843–1871), Erzherzogin von Österreich, Tochter König Ferdinands II. von Neapel–Sizilien S. 206, 208, 224

Elisabeth, »Elise« (1801–1873), Königin von Preußen, Tochter König
   Maximilians I. von Bayern S. 127, 136
Friedrich Wilhelm IV. (1795–1861), König von Preußen, Sohn König
   Friedrich Wilhelms III. S. 127
Marianna (1810–1883), Prinzessin von Preußen, Tochter König
   Wilhelms I. der Niederlande S. 127

Holstein–Gottorp (Könige von Schweden, Zaren von Rußland, Prinzen
   von Schweden, Prinzen von Wasa, Großfürsten von Rußland usw.):
Alexander II. (1818–1881), Zar von Rußland, Sohn Zar Nikolaus I. von
   Rußland.
Amala (1805–1853), Prinzessin von Wasa, Tochter König Gustavs IV.
   Adolf von Schweden ab S. 34 fortlaufend
Gustav (1799–1877), Prinz von Wasa, Sohn König Gustavs IV. Adolf
   von Schweden S. 42, 106, 137, 141
Marie (1824–1880), Zarin von Russland, Tochter Großherzog Ludwigs
   II. von Hessen.
Nikolaus I. (1796–1855), Zar von Russland, Sohn Zar Pauls I. von
   Rußland S. 74
Olga (1822–1892), Großfürstin von Russland, Tochter Zar Nikolaus I.
   von Russland S. 98

Karl von *Holtei* (1798–1880), deutscher Schriftsteller S. 95
Freiherr Wilhelm von *Hornstein,* k.k. wirklicher Kämmerer, zugeteilt
   Erzherzog Carl Ludwig S. 143, 173
Hüber, Konsul von Alexandrien S. 100
Alexander Freiherr von *Humboldt* (1769–1859), deutscher
   Naturforscher S. 127 f.
Gräfin L. *Hunyády,* Hofdame S. 146
Fürst Felix *Jablonowski,* k.k. Kämmerer S. 100, 115 f., 134, 140, 143
Graf Joseph *Jellačić* (1801–1859), Banus von Kroatien S. 45, 48
Dr. *Jilek,* Arzt Kaiserin Charlottes von Mexiko S. 219
Benito *Juarez* (1806–1872), mexikanischer Politiker S. 29, 220
General *Jussuf,* Medea S. 90
Kaltenbäck, kaiserlicher Diener S. 73, 94, 96
Graf Lászlo *Károlyi,* k.k. Kämmerer S. 54, 134
Prof. *Kindel* (oder Riedel), Direktor der »Wiener Irrenanstalt« S. 218
Klein, Haushofmeister Erzherzog Maximilians S. 134
Sebastian *Kneipp* (1821–1897), Geistlicher und Naturheilkundiger
   S. 95
Köberl, kaiserlicher Bediensteter S. 146

Samuel *Morse* (1791–1872), amerikanischer Maler und Erfinder
S. 53

Johann Nepomuk *Nestroy* (1801–1862), österreichischer Dichter und
Schauspieler S. 201

Leopoldine *Nischer*, Kinderfrau der Kinder Kaiser Franz Josephs
S. 190

»*Nowack*«, kaiserlicher Diener S. 70

Graf Maximilian *O'Donnell*, Flügeladjutant Kaiser Franz Josephs
S. 107 ff.

Fürstin *Pálffy*, wohl Fürstin Leopoldine, Sternkreuzordensdame, Palastdame S. 224

Pallavicini (Markgrafen, Marchesi):

Alphons (1807–1875), k.k. Kämmerer, Vater der vier bis dato geborenen
Mädchen, im Jahr 1859 sollte der einzige Sohn, Alphons, zur Welt
kommen S. 54 f.

Gabriele (geb. 1821), Sternkreuzordensdame, Palastdame S. 54 f.

Perthaler, kaiserlicher Gefolgsmann S. 118, 120

Max *Piccolomini*, Sieneser Adeliger S. 135 f.

de *Pont*, belgischer Vertrauensmann der österreichischen Kaiserfamilie
S. 220

Heinrich *Purgold*, Sekretär aus dem Hofstaat Erzherzogin Sophies
S. 64, 66

Graf Joseph Wenzel *Radetzky* (1766–1858), österreichischer
Feldmarschall S. 91 f.

Friedrich Wilhelm von *Rauch*, deutscher General S. 127

Graf Johann *Rechberg-Rothenlöwen*, österreichischer Außenminister
S. 26, 124

Romano, Marquis und Marquesa, sowie deren Tochter Elise, aus
Österreich stammende Familie, die in Valencia lebte S. 76 f.

Baron *Rothschild*, Wiener Bankier S. 209

Gräfin *Rottenhan*, Erzieherin Kaiserin Elisabeths S. 137, 176, 180

Sachsen-Coburg-Gotha und Sachsen-Coburg-Saalfeld (Herzoge von
Sachsen-Coburg-Gotha, Herzoge von Sachsen-Coburg-Saalfeld, Kö-
nige von Großbritannien, Könige von Portugal, Könige der Belgier,
Herzoge von Brabant, Grafen von Flandern, Könige und Zaren der
Bulgaren, Prinzen von Portugal, Prinzen von Belgien, Prinzen von
Bulgarien etc.):

Ferdinand II. (1816–1885), König von Portugal, Sohn Prinz Ferdinands von Sachsen–Coburg–Gotha.
Leopold I. (1790–1865), König der Belgier, Sohn von Herzog Franz von Sachsen–Coburg–Saalfeld S. 23, 124 f., 129, 206
Leopold II. (1835–1909), als Thronfolger Herzog von Brabant, König der Belgier, Sohn Königs Leopolds I. der Belgier S. 23, 124 f., 170 ff., 182, 206
Maria Henriette, »Marizi« (1836–1902), Erzherzogin von Österreich, Königin der Belgier, Tochter Erzherzog Josephs d. Ä., des Palatins von Ungarn S. 124 ff., 129, 161 ff., 182
Pedro V. 1837–1861), König von Portugal, Sohn König Ferdinands II. von Portugal S. 158
Philipp (1837–1905), Graf von Flandern, Prinz von Belgien, Sohn König Leopolds I. der Belgier S. 210, 217

Sasshofer, Wien S. 176
Baronin Sophie *Scharnhorst*, Gesellschafterin von Prinzessin Amala Wasa in Wien S. 137, 157
Gräfin Ernestine *Schönborn*, Obersthofmeisterin von Erzherzogin Sophie S. 35, 51, 106, 117
Schwager (1822–1880), österreichischer Maler S. 137
Fürst Felix *Schwarzenberg* (1800–1852), österreichischer Ministerpräsident S. 47, 58 f.
Dr. Johann Nepomuk Ritter von *Seeburger*, k.k. Leibarzt S. 53 ff., 104 ff.
Monseigneur *Sibour* S. 91
Gräfin *Sickingen*, Gefolgsdame von Prinzessin Amala Wasa S. 137, 157
Stadits (?), wohl ein Gefolgsmann Erzherzog Maximilians.
Stieler (1781–1885), Hofmaler König Ludwigs I. von Bayern S. 141
Baronin Louise *Sturmfeder*, »Ilb« und »Amie«, k.k. Aja Erzherzog Maximilians und seiner Geschwister, später k.k. Hofdame Kaiserin Caroline Augustes S. 35, 37, 106, 201, 204
Graf Stephan *Széchenyi* (1791–1860), ungarischer Politiker S. 45
Tavera, wohl ein Gefolgsmann Kaiser Maximilians von Mexiko S. 221
Thecla, Geliebte von Max Piccolomini S. 135 f.

Grafen *Thun–Hohenstein*:
Franz »Guido«, General, Kommandeur des »Mexikanischen Corps österreichischer Freiwilliger« S. 210
Friedrich, österreichischer Minister S. 118
Türk, bayerisch–österreichischer Maler S. 141

Caroline (1776–1841), Königin von Bayern, Tochter Erbprinz Karl Ludwigs von Baden S. 34

Helene, »Lenga«, später »Néné« (1834–1890), Prinzessin von Bayern, Tochter Herzog Maximilians in Bayern S. 46, 131 ff., 156, 179

Karl Theodor, »Gackel« (1839–1909), Herzog in Bayern, Sohn Herzog Maximilians in Bayern S. 156

Ludovika, »Luise« (1808–1892), Herzogin in Bayern, Tochter König Maximilians I. S. 46, 132 f., 141, 149, 179

Ludwig I. (1781–1868), König von Bayern, Sohn von König Maximilian I. S. 135

Mathilde, »Spatz« (1843–1925), Prinzessin von Bayern, Tochter Herzog Maximilians in Bayern S. 156

Maximilian I. (1756–1825), erster König von Bayern, Sohn des Pfalzgrafen Friedrich von Zweibrücken–Birkenfeld.

Maximilian (1808–1888), Herzog in Bayern, Sohn von Herzog Pius in Bayern S. 149

Otto (1815–1867), Prinz von Bayern, König von Griechenland (1832–1862), Sohn König Ludwigs I. S. 56

Sir *Young*, Gouverneur von Korfu S. 191

Bischof *Zauner*, Wien S. 147

Graf *Zichy*, wohl Finanzverwalter Erzherzog Maximilians S. 209

Ziller, Gefolgsmann Erzherzog Maximilians S. 97

Literaturverzeichnis

Wladimir *Aichelburg*, Maximilian, Erzherzog von Österreich, Kaiser
von Mexiko, in zeitgenössischen Photographien. Wien 1987.
Herzog *Albert* zu Sachsen, Die Wettiner in Lebensbildern. Graz,
Wien, Köln 1995.
Baron Max von *Alvensleben*, With Maximilian in Mexico. From the
Note-Book of a Mexican Officer. London 1867.
Jean de *Bourgoing* (Hg.), Briefe Kaiser Franz Josephs an Frau
Katharina Schratt. Wien 1949.
ders., Marie Louise von Österreich. Kaiserin der Franzosen,
Herzogin von Parma. Wien, Zürich 1949.
ders. (Hg.), Die letzten Tage des Herzogs von Reichstadt.
Tagebuchblätter des Freiherrn Johann Karl von Moll. Berlin,
Wien, Leipzig 1948.
Egon Cäsar Conte *Corti*, Elisabeth. Graz, Wien, Köln 1994 (1934).
ders., Leopold I. von Belgien. Sein Weltgebäude – Koburger
Familienmacht. Nach ungedruckten Geheimkorrespondenzen des
Königs und sonstigen meist unveröffentlichten Quellen. Wien,
Leipzig, München 1922.
ders., Die Tragödie eines Kaisers. Wien 1951.
ders., Vom Kind zum Kaiser. Kindheit und erste Jugend Kaiser
Franz Josephs und seiner Geschwister. Graz, Salzburg, Wien
1950.
ders., Mensch und Herrscher. Wege und Schicksale Kaiser Franz
Josephs I. zwischen Thronbesteigung und Berliner Kongreß.
Graz, Wien, Altötting 1952.
Franz Dirnberger, Das Wiener Hofzeremoniell bis in die Zeit Franz
Josephs. Überlegungen über Probleme, Entstehung und Bedeu-
tung. In: Ausstellungskatalog Das Zeitalter Kaiser Franz Josephs.
2 Bde., Wien 1984.
Norbert Elias, Die höfische Gesellschaft. Untersuchungen zur Sozio-
logie des Königtums und der höfischen Aristokratie. o. O. 1969.
Curt *Elwenspoek*, Charlotte von Mexiko. Stuttgart 1927.
Johannes *Emmer*, Erzherzog Franz Carl. Salzburg 1883.
Brigitte *Hamann*, Die Habsburger. Ein biographisches Lexikon.
Wien 1988.

dies., Mit Kaiser Max in Mexiko. Aus dem Tagebuch des Fürsten Carl Khevenhüller 1864–1867. Wien, München 1983.

Joan *Haslip*, Maximilian – Kaiser von Mexiko. München 1972.

Hofdamenbriefe, Sammlungen von Briefen an und von Wiener Hofdamen aus dem 19. Jahrhundert. Gesammelt von B. v. S. (Baronin Sophie von Scharnhorst, Gesellschafterin einer schwedischen Prinzessin in Wien). Zürich 1903.

Gerd *Holler*, Gerechtigkeit für Ferdinand – Österreichs gütiger Kaiser. Wien, München 1986.

ders., Sophie. Die heimliche Kaiserin. Mutter Franz Josephs I. Wien 1993.

Wilhelm Karl Prinz von *Isenburg*, Stammtafeln zur Geschichte der europäischen Staaten. Mehrere Bände. Marburg ab 1953.

Helmut *Kretzschmar*, Lebenserinnerungen des Königs Johann von Sachsen. Eigene Aufzeichnungen des Königs über die Jahre 1801 bis 1854. Göttingen 1958.

Richard *Kühn* (Hg.), Hofdamenbriefe um Habsburg und Wittelsbach. Berlin 1942.

Alfred von *Lindheim*, Erzherzog Carl Ludwig 1833–1896. Ein Lebensbild. Wien 1897.

Johann Georg *Lughofer*, Des Kaisers neues Leben. Der Fall Maximilian von Mexiko. Wien 2002.

Georg *Nostitz-Rieneck* (Hg.), Briefe Kaiser Franz Josephs an Kaiserin Elisabeth 1859–1898. 2 Bände. Wien, München 1966.

Carlos *Oberacker*, Leopoldine. Habsburgs Kaiserin von Brasilien. Wien, München 1988.

Eliana *Pereotti*, Das Schloß Miramar in Triest (1856–1870). Erzherzog Ferdinand Maximilian von Habsburg[71] als Bauherr und Auftraggeber. Wien, Köln, Weimar 2002.

Franz *Pesendorfer*, Die Habsburger in der Toskana. Wien 1989.

Gabriele *Praschl–Bichler*, Das Familienalbum von Kaiser Franz Joseph und Elisabeth. Wien 1995.

---

71 Statt »Erzherzog Ferdinand Maximilian von Habsburg« muss es »Erzherzog Ferdinand Maximilian von Österreich« heißen. Habsburg-Lothringen ist der Geschlechtername. Einer der ältesten Titel der Familie war der eines »Grafen von Habsburg«. Als Mitglied der kaiserlichen Familie war man im 19. und 20. Jahrhundert entweder Kaiser, Kaiserin, Kronprinz, Kronprinzessin, Erzherzog oder Erzherzogin von Österreich.

dies., »Gott gebe, daß das Glück andauere« – Liebesgeschichten und Heiratssachen im Hause Habsburg. Wien, München 1997.

dies., Die Habsburger in Graz. Graz, Stuttgart 1998.

dies., Historische Photographien aus den Alben des Kaiserbruders Erzherzog Ludwig Victor. Wien, München 1999.

dies., Kaiserin Elisabeth – Mythos und Wahrheit. Mit einem Vorwort von Hans Dichand und Kommentaren von Gerti Senger und Walter Hoffmann. Wien 1996.

dies., Kaiserliche Kindheit. Aus dem aufgefundenen Tagebuch Erzherzog Carl Ludwigs, eines Bruders von Kaiser Franz Joseph. Wien, München 1997.

Hans und Marga *Rall*, Die Wittelsbacher in Lebensbildern. Graz, Wien, Köln 1986.

Konrad *Ratz*, Kampf um Mexiko. Kaiser Maximilian in den Erinnerungen seines Privatsekretärs. Wien, München 1999.

Franz *Schnürer* (Hg.), Briefe Kaiser Franz Josephs an seine Mutter 1838–1872. München 1930.

Elisabeth *Springer*, Kaiser Maximilian von Mexiko. Zur Problematik seiner Testamente«. Hardegg 1982.

Konrad *Wurzbach*, Biographisches Lexikon des Kaiserthums Österreich. 60 Bände. Wien 1868.

Mehrere Ausgaben der *Gothaischen genealogischen Hof-Kalender* der verschiedenen Abteilungen (19. Jahrhundert), der Regenten-Tabellen von Max *Wilberg* sowie anderer biographischer Nachschlagewerke, Künstlerlexika (*Thieme-Becker*) und Enzyklopädien.

Abgekürzt zitierte Literatur

Corti, Kind = Egon Cäsar Conte *Corti*, Vom Kind zum Kaiser. Kindheit und erste Jugend Kaiser Franz Josephs und seiner Geschwister ...

Corti, Mensch = Egon Cäsar Conte *Corti*, Mensch und Herrscher. Wege und Schicksale Kaiser Franz Josephs I. zwischen Thronbesteigung und Berliner Kongreß ...

Corti, Tragödie = Egon Cäsar Conte *Corti*, Die Tragödie eines Kaisers ...

Kaiserin Elisabeth = Gabriele *Praschl-Bichler*, Kaiserin Elisabeth – Mythos und Wahrheit ...

Kaiserliche Kindheit = Gabriele *Praschl-Bichler*, Kaiserliche Kindheit. Aus dem aufgefundenen Tagebuch Erzherzog Carl Ludwigs, eines Bruders von Kaiser Franz Joseph ...